아동 연구의 이해와 방법

Doing Research with Children

Second Edition

Anne Greig · Jayne Taylor · Tommy Mackay 공저

양돈규 · 변명숙 공역

Doing Research with Children

Anne Greig, Jayne Taylor, & Tommy Mackay

역자 서문

아동은 여러 면에서 성인과는 다른 발달적 특성을 지닌 존재이다. 따라서 아동에 관한 연구를 진행할 때에는 성인에 관해 연구를 진행할 때와 다른 접근과 방법이 요구된다. 즉, 아동의 특성을 고려한 연구 접근과 방법이 적용되어야 한다는 말이다. 이 책은 바로 아동 연구는 아동의 특성에 맞추어 이루어져야 한다는 취지하에 집필된 연구 접근 및 방법에 관한 안내서이다.

구체적으로, 이 책에서는 아동 연구를 할 때 연구자로서 알아야 할 이론적 관점과 아동 연구방법 그리고 아동 연구를 진행할 때 발생할 수 있는 윤리적 쟁점과 같은 주제들에 관해 다루었다. 또한 학술 연구 측면에서만이 아니라 실제 장면에서 활동하는 현장 전문가들도 활용할 수 있도록 아동 연구에 대해 구체적으로 설명하였다. 또한 저자들은 아동관련 분야의 최근 연구 동향과 더불어 매우 창의적인 연구방법들을 재미있게 소개하였다.

덧붙여 최근 아동 연구에서 다루어지는 특별한 주제들과 양적·질적 연구방법 및 이 두 가지 방법을 함께 활용하는 방법도 소개하고 있으며,

아동을 연구대상으로서 연구하는 것에서부터 아동이 직접 연구에 참여하는 방법에 이르기까지 다양한 연구방법을 소개하고 있다. 따라서 발달심리, 교육심리, 아동학, 아동복지, 소아간호학, 교육학, 사회학 등 독자의 전공이나 활동하고 있는 분야가 아동 관련 분야라면 꼭 읽어 보아야 할 필독서가 아닐까 생각된다. 역자들은 이러한 중요한 책을 번역할 수 있게 되어 매우 기쁘게 생각한다.

끝으로, 긴 시간 동안 좋은 책이 나올 수 있도록 도와주신 박학사 구본하 사장님께 깊이 감사드리며, 또한 끝까지 교정과 편집에 노고를 다해 주신 편집팀에게도 감사드린다.

2012년 2월
역자 일동

감사의 글

나와 같은 사람과 사는 것이 어떤지를 알지만 너무 예의발라서 아무에게도 말하지 않는 Sue와 Neil에게.

— Tommy

수많은 세월, 수많은 프로젝트 동안 나와 함께 살고 있는 Gordon에게, 당신은 훌륭하다는 것을 알 가치가 있다는 것을 이 글을 빌어 말하고 싶어요.

— Anne

모든 노력이 모든 판권 소유자들의 한 땀 한 땀의 배려로 만들어졌지만, 만일 무언가 빠진 부분이 있거나 더해야 할 부가적인 정보가 있다면, 출판인들이 기회가 닿는 대로 필요한 주선을 바로 해 줄 것으로 믿습니다.

차 례

역자 서문 … iii
감사의 글 … v

제 1 부
아동 연구의 특성: 이론과 접근

제1장 아동과 연구에 대한 개관: 특별한 관계 …… 3
제2장 아동 연구와 실제에 관한 이론 …… 27
제3장 이론의 틀 …… 73

제 2 부
아동 연구방법: 아동을 대상으로 한 문헌 개관, 연구 설계 및 연구 수행

제4장 아동 연구의 평가 ········· 105

제5장 아동 연구 설계 및 수행: 질문의 중요성 ········· 129

제6장 아동 연구에 관한 양적 연구 설계 및 수행 ········· 159

제7장 아동에 관한 질적 연구 설계 및 수행 ········· 211

제 3 부
특별한 문제

제8장 연구에서 아동과의 상담과 참여 ········· 243

제9장 아동 연구의 윤리 ········· 261

제10장 주제와 관점 ········· 283

참고문헌 … 293

찾아보기 … 308

제 1 부

아동 연구의 특성:
이론과 접근

제 1 장

아동과 연구에 대한 개관: 특별한 관계

이 장의 학습목표

첫째, 아동 연구의 특성과 아동을 대상으로 한 연구가 성인을 대상으로 한 연구와 다른 이유에 대해 이해한다.
둘째, 연구 능력을 향상시키기 위한 훈련 및 교육에 대한 쟁점을 탐색한다.
셋째, 아동과 관련된 주요 연구 주제는 무엇인지 알아본다.

만일 생물학적으로 유사한 두 아이를 서로 다른 환경에서 양육한다면, 아마도 그들은 행동, 체격, 동기, 성취 등과 같은 다양한 측면에서 상당한 차이를 보이게 될 것이다. 만일 생물학적으로 서로 다른 두 아이에게 유사한 기회와 경험을 하도록 하면서 함께 양육하더라도 그들은 역시 차이를 보이게 될 것이다. 이 점이 바로 아동이 나타내는 행동 특성과 차이가 발생하는 이유를 이해하기 위해 심리학, 생물학, 사회학, 건강학, 교육학 및 기타 여러 분야의 학자들이 아동을 대상으로 연구하도록 자극한 신비로운 현상이다. 21세기를 맞이한 우리는 지난 몇백 년 동안 이루어 온 아동의 마음과 행동에 관한 엄청난 양의 지식을 갖게 되었다. 오늘날 연구를 수행하고 있는 사람들은 아동에 관해 더 많이 이해하고자 각고의 노력을 기울였던 많은 학자들에게 큰 빚을 지고 있다. 지금 우리가 더욱 효과적으로 연구를 진행할 수 있게 된 것은 바로 지난 시대의 학자들 덕분이다.

우리가 이 책의 초판을 냈을 때 가졌던 분명한 생각은 1990년대 이후의 시기가 아동 연구의 측면에서 보면 침체기로 보이지는 않았다는 것이다. 제2판을 내면서도 같은 생각을 가지고 있다. 우리가 가지고 있는 연구 결과들은 이러한 생각이 잘못된 것이 아님을 보여 준다. 지난 세기 동안에는 새로운 지식의 습득이 제한을 받았던 시기가 있었는가 하면, 지식 습득이 이루어지도록 촉진하기도 했던 시기도 있었다. 이 장의 후반부에서는 주요 연구 주제(research agenda) 가운데 몇 가지에 관해 간략히 논의할 것이다. 지금 분명히 해야 할 점은, 현재 우리가 가지고 있는 지식에 대해 감사하는 마음을 가지고 있고 또한 그래야 마땅하지만, 다른 한편으로 우리는 항상 앞을 향해 나아가고 항상 탐구하며 항상 더 크고 중요한 이해를 추구하고 있다는 사실이다.

새로운 지식을 획득하기 위한 방법은 아주 많이 있지만, 우리가 종사하는 분야와 관계없이 이러한 지식 획득을 위한 가장 핵심적인 방법은 훈련이다. 우리는 이 책을 읽는 독자들 중에 자신의 삶만을 연구할 사람은 거의 없을 것임을 알고 있다. 또한 전문가라면 초기 훈련과정에 있든 아니면 전문적 지위에 있든 간에 연구를 적용하는 방법과 연구를 수행하는 방법에 관한 많은 지식을 필요로 한다. 이 책은 연구를 실제적으로 적용하고 수행하는 방법을 소개할 목적으로 집필하였다. 이 책은 처음부터 아동 분야에서 활동하고 있거나 그 분야에서 활동할 생각을 가진 전문가들, 자신이 수행하는 교육의 한 부분으로 연구를 수행해야 하는 전문가들, 또는 자기 직업의 작은 일환으로 연구를 수행할 필요가 있는 사람들을 위해 특별히 마련된 실용적 지침서이다.

또한 이 책은 더 많은 지식 추구를 위해 아동 참가자를 연구하는 현실을 이해한다는 점에서도 실제적이라고 할 수 있다. 아동은 어떤 영향도 받지 않을 수가 없으므로 이들의 삶은 당연히 복잡하다. 현대 생활에 필수적인 다양한 기술과 행동의 목록을 갖추고 성인기에 도달하든 못하든 아동은 존재해야만 한다. 그러므로 우리는 연구 훈련과정에서 많은 변인들이 발달과 행동에 영향을 미친다는 점을 인식하면서, 아동과 아동의 환경에 관한 총체적인 관점을 가질 필요가 있다. 우리는 심리학, 사회학, 생물학, 교육학, 건강학 등의 분야로부터 연구에 관한 논의 사항과 아동 참여자에 대해 고려할 사항을 참고하였다. 아동은 특별하기에 아동을 포함하는 연구와 연구 훈련도 특별해야 함은 분명하다.

아동은 특별한 존재일 뿐만 아니라 사회적으로 매우 특별한 위치에 있다. 아동을 이해하기 위해 수행된 일부 연구는 아동이 무언가를 하도록 기대하고 괴롭히기까지 한 위험한 경우도 있었지만, 대부분의 연구는 조심스럽게 수행되었고 윤리적인 지침을 정확하게 준수하였다. 이 주제에 관해서는 9장에서 상세히 다루게 될 것이다. 여기 서두에서는 현대 사회에서 아동이 다른 사람들과는 다른 특별한 위치에 있다는 것만 알고 넘어가기로 한다. 항상 그래 왔던 것은 아니지만 적어도 아동 보호에 관한 역사적인 관점을 다루게 될 때 이 점은 중요하다고 여겨진다. 이 장의 뒷부분에서 논의하겠지만, 오늘날의 아동이 권리를 가진다는 것은 보편적으로 인정되고 널리 지지받고 있으며, 대부분의 서구 사회에서는 이러한 권리가 지켜지는지 법률로 감시한다.

아동은 특별하다

앞에서 간단히 언급했던 것처럼 아동은 매우 특별한 사람이다. 그렇지만 이 특별하다는 말이 의미하는 바를 정의하는 것은 복잡하고 어려운 과제이다. 아마도 우리가 의미하는 바는 이미 아는 바와 같이 아동이 세상을 통제하고 평가하는 어른과는 다르다는 점일 것이다. 어쩌면 그것은 아동이 종의 생존에 필요하기 때문일 것이다. 어쩌면 그것은 아동이 이해할 수 없는 수수께끼 같은 존재이기 때문일 것이다—우리는 아동에 대한 많은 사실들을 이해하지 못하고, 그렇기 때문에 그들은 우리를 당황스럽게 만든다. 아마도 그것은 지금까지 열거한 모든 것이거나 아니면 어떤 것도 아닐 수도 있다. 분명한 사실은, 아동은 고대부터 오늘날에 이르기까지 특별하게 여겨진 예외적인 존재로 다양하게 표현되어 왔다는 점이다. 아동은 다음 세대로서 그리고 인류의 미래로서 인생의 큰 축복으로 여겨져 왔다. 또한 아동은 결국 성장하여 성인으로 발달하는데, 어쩌면 이러한 사실이 그들을 특별하게 고려해야 하는 이유에 대한 더 많은 통찰을 주는지도 모른다. 우리가 학교에서 역사 수업시간에 들었던 유명한 사람들이나 이름 없는 사람들 모두가 한때는 아동이었다는 사실은 그들이 왜 그렇게 발달하게 되었는지에 관한 궁금증을 불러일으킨다.

아주 특별한 존재

사회에서 차지하는 아동의 위치에 관한 역사를 간략히 기술하는 것은 이 책의 의도가 아니다—그러한 목적을 적절하게 충족시키는 책들은 많이 있다. 하지만 우리는 아동을 대상으로 하는 연구를 수행하는 데에 초점을 맞추고자 하기 때문에 우리 사회 속의 아동에 대해 잠시 살펴볼 필요가 있다. 이를 통해 보다 폭넓은 범위의 연구를 탐색할 수 있게 될 것이다.

사람들이 자녀를 갖는 이유는 아주 다양하기 때문에 이를 정의하는 것은 항상 쉬운 일이 아니다. 일부는 자녀를 바람직한 자산으로 여기거나, 또 일부는 자신들의 노후를 위한 보험으로, 또는 출산 능력의 표시로 여긴다. 어떤 종교에서는 결혼의 목적이 자녀를 출산하는 데 있다고 한다. 실제로 17세기 영국에서는 자녀가 없는 것을 죄에 대한 천벌로 여기기도 했다(Fraser, 1984 참조). 그 이유가 무엇이든지 간에 거시적 수준에서 보면 어떤 사회든 그 사회가 지속적으로 생존해 가기 위해서는 재생산이 이루어져야만 한다. 개인적 수준에서 보면 많은 문화에서는 성인이 결국 결혼하고 아이를 낳게 될 것으로 기대한다. 또한 개중에는 신뢰할 만한 피임법을 사용하는 것을 믿지 않기 때문에, 또는 신뢰할 만한 피임법을 접하지 못해서 아이를 갖게 되는 사람도 있다.

자녀를 갖게 되는 것이 우연이든 계획에 의한 일이든, 일단 자녀가 태어나면 이들은 법에 의해 보호되는 확실한 권리를 갖게 된다. 아동은 생명에 대한 기본권을 가지고 있으며, 아동 살해자는 가장 엄격한 처벌을 받을 것이다. 또한 아동은 위해와 방치로부터 보호받을 권리를 가지며, 무엇보다도 학교에 다니고 교육을 받을 권리를 가진다. 영국의 경우를 보면, 잉글랜드와 웨일즈에서는 1989년과 2004년의 아동법을, 스코틀랜드와 북아일랜드에서는 그에 준하는 법규를 제정했으며, 이러한 법규들은 모두 아동권리협정(UNICEF, 1989)을 비롯하여 여러 개의 헌장 또는 선언서를 포함하고 있다. 아동의 권리에 관한 자세한 내용은 다음 장에서 논할 것이다. 하지만 아동의 권리는 단지 그 사회가 아동을 위해 지켜야 한다고 믿는 최소한의 기대에 근거하고 있다. 한 사회 내의 대다수 부모들과 사람들에게 있어서 아동은 그들의 미래이며, 또한 그렇기 때문에 그들은 한 세대의 잘못이 다음 세대로 이어지지 않도록 하기 위해 노력한다. 일반적으로 사람들은 자신이 갖지 못했던 것을 아동에게 바라는 경향이 있다—그들은 아동이 더 많은 기회를 갖고, 고난은 덜 겪으며, 더욱 성공하기를 바란다.

사회가 그들에 대해 바라는 목표에 도달하기 위해 각 세대를 분석하고 평가해야 하며, 또한 과거의 잘못이나 실수를 고쳐야 한다. 우리는 아동과 그들이 어떻게 발달하는지, 어떤 요인이 아동 발달에 부정적으로 작용하는지, 그리고 어떤 요인이 아동의 최적 발달을 이끄는지에 대해 이해해야 한다. 이러한 이해가 이루어진다면 아동에 대한 과거, 현재 및 미래 연구를 위한 큰 추진력이 되며, 모든 전문적 영역 간에 획을 이루게 될 것이다. 서로 다른 철학, 연구 전통과 방법론에도 불구하고 유전학자, 생물학자, 심리학자, 교육학자 및 사회학자들은 모두 아동에 대해 더 많이 이해하기 위해 많은 노력을 기울이고 있다.

사회 내 모든 아동의 특별한 지위를 인정한다면, 우리는 또한 여러 가지 이유에서 매우 특별하게 고려해야 하는 많은 아동이 있다는 것을 인식해야 한다. 이 아동들은 또래들과 다른데 그 이유는, 예를 들면 특별한 재능을 가졌거나, 신체적 또는 심리적 장애를 가졌거나, 특별히 취약하기 때문이다. 이런 아동들이 다른 아동들과 다른 이유, 그리고 이들이 보이는 차이가 현재와 미래의 발달에 미치는 영향 등을 밝히는 일 등은 많은 연구 활동의 초점이 되어 왔다. 여기서 중점을 두어야 하는 것은, 이들의 권리와 이들에 대해 연구자로서 그리고 전문가로서 갖는 책임은 다른 모든 아동들에 대해서와 마찬가지로 동일하다는 점이다. 다음에 논의하겠지만, 많은 경우에서 이들과 같이 매우 특별한 아동을 대상으로 연구하는 일은 훨씬 더 많은 훈련을 요구한다. 연구자가 맞닥뜨리는 특별한 도전

가운데 하나는 매우 취약한 아동들을 보호해야 하는 필요성과 이들을 연구에 참여시키고 포함시키는 것 간의 균형을 유지하는 일이다. 이 문제에 대해서는 8장과 9장에서 좀 더 충분히 논의하고자 한다.

특별하지만 새로운 문제는 아니다

신세대는 과거에 대해 가정하는 실수를 범하기 쉽다. 대개 전문가들은 훈련의 일부로 자신의 일에 대한 역사를 공부하다 보면 아동이 어떻게 취급되었는지를 알고 기겁할 것이다. 예를 들면, 부모가 자녀를 망친다고 여겨서 아픈 아이가 입원해 있는 동안 아이를 부모와 격리시켰던 과거의 행태나, 아동의 '도덕성' 발달에 좋다는 이유로 학교에서 아동에게 가했던 처벌이 그것이다. 여기서 인식해야 할 중요한 점은 전문가들이 아동을 특별한 존재로 보지 않았기 때문에 이러한 일들이 일어났던 것이 아니라, 오히려 전문가들이 아동을 특별한 존재로 보았기 때문에 이러한 일들이 일어났다는 것이다. 일반적인 실천이 의문시될 때만 변화가 일어나고, 그렇지 않다면 그 현상은 끝없이 지속될 것이다. 어쨌든 우리 자신이 더 우월하다고 생각하지 말아야 한다. 그 이유는 분명히 작금의 우리의 전문적 수행이 얼마 지나지 않아 의문시될 것이기 때문이다. 우리는 다만 우리의 시행과 노력에 의문을 제기하는 데 최선을 다할 것이고, 가능한 한 견실한 연구와 증거를 토대로 현장 수행을 해 나가는 데 최선을 다할 것이다. 이는 서로 다르지만 관련이 있는 두 가지 견해를 담고 있다. 첫째, 모든 전문가들은 자신이 현재 진행하는 연구에 대해 잘 알고 있고, 그것을 잘 해석할 수 있으며, 견실한 연구를 실제로 통합할 책임이 있다. 이 점에 대해서는 4장에서 자세히 다루게 될 것이다. 둘째, 우리 모두는 항상 의문을 제기하고, 또 어디에 연구의 결함이 있는지를 찾는 일에 노력을 기울여야 할 것이다(2장 참조). 이것은 연구를 시행하는 우리 자신뿐 아니라 다른 사람들도 그렇게 하도록 촉진하고 해 나갈 수 있도록 하는 것을 뜻한다. 그렇지만 그러한 활동은 훈련을 필요로 한다. 특히 아동을 포함하는 연구일 경우에 더욱 그렇다(이 책의 나머지 부분에서 이 점에 대해 살펴볼 것이다). 그 이유는 앞서 여러 차례 말했듯이 아동이 특별하기 때문이다.

연구를 위한 훈련

모든 직업들이 대학원 수준으로 이동하고 있듯이, 미래에는 자격을 갖춘 모든 전문가들이 일정 수준의 연구 훈련을 받게 될 것이다. 많은 사람들은 이렇게 하는 것이 초기 훈련 프로그램의 학문적 기대를 높이는 데 긍정적인 도움이 될 것으로 보고 있다. 하지만 이러한 기대와는 다른 생각을 하는 사람들이 있는데, 그러한 이견 중 자주 제기되는 것 가운데 하나는 학생들이 실제 분야에서 사용하기에는 대학원 프로그램들이 너무나 작은 규모의 연구로 이어지기 쉽다는 점이다. 이는 다음 절에서 초점을 맞추어 다루려는 보다 광의의 논쟁 분야의 일부에 불과하다.

교사나 간호직 등을 제외하고 아동을 대상으로 하는 많은 전문직은 점차 전문가로 활동하기 전에 그 분야의 일반적인 훈련과정을 거친 사람들을 필요로 한다. 일반적인 훈련은 폭넓은 지식 기반을 확립하려는 데 목적이 있고, 많은 경우 여러 연령 집단을 포함한 다양한 집단을 대상으로 하는 활동에서 전문가적인 '식견'을 갖게 한다. 또 연구 훈련은 아동이나 성인 참여자를 대상으로 한 연구 수행 간의 차이를 거의 고려하지 않는 경향이 일반적이었다. 하지만 매우 중요한 차이가 있다. 앞서 언급했듯이 아동은 성인의 축소판도 아니고 따로 떨어진 존재도 아니다. 아동의 사회적·정서적 관계는 인생의 다른 어떤 시기보다도 유동적이며 무시될 수 없다. 예를 들면, 자연적 장면에서 아동을 연구하지 않고 실험실에서만 아동을 연구하는 일은 아동에 대한 이해를 제한하게 될 것이다(Dunn, 1996; Greene and Hill, 2005). 앞으로 이 문제에 대해 더 알아볼 것이다.

일반적인 아동을 연구하는 것과 특수 아동을 연구하는 것을 구별하는 일 또한 중요하다. 여러 이유 때문에 모든 아동들은 취약하다고 할 수 있으며, 이러한 취약성은 일부 아동들에서 더 높아진다. 이러한 아동들은 많은 경우 그들이 가진 차이로 인해 여러 면에서 연구대상으로 선택되고 자주 흥미롭고 관심을 끄는 연구대상이 된다. 그러나 이 아동들을 연구하는 연구자들은 그 차이를 명백히 강조하기 위해 특정 아동에게 위해(危害)를 주지 않도록 하는 특별한 기술이 필요하다. 위해를 피하는 일은 아동기의 특성에 대한 이해 및 고지에 입각한 동의를 받는 문제에 대한 지식 또는 특히 차이에 대해 민감하게 반응하는 능력과 같은 특별한 기술을 필요로 한다. Schaffer(1998)는 이 점에 대해 논의하면서 과거 아동들이 가진 차이점의 부정적 측면에 초점을 맞추었던 관행에 대해 문제를 제기한다. 일부 아동이 보이고 있는 차이의 부정적 효과를 탐색하는 데에서 벗어나 그러한 아동의 회복력에 초점을 맞추는 방향으로 변해 가는 현재의 흐름은 반가운 발전이다(Lewis and Kellett, 2005 참조).

연구 인식과 연구 기술

연구 훈련은 소규모의 조사나 실험을 수행하는 것보다 훨씬 더 광범위한 개념이다. 앞의 서론 부분에서 언급한 바와 같이, 연구 훈련은 또한 우리가 일하는 현장에 연구를 적용하는 것을 포함하는데, 어쩌면 이것은 더 중요한 기술일지도 모른다. 만일 현재 진행하는 연구가 현장에 통합되지 못한다면 견실한 연구 기반을 갖춘 전문직에 속한다는 것은 별 의미가 없는 일이다. 만일 연구가 무시되고 제대로 수행되지 않는다면 많은 시간과 돈이 낭비될 뿐만 아니라 아동과 그 가족은 마땅히 받아야 할 보살핌을 받지 못하는 상태가 계속될 것이다.

많은 사례들을 통해 볼 때, 전문직의 연구 기초는 흔히 대학의 학과에 소속된 경험 있는 연구자들에 의존하는 경우가 많다. 거기서 수행된 연구 결과는 현장에서 일하는 사람들에 의해 시행되어야 할 사항으로 권고되고 있다. 이 점에 대해서는 4장에서 더 많이 살펴볼 것이다. 중요한 것은, 연구 기술과 연구 인식이 둘 다 필요하지만 대부분의 현장 업무 종사자들에게 가장 바람직한 것은 연구를 그들의 현장에 통합할 수 있는 기술이다. 현장 활동은 근거 중심 지식을 바탕으로 이루어져야 할 것이다. 그렇지만 그 근거가 반드시 개별 연구에서 나와야만 하는 것은 아니다. 오히려 연구 안팎에서 얻은 다양한 지식과 전문적 지식, 그리고 그 지식을 현장에 제공하는 방법이 필요할 것이다.

소규모 연구의 가치

앞에서 언급했던 바와 같이, 일반적으로 진행되는 소규모 연구의 크기에 대한 논란이 있다. 전문직 분야에서 아동에 초점을 맞추고 있는 사람이라면 이 문제는 매우 중요한 주제가 된다. 이 분야의 다른 사람들이나 연구와 의사소통이 없이 소규모 연구가 진행될 경우에는 많은 사람들이 같은 문제를 반복해서 연구하게 되는 중복적인 노력, 즉 흔히 하는 표현처럼 '시간과 노력을 낭비하는' 결과를 초래하기 쉽다. 특정 문제에 대한 계속적인 반복연구는 전문적 지식 기반을 확장시켜 주지 못할 뿐만 아니라 현장 활동의 발전에도 별 도움이 되지 못한다. 또한 가치 있고 귀한 자원을 낭비하게 될 가능성마저 있다.

그러나 소규모 연구가 적절한, 그리고 실제로 바람직하고 가치 있는 경우도 있다. 예를 들면, 실제로 지엽적인 문제를 확인하거나 선행연구의 외적타당도가 낮은 경우이지만(5장 참조) 전문가가 보기에 연구 결과를 자신의 현장 활동 영역에 적용할 수 있다는 것을 알게 된 경우이다. 이 경우에 연구 결과가 다른 장면에서도 유사하게 나타나는지를 알아보기 위한 반복연구를 해 보는 것은 분명 가치가 있다. 증거 자료가 지지적일 경우에는 현장 활동으로도 안전하게 연계될 수 있다고 여겨진다.

또한 소규모 연구를 구성하는 것에 대해서도 논쟁이 되고 있다. 전통적으로 '작다는 것'은 특정 표본의 크기와 관련되어 있지만, 좀 더 최근에 들어서는 이러한 관점이 도전을 받고 있다. 예를 들면, 사례 연구는 한 명의 아동 또는 가족에 초점을 맞출 수 있지만, 그 연구가 제안하는 것이 무엇인지와 현장에 많은 영향을 미친다는 점에서 매우 복잡한 일이 될 수 있다. 초기에 진행된 사례로 Axline의 『딥스: 자아를 되찾은 아이(Dibs: In Search of Self)』(1964)가 있다. 이것은 놀이치료를 통해 한 아동의 성격 발달을 바라본 연구로 현장 활동에 매우 풍부하고 자세한 정보를 제공해 준다. 사례 연구는 전문가들에게 매우 의미심장한 가치가 있고, 특히 그 사례 연구가 풍부하고 세밀한 정보를 제공하고 대상 아동이 보이는 행동이 희귀한 것일 경우에 특히 가치가 있다. 사례 연구는 특별한 단일대상이나 소규모 표본에 초점을 맞추기는 하지만, 복잡한 현상을 이해하는 데 도움이 되는 좋은 수단을 제공해 준다(Yin, 2003). 7장에서는 사례 연구에 대해 논의할 것이다.

하지만 일반적으로 소규모 연구가 일반화될 수 있는 지식이나 제안을 이끌 수 있도록, 대규모 단위로 시행된 연구들을 대체할 수는 없다는 사실을 인식하고 있어야 한다.

전문가들 간의 연구 능력

앞에서 아동을 대상으로 한 연구 훈련이 성인을 대상으로 한 연구 훈련과는 달라야 한다는 점에 대해 언급한 바 있다. 더욱 복잡한 문제는 아동 양육 활동이 전문적 측면에서 단일한 활동인 경우는 거의 없고, 또한 전문가들이 배워야 할 것이 매우 다양하며, 그 결과 연구에 대한 의견도 매우 다양하다는 데 있다. 대부분의 전문직 분야에는 각자의 고유한 연구 전통이 있는데, 그 범위는 의사나 약사가 선호하는 실증적이고 연역적인 접근 방법에서부터 사회과학자들, 많은 간호사들 그리고 일부 교사들이 선호하는 좀 더 질적이고 귀납적인 접근에 이르기까지 다양하다(3장 참조). 만일 아동을 돌보는 일에 대해 정말로 총체론적 접근을 취하여 그에 따라 아동을 연구하고자 한다면 전문가들 간의 접근을 적용하는 문제는 더욱 더 중요해진다. 현재 현장 활동에 종사하는 전문가들은 자신들의 연구 전통에 대하여 알아야 할 뿐만 아니라, 동시에 그들의 전문 영역 밖 동료들의 연구 전통을 인식하고 존중하며 이에 대한 능력을 갖추어야 한다.

여기서 극복해야 할 가장 큰 장애물 중 하나는 방법론과 관련하여 일부 전문가들이 고집하고 있는 엄격하고 위계적인 관점이다. Yin(2003)은 이 문제에 대해 논의하면서 연구방법론에 관한 더 적절한 관점은 다원적인 관점이라고 제안한다. 여러 가지 다양한 연구 전략들이 다양한 방식으로 적용될 수 있지만 엄격성만을 고집할 경우에는 혁신적인 접근을 방해하기 쉽다. 예를 들어, 사례 연구에는 탐구적이고 기술적(記述的)이며 설명적인 방략이 이용될 수 있지만, (전통적으로 인과적 관계를 발견할 수 있는 유일한 방법으로 알려져 있는) 실험연구의 경우에는 탐구적인 동기만을 가질 수 있다. 여기서 중요한 논의 주제가 되는 것은 한 명의 아동이나 한 집단의 아동들을 상대하는 현장에서와 연구가 시행되는 곳에서 문제가 일어난다는 것이다. 물론 그 과정이 중요한 것은 맞지만 동시에 그 결과도 중요하다. '풀뿌리(grass roots)' 수준에서 보았을 때, 그 과정이 엄격하고 체계적이라면 어떤 방식을 따르는지는 큰 문제가 되지 않으며, 또한 견실하고 신뢰로우면서 타당한 자료에 기초한 것이라면 현장 활동을 변화시키도록(또는 변화시키지 않도록) 권고할 것이다(더 많은 논의는 5장 참조).

특정 전문가 집단의 연구 전통을 존중하는 것에 대한 논쟁이 있는데 이 점은 다원론적 관점과 연계되며(Yin, 2003), 또한 연구의 발전을 위해서도 매우 중요한 주제이다. 공동연구는 동시대의 현장 활동과 연구 모두에서 유행되는 말이긴 하지만, 어쨌든 공동연구는 총체론적 관점을 촉진시킨다는 점에서 바람직한 것으로 생각된다. 중시 또는 존중한다는 말은 비록 차이가 있지만 그 관점을 이해하고 수용한다는 의미이지, 한 관점이 다른 관점에 비해 가치가 적다는 의미는 아니다. 세상에 대한 자기중심적 관점을 취하고 자신의 전문적 배경을 사용하여 다른 관점들을 비판하기는 매우 쉽다.

그러나 터널의 끝에는 빛이 있다. 점점 더 많은 교육 프로그램들이 공유된 지식을 커리큘럼에 통합하고 있다. 특히 초보자를 위한 훈련 프로그램뿐 아니라 전문가나 그 이상 수준의 고급훈련 프로그램에서 그런 현상이 나타나고 있다. 아동 보호 훈련은 이러한 발달의 가장 전초지에 위치해 왔다. 많은 나라들의 경우를 보면 발전은 법 제정 발달에 의해 촉진되어 왔다. 예를 들면, (2004년 아동법하에 지역아동보호국에 의해 대치됨) 영국과 웨일즈 지역아동보호위원회들 및 그들의 다학제 간 훈련 하위집단은 1989년의 아동법에서 비롯된 법률에 기초하여 출범하게 되었다.

이는 서로 다른 관점들을 존중하도록 할 뿐만 아니라 서로 더 많이 이해할 수 있도록 촉진한다. 이런 유형의 학제 간 교육은 협동을 방해하는 요인을 확인하고 그런 방해 요인을 극복해 가는 길이다. 그런 학제 간 교육은 점차 연구 훈련에서 두드러지고 있으며 반가운 시작이다. '아동의 신뢰(Children's Trusts)'〔이에 대한 비전은 2003년 교육기술부(Department for Education and Skills)에 의해 발간된 『모든 아이는 정책 수립과정의 회의록을 문제시한다(Every Child Matters Green Paper)』에 요약되어 있음〕의 도입이 현장의 연구 활동에서 전문가들 간의 협력을 훨씬 더 촉진하고 증대시키기를 간절히 기대한다. 지역의 기관들은 아동 및 청소년이 필요로 하는 서비스를 설정할 책임이 있는데 이는 다섯 가지 핵심 결과—건강, 안전, 즐거움과 성취, 긍정적인 공헌하기, 경제적 웰빙을 이루기—의 기회를 최대화하고 위기를 최소화하기 위해서이다.

주요 연구 주제

앞에서 논의했듯이, 어떤 전문 분야의 전문가들에게 전문 영역의 발전과 근거 중심의 현장 발전을 위해 연구를 시행하는 것은 중요하다. 몇 가지 측면에서 전통적으로 몇몇 전문 분야들 간에 있었던 방해물과 경쟁은, 비록 명시적으로 드러나지는 않았지만 발전에 기여해 왔다. 모든 전문 분야는 각기 자기 분야에 대한 자부심을 가지고 있고, 후퇴하고 있다거나 성장이 멈췄다는 비난을 받기를 바라는 경우는 없다. 이 같은 생각이 지금까지 전개되어 왔다는 증거가 있으며, 그 영향은 현저한 것이다(Taylor and Woods, 2005 참조). 이에 대해서는 다음 절에서 논의할 것이다.

하지만 분명한 사실은, 아동기의 복잡한 특성 때문에 아동기의 어떤 영역에 관한 전문 분야에서 수행하는 연구는 또 다른 전문 분야 또는 다른 여러 분야의 현장에 영향을 주게 될 것이다. 저항과 단합적 태도(과거에 있었던 반응 가운데 하나임)는 아동과 가족 혹은 사회 전반에 도움이 되지 않으며, 궁극적으로 전문가 자신에게도 도움이 되지 않는다. 이는 한 전문 분야의 정체 상태를 초래할 수 있고, 왜 전문가들이 기존의 지식 기반을 향상시키지 못하는 것으로 보였던 때가 있었는지를 설명해 준다. 학습 공유와 훈련 공유에 대한 강조와 연구 및 현장에서의 협력이 증가된다면 미래에는 전문가들이 변화를 꺼려 아동에게 해가 되는 일이 없을 것이다.

이 장의 서두에서는 아동에 대한 지식의 발전과정에서 볼 수 있는 굴곡에 대해 언급하였는데, 이런 일이 발생한 이유에 대해서는 단지 추측할 수 있을 뿐이다. 위에서 언급했듯이 전문가들의 저항이 그 한 가지 이유일 수도 있다. 어떤 전문 분야가 편협한 특성을 가지고 있다면 그 분야는 좀처럼 발전하기 어렵다. 내적인 갈등은 갈등을 해결하기 위한 에너지를 필요로 한다. 이에 따라 연구는 우선순위에서 뒤로 밀리게 된다. 마찬가지로 한 사회가 편협해지거나 갈등을 겪는다면 같은 일이 벌어지게 될 것이다. 지난 세기 동안에 우리는 전쟁, 경제 침체와 정체, 대규모 전염병 그리고 많은 정치적 격변을 겪어 왔다. 분명한 사실은 이러한 사건들 모두가 연구 활동에 영향을 미쳤다는 점이다. 한 사회 내부에서의 갈등은 여러 전문 분야의 활동에 영향을 미치고, 나아가 연구에서의 발전을 방해하게 된다. 연구 활동은 전문 분야들과 사회의 관심을 반영한다고 말하는 것이 가장 적절한 표현일 것이다. 연구는 현장의 문제들을 해결하려고 하기 때문에 지난 세기의 주요 연구 주제들은 사회 내에서 발생한 변화와 관련되어 있다고 볼 수 있다. 다음 절에서 이와 관련된 몇몇 주제들에 대해 살펴볼 것이다. 물론 그 주제들을 모두 다루지는 못할 것이다. 다만 앞에서 논의했던 내용을 부분적으로 보여 주는 몇 가지 예를 다루게 될 것이다. 그 예시거리는 두 영역, 즉 어떻게 연구가 사회의 관심에 의해 생성되었나와 어떻게 한 전문 분야에서의 연구가 다른 분야에 영향을 미쳤나에 초점을 맞출 것이다.

학습

지난 20세기 동안에 눈에 띄게 발전했던 주요 연구 분야 중 하나는 학습(learning)이다. 연구자들은 아동이 어떻게 학습하게 되는지를 다양한 관점에서 탐구해 왔다. 그러한 연구로부터 얻은 지식은 아동을 대상으로 활동하고 있는 거의 모든 전문가들에게 영향을 미쳐 왔다. 학습에 관한 초기 연구들 가운데 많은 경우는 동물 연구에 국한되었었다. 개를 대상으로 이루어졌던 Pavlov의 연구는 대표적인 예라고 할 수 있다. 이 연구는 소위 **고전적 조건형성**(classical conditioning)(Pavlov, 1927)이라고 지칭되는 학습과정을 정의하는 데 기여하였다. 고양이를 대상으로 진행한 Thorndike의 연구(Carlson et al., 2004 참조)는 **효과의 법칙**(Law of Effect) 발견으로 이어졌고, 비둘기와 쥐를 대상으로 이루어졌던 Skinner(1938)의 연구는 소위 **조작적 조건형성**(operant conditioning)이라고 지칭되는 학습과정을 정의하는 데 기여하였다. 이 이론들은 인간의 학습, 특히 아동의 학습에 적용해 왔다는 점이 매우 주목할 만한데, 이러한 초기 연구자들의 연구 활동은 인간의 학습과 성격에 대해 더 많은 연구가 이루어지도록 하는 기반이 되었다. 예를 들면, Albert Bandura(1977)는 행동 결과에 관한(다른 이론들과 더불어) Skinner의 이론을 이용하고, 이 이론과 자신의 아이디어를 결합하여 **사회학습 이론**(theory of social learning)을 낳게 되었다(이 이론과 다른 인지적 이론들에 대한 자세한 설명은 2장 참조).

학습심리학 분야에서 이루어진 연구는 훨씬 더 넓은 영역에 응용되고, 아동 보육과 관련된 다른 여러 전문 분야의 현장 활동에서의 발전을 이끌어 왔다. 사회학자들은 이 이론들을 빌려 왔다. 예를 들면, Eppel과 Eppel(1966)은 어린 시절의 학습이 그 이후의 도덕행동에 미치는 영향에 주목하였다. 교육학자들 또한 수업 활동을 이해하는 데 도움을 받고자 학습 이론을 활용해 왔다(Panton, 1945; Child, 1997; Raban et al., 2003 참조; Bruce, 2004). 그리고 건강 분야의 전문가들, 특히 아동의 건강 증진 활동에 종사하는 전문가들(Taylor and Muller, 1995: Taylor and Thurtle, 2005 참조)은 자신들의 활동을 뒷받침하기 위해 그러한 이론을 빌려 왔다.

따라서 분명한 점은 한 전문 분야에서 이루어진 연구의 영향은 다른 분야의 현장에 중요한 영향을 미쳐 왔다는 것이다. 또한 흥미로운 사실은 이러한 연구 중 많은 부분이 그 추진을 위한 동력이 두 차례의 세계대전 전후(前後) 및 그 사이에 이루어졌다는 점이다. 또한 왜 학습이 연구 주제로 그렇게 많이 채택되었고 또 채택되고 있는지를 탐색해 보는 것도 흥미로운 일이다. 이 부분에서의 증거 부족은 사람들이 탐색하도록 만들었고, 이 점에 대해 증거가 부족하기 때문에 우리는 탐문만 할 뿐 아직은 어떤 답도 내놓지 못하고 있다. 아마도 Froebel이 독일에서 진행한 선구적인 연구는 교육학자들에 의한 몇몇 조치로 이어졌을 것이다(Woods, 2005 참조). 즉 다른 선진국과의 학업 측면에서의 비교는 우리 아이들이 뒤처지지 않았다는 것을 확인하고 싶은 욕구를 증가시키고, 또한 청소년의 도덕행동에 대한 관심을 촉발시켰을 것이다. 이 같은 가능성의 항목을 열거하자면 끝이 없다.

청소년 비행과 도덕성

청소년의 도덕 가치와 기준은 오랫동안 연구자들의 관심을 끌었던 주제로, 이는 우리가 초점을 맞추려는 두 번째 주요 주제이다. 이 주제가 1950년대와 1960년대 이전의 오랜 시간 동안에도 관심거리였던 것은 분명하다. 하지만 1950년대와 1960년대를 거치는 동안 이는 열광적인 주제가 되었고 수많은 연구의 초점이 되었다. 일탈과 비행이 유전의 영향에서 비롯되는지, 아니면 환경의 영향, 혹은 양쪽 다의 영향인지에 관한 많은 논의가 있었고, 특히 초기의 성장 환경 변인들이 이후의 비행행동에 미치는 영향에 대한 이해에 많은 관심을 갖고 크게 강조하였다〔이것은 Schaffer (1998)가 정상적인 행동을 보이는 사람들에게 초점을 맞추기보다는 비정상적 행동을 보이는 사람들에게 초점을 맞추어 기술했던 것이 좋은 보기이다〕.

아직 근거가 부족한 관계로, 우리는 이 시기에 이 분야에서의 폭발적 연구 활동이 이루어진 이유에 대해 탐문하는 수준에 머물러 있다. 그 활동의 기원은 아마도 제2차 세계대전 기간 또는 그 직후에 태어난 청년 집단 그리고 반전 정신의 히피족 시대에 청소년기를 보내면서 성적 자유를 누리고 불법적인 약물을 복용하며 전통과 문화적 전통에 대해 의문을 제기했던 젊은 사람들에 대한 관심에 있다. 여기서 우리가 보았던 것은 아마도 1960년대에 보인 청소년 행동의 원인을 찾으려는 사회적 노력과 바람이었을 것이다. 그 이유는 그러한 행동이 기성인들에겐 매우 낯설었기 때문이었다. 어쩌면 사회는 청소년의 도덕성이 약해진 것에 대한 죄책감을 덜 수 있기를 바랐기 때문에 그 해법을 찾을 필요가 있었는지도 모른다. 자신에게 비난의 화살을 돌리기보다 피임약이나 텔레비전, 또는 약물과 알코올, 또는 팝뮤직 등을 비난하는 것이 훨씬 더 편안하고 위안이 될 것이다.

그 이유가 무엇이든지 이미 언급하였듯이, 이 분야에 대한 연구는 막대한 동력이 되어 사회학자, 심리학자, 교육학자들에게 영향을 미쳤고, 동시대에 전문적 현장 분야에 상당한 영향을 미쳤다. 인쇄물 형태로 출판된 많은 연구물과 대중적인 출판물도 미디어와 여론에 영향을 미쳤다. 주요 연구로는 청소년의 도덕적 가치와 딜레마에 관한 연구(Eppel and Eppel, 1966)가 있고, 세 명의 사회복지사들이 정도에 따라 다른 가족 해체의 변화과정을 겪은 청소년들을 대상으로 3년 동안 진행한 연구를 포함하고 있는 「애착을 형성하지 못한 사람(The Unattached)」(Morse, 1965), Eysenck의 연구 「범죄와 성격(Crime and Personality)」(1964), 그리고 이후의 비뚤어지고 일탈적인 성적 행동에 미치는 아동기의 영향에 관한 연구(Storr, 1964) 등이 있다. 이외에도 관련된 수많은 연구가 있었다.

아동의 관계

관심을 받을 만한 세 번째 주요 연구 주제는 아동의 관계, 특히 부모와의 관계 및 아동 발달에 미치는 '예외적인' 관계의 영향과 관련이 있다. 이 주제는 지난 세기 전반부에 문헌을 통해 두드러지게 나타났지만, 생애 초기의 양육관계가 인생 후반부의 사랑하는 능력에 미치는 영향의 중요성에 대한 Bowlby의 대범한 주장(1951)이 있은 후에 중요한 논의 주제가 되었다(이 부분에 대한 설명과 기타 정서 및 관계에 관한 이론은 2장 참조). Bowlby의 연구가 미친 파급 효과는 매우 컸고, 그 연구 결과의 영향을 받은 세계보건기구(WHO)의 전문가위원회(1951)는 만일 탁아소와 보육원이 증가하도록 내버려 둔다면 미래 세대의 정서 발달에서 영구적인 손상이 초래될 수 있다고 선언하였다.

앞의 두 절에서는 연구를 하게 만드는 동력에 대해 가정하였고, 또 이 절에서도 그렇게 하려고 한다. 그것은 그렇게 어려운 일이 아니다. 제2차 세계대전 이후의 경제적 상황은 정치적으로 여성들에게 가정으로 돌아가도록 격려하고, 그로써 전쟁에서 돌아온 남성들이 전쟁 기간 동안에 여성들이 몸담고 있던 직업에 고용될 수 있기를 희망하였다.

Bowlby의 연구 발표 이후에 많은 연구가 이루어졌는데, 이 연구들은 Bowlby의 주장을 확인하거나 논박하기 위해 진행된 것이었다. 이러한 연구들 중에는 안정애착(secure attachment)과 불안정애착(insecure attachment)에 관한 Ainsworth 등(1978)의 연구, 영유아기 양육의 유형에 관한 Newson과 Newson(1963)의 연구, 영유아와 어머니의 관계에 관한 Stern(1977)의 연구, 분리에 관한 Robertson과 Robertson(1989 참조)의 연구가 있다.

그러나 이 분야에 관한 연구는 거기서 끝난 것이 아니었다. 우선 간호 전문직에서는 아픈 아동과 그 부모를 분리하는 현실에 대해 비판적이었던 심리학자들의 연구를 무시하였다. Douglas(1975)와 Hawthorn(1974)의 연구 발표는 분리에 따른 즉시적이고 잠재적인 장기적 영향을 강조하였고, 전국병원환아복지협회〔NAWCH는 후에 환아에 대한 법(Action for Sick Children)이 됨〕의 출발은 결과적으로 병원 내의 현실을 변화시키는 조직적인 운동을 이끌었다. 그러나 현실의 변화는 이런 연구 출판이 이루어진 뒤 여러 해가 지나서야 큰 규모로 이루어졌다.

또한 이 분야에서의 연구는 지난 30여 년 사이에 이혼이 아동에게 미치는 영향과 한부모 가족 및 재혼 가족의 영향에 초점을 맞추는 쪽으로 바뀌어 왔다〔2001년의 인구조사에 따르면 아동 가운데 22%가 한부모 가정에서 살고 있다(National Statistics Online, 2003)〕. 그 연구들 중에는

Hetherington 등(1979, 1985, 1999), Kulka와 Weingarten(1979), Guidubaldi 등(1986), Dunn과 Deater-Deckard(2001), Dunn(2004) 등이 수행한 연구가 포함되어 있는데, 이 연구들은 서로 다른 상황에 따라 아동이 어떻게 영향을 받는지를 설명해 주는 주요 변인을 강조하였다. 일반화할 수 있는 결론을 내리는 것은 쉽지 않다. 그러나 분명한 것은 연구가 현대 사회의 이슈들을 어떻게 반영해 왔는지를 보여 주는 또 다른 예라는 사실이다. 즉, 이혼율 증가는 이 분야에서의 연구 활동의 양과 정적 상관을 나타낸다.

아동의 건강과 질병

우리가 초점을 맞추려고 하는 마지막 주요 주제는 아동의 건강 및 이 분야에서 수행되어 온 연구와 관련이 있다. 아동의 건강과 웰빙에 관한 관심은 늘 있어 왔고, 그 과정에서 과거에 사람들은 아이들 중 일부가 죽게 되리라는 것을 예상하면서 대가족을 이루었기 때문에 한 아이의 죽음은 그리 큰 문제가 되지 않는다는 잘못된 가정을 해 왔다. 사망과 질병은 매우 큰 문제가 된다. 20세기가 시작되는 첫 10년간 아동 1,000명 가운데 100명 이상이 첫돌이 지나기 전에 사망했다는 사실은 형제의 사망으로 고통을 받으며 살고 있는 노인들이 아직도 있다는 것을 의미한다. 결핵, 콜레라, 장티푸스, 디프테리아 등과 같은 전염병이 그 당시에 유행하여 전국적으로 퍼져서 수일 또는 수 주 내에 한 가족 중 여러 명의 목숨을 빼앗아 가기도 했다.

20세기에 많은 발전이 이루어졌다. 항생물질의 발견과 1948년에 국립건강서비스(National Health Service)의 시작, 대규모 단위의 면역 접종의 도입은 아동기의 사망률과 발병률에 매우 큰 영향을 미쳤다. 여전히 이 분야에서의 연구도 다시 한 번 사회의 관심을 반영하는 대표적 연구이다. 아동들이 감염성 질병으로 사망하는 동안 연구의 초점은 치료와 예방에 두었다. 1980년대 말과 1990년대 초에 영유아 사망의 주요 원인은 돌연사였고, 따라서 연구자들은 이 분야로 관심을 돌렸다. 연구 결과(CEMACH, 2005 참조)에 따라 아동 보육 현장에서는 변화가 일어났다. 이러한 변화에는 아기를 재울 때 등이 바닥에 닿도록 눕혀서 재우기, 아기가 침대에서 떨어지는 것을 막기 위한 조치, 최적 실내온도 유지 권고, 아기 가까이에서 흡연하지 않기 등의 내용이 포함된다.

이외에도 아동 보육에서의 사회적 이슈들에 대한 직접적인 반응으로 나타난 연구 영역은 인간면역결핍바이러스(HIV)와 후천성면역결핍증(AIDS) 관련 조건을 가진 아동 및 가족과 관련이 있다. 특히 오염된 혈액과 혈액 제품의 수혈에 의해 감염되었던 사례와 같이 아동들이 HIV에 감염되고 영향을 받게 된다는 것이 분명해지자 처음에는 연구의 초점을 감염률에 맞추는 경향을 보였다(Husson et al., 1990; Prose, 1990). 이후의 연구는 감염 예방에 더 많이 초점을 맞추었고, 나아가 감염되어 영향을 받고 있는 아동들에 대한 치료적 접근에 초점을 맞추었다(Stine, 1997; Miller et al., 2006 참조). 다양한 관점에서 HIV와 AIDS의 영향에 관한 연구가 이루어짐에 따라 이와 관련된 연구는 의학 연구를 수행하는 의학자들에 의해서만이 아니라, 자신들의 전문 영역 및 다른 전문 영역에서의 지식을 생산하고 있는 심리학, 사회학, 교육학과 같은 학문 영역으로 확대되어 연구의 초점이 되고 있다.

연구 활동 영역에 대한 마지막 간단한 예는 아동 건강이다. 앞에서 언급했듯이 아동과 관련된 모든 연구 영역을 다루는 것은 불가능하며, 또한 여기서 우리는 그런 시도를 하지도 않을 것이다. 이런 예들을 소개한 의도는 연구가 어떤 동력에 의해 이루어지는지를 보고, 물론 그래야만 하지만, 연구가 어떻게 사회 문제에 반응하여 존재하는지를 강조하고자 함이다. 한 분야에서의 연구가 어떻게 다른 분야에 영향을 미치게 되는지를 보여 주는 예들을 제시하려 하였다. 즉, 유사한 주제에 초점을 맞추지만 자기 전문 분야의 독특한 접근방식과 시야를 가지고 일단의 연구를 하게 하는 그런 연구들에 대해서 말이다.

맺음말

연구는 전문 영역의 건강성에 핵심적 부분이며, 마찬가지로 전문 영역의 건강성을 반영한다. 과거 수십 년의 과정을 통해 보아 왔듯이 전문 영역들은 침체될 수도 있고 또 기존의 지식 기반 위에 새로운 지식을 쌓는 데 실패할 수도 있다. 그렇지만 또 다른 시기를 보면 특정한 연구 주제는 사회로부터 생겨났고 연구자의 상상력을 자극하기도 하였다. 이제는 많은 전문 분야의 연구자들이 개별적으로 또는 협력적으로 동일한 주제의 다양한 측면들에 초점을 맞추게 될 것이다. 이렇게 될 때 진정한 발전이 이루어진다.

연구는 전문 영역의 건강성에 있어서 핵심적인 부분일 뿐만 아니라 그 전문 영역이 서비스를 제공하는 대상자 집단—여기서는 아동과 그 가족—을 위해서도 중요하다. 이 책의 나머지 부분에서는 특별한 사람들과 특별한 대접을 받아야 하는 대상자 집단의 이익을 위한 연구의 중요성에 대해 다루게 될 것이다.

제 2 장

아동 연구와 실제에 관한 이론

이 장의 학습목표

첫째, 아동 연구를 진행할 때 이론이 중요한 이유에 대해 이해한다.
둘째, 주요 심리학적 이론들과 그 시사점에 대한 개관을 제공한다.
셋째, 아동 연구의 내용과 함께 맥락의 중요성을 조망한다.

- 상황 1. 한 어머니가 논란이 될 수 있는 토크쇼를 보고서 한 보육교사에게 묻는다. 직장생활을 하는 어머니의 아이는 어려움을 겪고 있으며, 어머니와 함께 있는 가정만큼 집단보육 상황이 좋지 않기 때문에, 직장을 그만두고 집에서 아이를 돌봐야 하는지를 보육교사에게 물었다. 보육교사는 이 어머니에게 어떻게 말해 주어야 할까?
- 상황 2. 한 간호사는 아동과 가족 간의 빈번하고 집중적인 분리를 요하

는 만성질환을 가진 아동이 있는 가족에게 있을 수 있는 영향과 잠재적인 손실에 대해 염려하고 있다. 이 간호사가 그 과정을 더 잘 이해하고, 동시에 그 가족에게 도움을 주기 위해 할 수 있는 일은 무엇일까?

- 상황 3. 인기 있는 여성 잡지에 어떤 기사가 발표된 이후에 위탁 및 입양 지원 단체의 관계자들은 입양된 아이와 친어머니의 관계를 신장시키는 가치에 대한 조언을 구하는 문의 전화 공세를 받고 있다. 이런 문의자들에게 줄 수 있는 합리적인 답변은 무엇일까?

아동보육 실무자 또는 연구자만이 이 같은 중요하고 복잡한 주제들에 대한 답변을 요구받는 것은 아니다. 앞에서 언급한 각각의 실무 현장에 관해서는 관련 이론 및 연구에 관한 지식 기반이 확립되어 있다. 이 지식은 아동 보육과 발달 영역에서 활동하거나 연구하는 사람들에게 정보를 주고 길잡이가 된다. 예를 들면, 아동과 보육자 간의 애착, 분리 및 상실에 대한 많은 정보가 있다. 아동 교육에 대한 가정과 보육기관의 상대적인 기여 또는 부모와 교사의 상대적인 기여에 대한 많은 정보가 있다. 그러나 이와 관련된 질문 중에 어떤 것은 다른 것만큼 이론 및 연구를 통해 잘 설명되지 않는다. 어머니에 관한 광범위한 연구 성과와 비교해 보면 아버지에 관해서는 상대적으로 알려진 것이 거의 없다. 또한 심리적 외상에 대한 회복성과 관련하여 연령 및 성별과 같은 요인에 대해서도 상대적으로 알려진 것이 거의 없다. 입양된 아동과 친어머니의 관계가 지속되는 것에 대한 이익과 손실에 대해서는 알려진 것이 많지 않다. 이것이 그러한 사례들에 있어서 이론의 역할이 없다는 것을 의미하지는 않는다. 오히려 관련된 영역의 기존 이론이 적용되거나 새로운 이론이 만들어질 수 있다. 이러한 사실은 중요하지만 소홀히 다루어진 영역에서 훨씬 많은 연구가 필요하고 진행되도록 할 것이다.

그럼에도 불구하고 '이론'이라는 말을 언급하는 것만으로도 연구학도들과 실무자들은 모두 두려움을 느낄 수 있다. 연구학도들은 강의를 통해서 접했을 뿐인 광범위하고 복잡한 이론들에 기죽어서 그렇게 느끼고, 실무자들은 실무 경험이나 직관에 의존해 왔고 그들이 가지고 있는 지식이 더 이상 쓸모가 없다는 두려움을 느끼기 때문일 수 있다. 연구와 현장 실무에서의 이론의 역할에 대해 가르치는 우리가 볼 때, 분명한 것은 학부의 내에서 또는 심지어 교실, 병동이나 가정에서조차 '이론'이라는 단어는 입에 담을 수 없는 말로 간주되기도 한다는 사실이다.

이 장에서는 사실상 이론의 특성이 가치 있고 중요하며 유용한 친구와 같다는 점을 보여 주고자 한다. 대학생이라면 이론에 대한 확고한 이해는 좋은 우정처럼 노력할 필요가 있고 시간에 걸쳐 발달하는 것임을 깨달을 필요가 있다. 직관적인 실무자라면 불안하게 느낄 필요가 없다. 경험은 이론을 효과적으로 이해하고 사용할 수 있는 이점을 제공하기 때문이다. 우리 모두는 이론이라는 것이 어떤 우월한 존재에 의해 우리에게 온 신비로운 것이 아니라, 일상적인 사고와 인간적이 되는 평범한 부분에 지나지 않는다는 점을 인정할 필요가 있다.

사실 이론화하는 것은 자연스러운 인간의 욕구이다. 즉, 이론은 우리가 세상에 대한 우리의 지각을 조직화하고, 나아가 더욱 쉽게 예측하고 통제할 수 있도록 해 준다. 예를 들면, 8세 된 자신의 아이가 위축된 행동을 하고 학교 거부 반응을 보인다는 것을 알게 된 한 어머니는 일상의 틀이 깨지고 장기적인 적응과 안정을 위협하는 예측할 수 없는 상황에 맞닥뜨리게 된다. 그 행동의 이유를 찾고, 기술하고, 설명하고, 예측하며, 통제하는 일은 생존이 걸린 문제이다. 이론은 우리가 '세계'라고 부르는 것을 합리적으로 생각하고 설명하고 통달하기 위한 투망이라고 묘사되어 왔다. 아동 발달의 세계에서 당신은 8세 아동이 가진 행동장애에 아동과 어머니 간의 관계에서의 문제가 원인으로 작용한다는 이론을 알고 있을 수 있다. 그렇다면 당신은 무엇이 잘못되었는지를 기술하고 변화를 주기 위해 아동과 어머니 간 관계의 특성을 탐구하게 될 것이다. 혹은 아동의 행동은 단지 부모가 사용하는 비효과적인 보상과 처벌과정의 결과일 뿐이라고 보는 이론을 알고 있을 수 있다. 그렇다면 당신은 그러한 과정을 기술하며 그 문제를 설명하고 패턴을 예측하려고 할 것이다. 나아가 행동을 통제하고 바꾸기 위해 변화할 것이다. 이 두 사례가 보여 주듯이, 이론은 관찰과 실험을 수행하고 연구와 실제의 활동을 안내하는 데 필요한 중요한 실제적 기능을 제공하는 단계로 이해할 수 있다.

아동을 대상으로 일하는 사람들에게 이론이 필요한 이유

아동을 다루는 사람들은 모두 아동을 이해하려는 욕구를 가지고 있다. 어린 벤이 유치반 1학년에서 혹은 위탁기관이나 병원에서 누군가에게 고의적으로 신체 상해를 입힌다면, 그의 행동을 관찰하고 그가 하는 행동을 기술하며 나아가 설명하고 해결방법을 찾으려는 욕구를 갖는 것은 필요한 일이다. 벤에 대한 설명은 벤의 행동을 예측하게 할 뿐만 아니라 다른 비슷한 경우의 아동들과 상황들로 일반화될 수 있다. 궁극적으로 설명은 그러한 행동을 이해하고 예측하며 통제하고 예방하거나 치료하는 방법을 고안하는 것을 가능하게 해야만 한다. 이와 같은 기술, 설명, 예측 및 통제의 과정은 바로 이론의 본질이며, 아동 교육, 건강 및 복지 분야의 전문가들은 일상을 통해 이와 같은 활동들을 해야 할 필요가 있다. 많은 경우 아동의 미래에 대하여 멀리까지 미치는 결정은 바로 이와 같은 이론화 과정을 기초로 하여 이루어진다. 그러므로 이론에 대한 깊이 있는 이해는 매우 중요하다.

그러나 아동 발달에 관해 서로 다른 많은 이론적 관점이 있고, 그 세계를 바라보는 서로 다른 많은 방식이 있으며, 결과적으로 어떤 특정한 상황에 대한 서로 다른 많은 설명과 해법이 있게 된다. 예컨대, 자기 아이의 파괴적인 행동에 대하여 조언을 구하는 어머니는 어떤 전문가와 상의하는가에 따라 여러 가지 다양하고 서로 다른 설명과 해법을 알게 된다. 어떤 교육심리학자는 학습장애가 파괴적인 행동에서 비롯된다고 보는 이론을 가질 수 있으며, 나아가 학습을 위한 부가적인 지원방법을 추천할 수 있다. 어떤 건강 전문가는 음식과민증이 간혹 아동의 행동장애의 원인이 된다고 보는 이론을 가지고 이에 따라 그 아동을 식이요법 전문가에게 의뢰할 수도 있다. 어떤 사회복지사는 사회적인 고난과 부적절한 부모의 양육이 행동 문제의 원천이라는 이론을 가질 수 있으며, 그에 따라 부모 양육 기술과 사회적 지지를 위한 프로그램을 실시할 수 있다. 보다 극단적인 상황에서는 전문가들의 다른 접근이 중요한 결정을 내리는 결정적 역할을 하는 데에 영향을 미칠 수 있다. 예를 들면, 어떤 아동을 특수학교에서 교육을 시킬 것인지, 아니면 보호거주시설에서 보살핌을 받도록 할 것인지에 대한 결정이 그러한 경우이다. 그러므로 이론은 잠재적으로 어떤 아동이 살아갈 미래에 막대한 영향력을 가진다. 또 여러 방법들을 개선하는 데도 막대한 영향을 미친다. 그러므로 다른 전문가 집단들이 아동의 편에서 서로의 이론과 현장 실무를 이해할 수 있고 함께 일하는 것은 중요한 목표이다. 끝으로, 아동을 대상으로 일하는 사람들이 이론을 필요로 하는 또 다른 이유는, 현장 실무자와 아동 모두의 권리, 역할, 실행을 지시하는 정책과 법률의 많은 부분이 다양한 이론 지식 체계에 근거하여 만들어지기 때문이다. 아동법 시행령(Guidance on the Children Act) (Department of Health, 1990)에 따르면, 시행 가능한 아동 보육 원칙들은 오랜 기간에 걸쳐 발전해 왔고 아동 발달, 심리학, 정신의학 및 사회학에서 나온 지식을 포함한 많은 분야들에 기반을 두고 있다. 이와 같이 기반이 되는 이론들의 특성을 이해하는 것이 중요하다는 점은 분명하다. 이를 통해 아동의 특성에 대해서뿐만 아니라 시행해야 할 그 직무의 특성에 대해서도 더 잘 이해할 수 있게 될 것이다.

아동 연구 및 실제의 활동을 안내하고 해석하는 이론

아동을 연구할 때 우리가 선택할 수 있는 이론은 아주 다양하다. 아동 발달과 연구를 소개하는 주요 이론들은 심리학 훈련과정에서 만들어졌다. 제2차 세계대전 무렵만 해도 심리학은 서로 견제하는 학파들로 이루어졌다. 그 후 이 분야는 성장하여 매우 다양화되었다. 그리고 심리학자들이 신봉했던 구학파들은 각기 다양한 이론적 관점을 사용하여 다양한 연구 분야로 바뀌었다. 이러한 관점들은 연구되는 현상에 대한 다른 설명을 제공하게 되고, 서로 배타하지 않으면서 가능한 통찰을 제공하는 것으로 여겨질 수 있다. 이 책에서 살펴보는 다섯 개의 서로 다른 접근은 Davey의 『완전심리학(Complete Psychology)』(2004)과 같은 주요 기초 교재에서 소개된 현대 심리학을 대표하는 주요 접근이다. 여기에는 생리심리학적 접근, 정신역동적 접근, 행동주의적 접근, 인본주의적 접근, 인지적 접근 등이 포함된다. 이 이론들이 많이 알려지게 된 것은 환경과 상호작용하는 아동에 대해 많은 정보를 제공해 주기 때문이며, 그 정보는 이론이 처음 만들어질 때 이루어진 것이거나 그 후의 이론가들에 의해 수정된 것이다. **글상자 2.1**은 악수를 설명하는 고전적인 보기로, 이 이론들의 서로 다른 강조점을 보여 준다.

글상자 2.1 이론적 관점

일단의 10대들이 파티 모임에 도착하여 친구들에게 인사를 한다. 그들은 모두 악수를 한다. 사람들은 어째서 이런 특별한 행동을 할까? 다음 이론들은 각기 다른 방식으로 악수에 대해 설명한다.

- 생리학적 악수는 특정한 일련의 신경적 과정과 근육의 과정이 개입된 결과일 수 있다. 혹은 사회적 능력의 유전인자에 기인한 것일 수도 있다.
- 정신역동적 악수는 신체적 접촉에 대한 갈망에서 비롯된 것일 수 있다.
- 행동주의적 악수는 어떤 보상과 연합된 것으로, 이전부터 있어 온 조건형성의 결과일 수 있다.
- 인본주의적 악수는 수용받고 싶은 욕구의 결과일 수 있다.
- 인지적 악수는 의도적 정신과정의 결과일 수 있다－예를 들면, 의식적으로 우정을 보여 주기로 결정한 결과이다.

각 이론가들이 어떤 현상을 설명하기 위해 선호하는 접근방식이 다르다. 이상의 모든 관점들은 아동의 행동과 발달에 대한 우리의 이해를 각기 다른 방식으로 돕는다.

출처: Davey(2004)에서 발췌. Edward Arnold 출판사의 허락하에 게재함.

생리학적 접근

생리학적 접근은 행동과 심리적 기능의 생물학적 기초에 초점을 맞춘다. 이 접근은 기본적으로 행동이 생물학적 요인들에 의해 결정되고, 다른 요인들의 영향이 무엇이든지 간에 행동에 대한 가장 좋은 설명은 생물학적 용어로 할 수 있다고 본다. 이 접근의 기원은 심리학의 출발점으로 거슬러 올라갈 수 있다. 당시는 감각 및 운동과 정신적 사상의 관련성에 집착

하던 때였다. 1860년에 Gustav Fechner는 저서 『정신물리학의 원리(Principles of Psychophysics)』를 출간했고, 1874년에 Wilhelm Wundt는 저서 『생리심리학의 원리(Principles of Physiological Psychology)』를 출간했다. 두 책 모두 독일어로 간행되었다.

정신분석학과 다른 정신역동 이론들의 도래로 여러 방면에서 심리학의 관점은 생물학적 설명에서 어린 아동기의 경험에 의해 형성되는 내적인 정신생활에 대한 관심으로 바뀌었다. 오늘날 주류 심리학에서 정신역동 이론의 영향력의 감퇴와 혁신적인 기술의 발달과 함께 행동에 대해 생물학적으로 설명하는 지위는 훨씬 더 두드러진다. 생리학적 접근에 대한 정보를 주는 세 가지 중요한 관심 분야는 뇌 기능, 생화학 그리고 유전이다.

기술 발전이 가장 큰 영향을 미친 것은 뇌 기능 분야에서이다. 뇌와 행동 간의 관계에 관한 연구는 이러한 발전에 의해 혁신적으로 이루어져 왔다. 기능적 자기공명영상(fMRI), PET, CT 및 CAT, rCBF 등과 같은 장비들(Gazzaniga et al., 2002, 이것들과 다른 절차들에 대해 기술함)은 뇌가 어떻게 작동하는지에 관한 지식을 크게 바꾸어 왔다. 이 같은 방법 중 어떤 것은 실생활에서 뇌가 어떻게 작동 하는지를 연구할 수 있도록 해 주었고, 뇌의 전체 구조 및 아주 미세한 부분의 수준에서 서로 다른 과제 수행의 효과를 관찰할 수 있도록 해 준다. 또한 이러한 발전은 뇌 손상과 그것이 행동에 미치는 영향을 연구할 수 있도록 해 준다. 생화학적 연구는 행동과 기분에 영향을 미치는 뇌의 화학물질인 **신경전달물질**(neurotransmitter)에 관한 연구를 통해 뇌 기능에 관한 연구를 소개하고 있다. 예를 들면, 낮은 세로토닌 수치는 우울증과 관련이 있다.

유전 연구는 최근 동물과 인간 연구 모두에서 이루어지는 유전자 연구에서의 엄청난 증가에 초점을 맞추고 있지만(Plomin et al., 2002), 유전적으로 미리 프로그래밍되어 있는 행동에 관한 연구도 심리학에서 오래전부터 확립되어 왔다. 이러한 연구들에는 지능과 성격의 개인차에 관한 연구뿐만 아니라 영유아에 대한 일상의 양육행동과 보호 반응 같은 보편적 특성들에 관한 연구도 포함되어 있다. 예컨대, 옹알이 시기의 아동이 갑작스럽게 내는 날카로운 울음은 부모의 '양육행동 패턴'을 촉발하게 될 것이다. 성인이 고통을 받고 있는 아이에게 얼마나 쉽게 반응하는지, 다른 사람의 아이를 어떻게 양자로 삼는지, 다른 종의 어린 것의 특징에 어떻게 반응하는지를 생각해 보라. 그리고 아이의 미소가 어른을 사로잡고 아기 말 혹은 엄마가 아기에게 하는 말과 같은 어른의 긍정적인 반응을 불러일으키게 되는 방식을 생각해 보라. 생물학적으로 결정된 이러한 상호 의존적인 자극과 반응 간 연쇄의 결과 가운데 하나는 아동이 특정한 양육자, 일반적으로 어머니에게 특정한 애착을 형성한다는 것이다. 정신과 의사였던 John Bowlby(1907~1990)는 어머니-아동 관계에 관한 자신의 초기 저술에 정신분석 이론을 적용하였다. 특히 초기의 관계가 장기적인 발달 및 적응에 결정적으로 중요하게 작용한다고 보았다. 하지만 그는 나중에 가서 어머니와 아동 간의 긴밀한 유대 경향을 설명하는 데 생물학적 원리가 더 유효하다고 결론을 내렸다. 즉, 유아와 부모 모두에서 나타나는 복잡하고 상호 의존적인 일련의 본능적 행동들은 아동과 양육자 간에 가까이하려는 경향을 유발하는 기능을 하며 긴밀한 유대관계를 이끌게 된다. 그러나 아동이 자신의 어머니가 누구이고 어떤 유형의 사람인가를 학습해야 하고, 또 어머니는 자신의 아이에게 적응해야 할 필요가 있기 때문에, 유아와 어머니는 긴밀한 유대관계를 형성하는 데 실패하거나 부적응적인 방식으로 유대관계를 형성하게 될 가능성도 있다. 애착은 정서적인 긴밀한 유대로 이러한 관계 속에서 개인은 안정을 느끼며, 상대방은 주변의 세상을 탐색할 수 있는 안전기지가 된다. 이 이론에 대한 시사점은 매우 크며 그 견해와 방법에 대하여 다음 부분에서 더 살펴보려 한다.

생리학적 접근의 시사점

생리학적 접근은 행동을 그것의 기초적인 생물학적 구성요소들로 축약한다는 점에서 지나치게 환원주의적이라는 비판을 받고, 인간의 성격과 행위를 설명하기 위해 생물학적 유전에 초점을 맞춤으로써 지나치게 결정론적이라는 비판을 받아 왔다. 그러나 생리학적 접근은 많은 심리학적 기능을 설명해 주는 틀을 제공해 왔다. 이 접근들에서 진행된 뇌와 행동 간의 관계에 관한 체계적인 연구를 통해 아동이 어떻게 발달하는지에 대한 보다 선명한 지식을 얻는 길을 열어 주었고, 발달이 때때로 잘못 진행되는 경로를 이해하는 데 도움이 되는 방법을 알게 해 주었다. 그리고 이 접근들은 아동의 행동과 발달에 관한 연구를 수행하기 위한 많은 절차를 제공해 왔다. 또한 약리학적 처치 및 특별한 치료 기법을 통해 많은 난제를 다루기 위한 새로운 접근들을 확립하는 데 도움을 주었다.

정신역동적 접근

정신역동 이론의 출발점은 Freud의 정신분석(1901, 1905, 1923)이었지만, 이 외에도 잘 알려진 정신역동적 접근 중에는 Adler(1916), Jung(1921), Erikson(1950/1963) 등의 접근이 있다. 이 이론들은 행동을 지배하는 역동적이고 무의식적인 추동에 초점을 맞춘다. Freud는 신경체계의 연구를 전공하면서 내과의로 훈련을 받았었다. 그는 환자들을 치료하는 과정에서 어떤 환자가 가지고 있는 질환은 생물학적 원인을 찾을 수 없다는 것도 알게 되었다. 여기에는 히스테리, 불안, 공포증 등의 정신질환이 포함된다. 그는 이러한 환자들이 현재의 사고, 감정 및 욕망에 대하여 방해받지 않고 자유롭게 말하도록 하였고, 이를 경청하는 방법을 사용하여 치료해 나가는 쪽으로 관심을 기울이게 되었다. Freud의 목표는 환자의 마음과 성격 기저의 과정을 이해하고 '대화치료'를 제공하는 것이었다. 결과적으로 그는 성격과 성격장애의 기원과 발달에 관한 이론을 형성하였다. Freud는 성인의 정신질환은 아동기에서 비롯되며, 무엇이 잘못되었는지를 분석하는 것은 정상적인 성격 발달의 과정을 이해하는 데 많은 도움이 된다고 믿었다.

정신분석 이론에 따르면, 심리체계 및 그것의 발달은 세 가지 방법으로 잘 기술된다—심리체계는 역동적, 구조적, 순차적이다. 인간의 심리체계는 생물학적인 데에 기반을 두고 있는 **심리적 에너지**에 의해 추동된다는 점에서 **역동적**이다. 가장 강력한 추동은 성적 본능이며, 이것은 **리비도**(libido)라는 에너지에 의해 유지된다. 성격은 세 부분, 즉 **원초아**(id), **자아**(ego), **초자아**(superego)로 구성되어 있다는 점에서 **구조적**이며, 이 세 부분은 항상 갈등관계에 있다. 원초아는 즉각적인 만족을 추구하며, 아동이 약 2세가 될 때까지 자유롭게 작동한다. 자아는 합리적 기제로 발달하며, 즉각적인 만족을 이루려는 추동과 양육자에 의해 부과되는 현실 간의 관계에서 발생하는 갈등을 해결하는 과정에서 중요한 역할을 한다. 아동이 학령기 무렵이 되면 초자아가 발달하게 되는데 이것은 아동이 내면화하는 부모의 기준을 말한다. 다섯 개의 고정된 심리성적 단계를 거치면서 발달이 이루어진다는 점에서 **순차적**이다. 각각의 단계는 서로 다른 신체부위에 리비도가 집중함으로써 나타난다. 이에 관한 내용이 **글상자 2.2**에 요약되어 있다.

글상자 2.2 Freud의 심리성적 이론 5단계

- 구순 단계(0~1.5세) 출생 시에 아동의 신경적 쾌감 중심은 입에 집중하게 된다. 빨기 및 깨물기와 같은 구순행동이 아동의 쾌감원이다.
- 항문 단계(1.5~3세) 아동의 신체가 발달함에 따라 항문의 신경적 알아차림이 가동된다. 대변의 배설과 보유가 아동이 배변 훈련을 받을 때 쾌감원이 된다.
- 남근 단계(3~5세) 이 시기에는 생식기의 민감성이 증대된다. 양성 모두 이 부근을 탐색하면서 쾌감을 느낀다. 아동은 무의식적으로 이성의 부모에게 성적으로 끌리게 된다. 이러한 현상을 남아의 경우 오이디푸스 콤플렉스, 여아의 경우 엘렉트라 콤플렉스라고 한다. 이러한 콤플렉스는 이성 부모의 성적 관심을 얻기 위해 동성 부모와 경쟁관계에 있으면서, 동성 부모에 대한 두려움과 불안을 해결하고자 하는 시도로 경쟁관계에 있는 부모를 동일시하는 방어기제를 갖는 것이 특징이다.
- 잠복 단계(5세~사춘기) 이 시기에는 성적 충동이 문제되지 않는다. 학령기 이전 단계의 불안에 뒤따르는 해결기이다. 동성 또래와의 동일시가 이 단계의 특징이다. 그때까지 어떤 방식으로든 해결되어 왔던 성적 충동은 잠복 상태가 되며 사춘기의 도전이 있을 때까지 숨어 있다.
- 생식 단계(사춘기 이후) 사춘기가 도래함에 따라 급작스러운 호르몬 활동과 생식기의 재성장으로 성적 충동이 다시 표면으로 올라온다. 청소년기 동안 성숙한 형태의 이성애에 이르러야 한다.

정신역동적 접근의 시사점

정신역동적 접근이 다른 어떤 이론보다도 우리의 일상생활에 들어와 있다는 것은 분명한 사실이다. 이 접근의 기본적인 개념과 용어는 친숙해졌고, 종종 사람들은 그러한 용어가 심리학의 진수를 대표하는 것으로 생각하곤 한다. 동시에 정신역동적 주장은 검증하기가 거의 불가능하다는 점에 주의를 기울일 필요가 있다. 그래서 정신역동적 주장은 현대의 과학적 심리학과의 관계에서 불편한 위치에 있다. 그럼에도 불구하고 정신역동 이론들은 생후 초기 및 아동기의 경험과 관계의 중요성을 부각시켜 주었고, 여러 연령의 아동들이 직면하는 발달적 과업의 순차적 특성을 부각시켜 주었다. 이 이론들은 많은 치료적 활동에 기여하였는데, 여기에는 정서장애 아동을 치료하기 위한 놀이치료와 같은 활동이 포함된다. 이 이론들은 경험과 자극화에 대한 각 아동의 욕구를 위해 양육자가 어떻게 민감하게 반응해야 하는지를 강조한다. 환경과 관계는 안전해야 하며 아동이 놀고 탐색할 수 있는 기회를 제공해 주어야 한다. 부모를 대할 때는 그들의 어린 시절 경험의 특성을 탐색할 필요가 있다.

행동주의적 접근

행동주의는 심리학의 주제를 마음에서 행동으로 전환시켰다(Davey, 2004, p. 16). 이 접근의 기본적인 전제는 행동이 학습된다는 것이다. 이 접근은 심리학의 초점을 내적 정신생활에서 행동을 형성하는 환경의 역할로 전환시켰다. 이 접근은 엄격한 과학적 방법을 제공했으며, 여러 해에 걸쳐 심리학 분야에서 지배적인 영향력을 발휘하였다. 행동주의는 이론, 연구 및 현장 활동에서 여전히 중요한 역할을 하고 있으며, 아동과 관련하여 교육과 학습 분야, 행동관리 분야, 치료적 접근 분야에 많이 적용되고 있다. 행동주의의 뿌리는 러시아의 생리학자 Ivan Pavlov의 연구에서 찾을 수 있다. 그는 특정한 생물학적 사건이 환경 변화와 체계적으로 관련되는 방식에 관심이 있었다.

조건형성

Pavlov는 자신이 진행했던 유명한 실험에서 굶주린 개는 음식을 주면 자동적으로 타액을 분비한다는 사실에 주목했다. 더욱이 개는 매번 음식을 주기 전에 벨 소리를 들으면 음식을 주지 않는 상황에서 그 벨 소리만 들어도 타액을 분비하는 것을 학습하게 될 것이다. 앞에서의 중립적인 사건에 반응하는 것을 학습하는 이와 같은 과정을 **고전적 조건형성**(classical conditioning)이라고 한다. 타액 분비는 **무조건반응**(unconditioned response)으로 이는 자연적이고 반사적인 것이다. 음식은 **무조건자극**(unconditioned stimulus)으로 이는 자연적인 타액 분비와 관련된다. 벨은 **조건자극**(conditioned stimulus)이 되며, 음식이 주어지지 않은 상황에서 벨 소리를 듣고 이루어지는 타액 분비는 **조건반응**(conditioned response)이다. 어떤 아동은 밤에 반복적으로 악몽을 꾸기도 하는데 이 경험은 결국 어둠에 대한 공포로 이어질 수 있다. 이러한 행동주의 원리는 J. B. Watson이 쓴 중요한 논문인 「행동주의자가 보는 심리학(Psychology as the behaviourist views it)」(1913)과 그의 대표적인 저서인 『행동주의(Behaviourism)』(1930)를 통해 일반 이론으로 공식화되었다.

조작적 조건형성

이후의 중요한 사건은 B. F. Skinner의 저서인 『유기체의 행동(The Behaviour of Organisms)』(1938)이었다. 1930년대 초에 하버드대학교에서 이루어진 박사 학위 연구에서 그는 쥐가 음식을 얻기 위해 레버를 누르도록 훈련시켰다. 이를 통해 Skinner는 행동이 그 행동 결과들의 함수라고 제안하고, 고전적 조건형성 이론에 더하여 또 하나의 주요 학습 이론인 **조작적 조건형성**(operant conditioning)을 추가하게 되었다. 개체가 자신의 환경에 대하여 자발적으로 행동을 하는 경우에 보상을 받으면 그 행동의 빈도가 증가하지만 처벌을 받으면 그 행동의 빈도가 감소하게 된다. 이와 같이 아동은 보상받은 행동을 반복하고 처벌받는 행동을 반복하지 않는 것을 학습한다. 주의, 미소, 칭찬 등과 같은 즐겁고 보상적인 행동 결과는 **정적 강화**(positive reinforcement)로 알려져 있다. 아동은 주의를 끌기 위해 나쁜 행동을 할 수 있고, 이 행동을 중단시키기 위해 보통 부모나 양육자 혹은 교사는 아동에게 말을 하거나 아동의 주의를 딴 데로 돌리거나 그렇지 않으면 주의를 기울여 줄지도 모른다. 그러나 사실상 아동의 행동은 그가 바라던 주의를 끄는 데 성공적인 방법이라는 사실을 접하면서 강화된다. **처벌**(punishment)은 유쾌한 것을 박탈하거나 불쾌한 것을 줌으로써 바람직하지 않은 행동을 약화시킨다. 많은 전문가들은 '조형(shaping, 강화 계획을 사용하여 행동을 변화시키는 방식을 제공함)'과 같은 **행동수정**(behaviour modification) 절차와 친숙할 것이다.

사회학습

Albert Bandura는 행동주의 원리를 발전시켜 **사회학습 이론**(social learning theory, 1977)을 내놓았다. 그는 직접적인 강화와는 다른 학습방법이 있음을 지적하였다. 아동은 관찰을 통해 일련의 행동을 학습한다. 아이를 돌보는 방법이나 차를 만드는 것, 다른 사람을 때리는 행동 등이 그 예가 될 수 있다. 부모나 다른 사람들이 행동의 모델 역할을 하게 된다. Bandura는 이러한 유형의 학습을 지칭하여 **관찰학습**(observational learning) 또는 **모델링**(modelling)이라고 명명하였다. 더욱이 아동은 자신이 직접 받는 정적 강화나 처벌을 통해서만이 아니라 행동 모델에게 주어지는 강화나 처벌을 통해서도 학습한다. 아동이 이와 같은 방식을 통해, 자신이 관찰하는 모든 행동을 따라 하는 것은 아니다. 예를 들면, 훔치는 행동을 관찰했다고 해서 그 행동을 그대로 따라 하는 것은 아니다. Bandura는 점차적으로 사회학습을 매개하는 과정에서 일어나는 사고와 인지의 역할에 더 관심을 갖게 되었다. 행동 관찰과 그것을 모방하는 과정에서 아동 자신의 사고가 개입하는 다양한 방식이 있다. 아동은 모델 행동에 주의를 기울이고, 그 행동을 파지하며, 그 행동을 인출해 내고, 나아가 그 행동을 재현해야 한다. 더욱이 아동은 자신이 관찰한 행동을 재현하기를 원하거나 동기화되어야 한다. 실제로 주의, 기억 및 정보처리 등의 인지과정 모두가 관찰학습과 모델링 과정에 관여한다. 이에 따라, Bandura는 자신의 이론을 사회인지 이론(social cognitive theory, 1986)이라고 재정의하였다.

행동주의적 접근의 시사점

오늘날 행동주의 이론들에 대한 비판은 여러 가지 제한점에 초점을 맞추고 있다. 이 이론들은 너무 기계론적이어서 정신과정을 무시하며, 행동이 환경에 의해 결정된다고 보면서 생물학적인 요인들은 충분히 고려하지 않는다. 또 언어와 같은 복잡한 행동을 설명하기에는 빈약하다. 그러나 이 이론들은 매우 중요한 원리를 확립해 왔다—행동은 정적 강화와 처벌을 기반으로 하는 조작적 조건형성의 원리를 통해 학습되고 수정될 수 있으며, 아동은 다른 사람의 행동을 관찰하고 모델링하고 인지적으로 처리하는 과정을 통해 학습한다. 사회적·인지적 요인들의 중요성에 초점을 맞추어 온 폭넓은 이론의 발달은 이론과 실제 활동 면에서 폭넓게 행동주의 원리를 광범위하게 적용할 수 있도록 해 주었다.

인본주의적 접근

인본주의심리학은 행동주의와 정신분석에 대한 반작용으로 1950년대에 태동하였다. 이 접근은 흔히 심리학에서 추구해 왔던 정신질환과 장애에 초점을 맞추기보다는 전체로서의 개인, 긍정적 힘, 심리적 건강 등과 같은 인간적 차원과 그 연구에 관심을 두고 있다. James Bugental(1964)은 인본주의심리학을 다음과 같은 다섯 가지 원리로 정의하고 있다.

1. 인간은 요소들로 환원될 수 없다.
2. 인간은 그들이 포함된 독특한 인간적 맥락을 가지고 있다.
3. 인간의 의식에는 다른 사람들과의 맥락에 있는 자신에 대한 알아차림이 포함된다.
4. 인간은 선택하고 책임을 진다.
5. 인간은 의도를 가지고 행동하며, 목적적으로 의미, 가치 및 창의성을 추구한다.

인본주의심리학을 대표하는 인물은 Carl Rogers와 Abraham Maslow이다. 두 사람 모두 **실현**(actualisation) 개념과 관련이 있다. Rogers(1951)는 인간은 실현경향성을 가지고 태어난다고 보았다. 이 실현경향성은 사람들이 심리적 건강을 추구하도록 동기화하며, 지각된 자아(자신을 어떻게 바라보는가와 관련이 있음)가 이상적인 자아(자신이 어떻게 되기를 바라는가와 관련이 있음)에 부합될 때 실현된다. 그러나 인본주의심리학을 더욱 공식적으로 확립한 인물은 Maslow이다. Maslow에 따르면 인본주의심리학은 새로운 운동으로 심리학에서 '제3의 세력'으로 분류할 수 있다. 그는 '제1의 세력'은 행동주의, '제2의 세력'은 정신분석이라고 보았다. Maslow는 **그림 2.1**에 묘사된 '욕구위계(hierarchy of

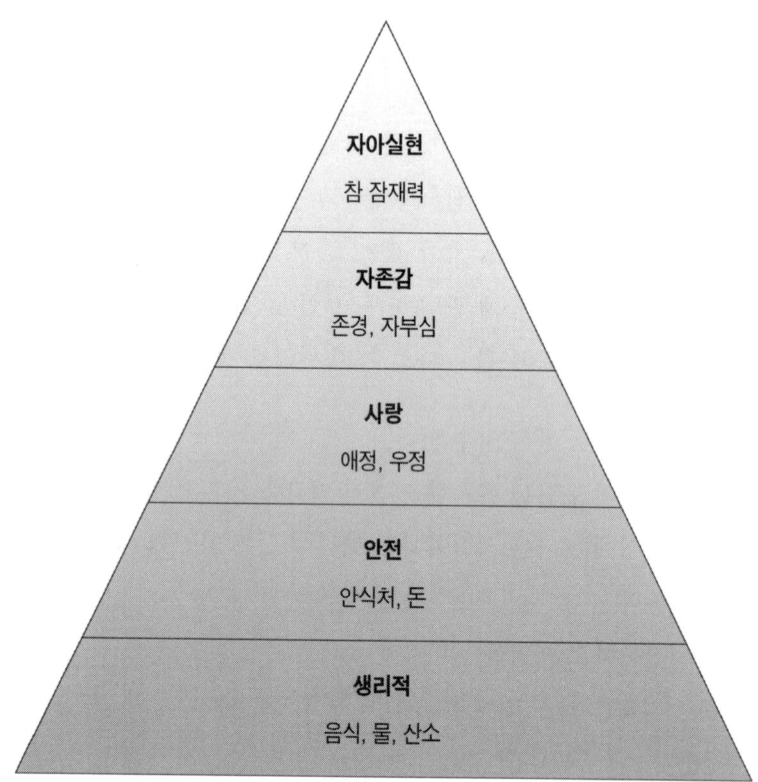

그림 2.1 Maslow의 욕구위계(1954)

needs)'(1954)로 가장 잘 알려져 있다. 우리는 심리적 성장과 건강을 성취하기 위해 먼저 하위 욕구들을 충족해야 하며, 궁극적으로 자아실현에 도달하게 된다.

인본주의 이론 내에서 이루어진 최근 심리학에서의 발달은 '긍정심리학(positive psychology)'의 도래이다. 이 용어는 Maslow에 의해 만들어지고 Martin Seligman이 적용한 용어이다(Seligman, 2002; Seligman and Csikszentmihalyi, 2000). 이 운동은 사람들에게서 잘못된 것이 무엇인가를 강조하기보다는 잘된 것이 무엇인가를 강조하는 인본주의적 주제를 취한 것이다. 이 운동의 목표는 사람들이 건강, 행복, 웰빙으로 표현되는 충족된 삶을 살아갈 수 있도록 하는 것이다. Petersen과 Seligman (2004)은 불안 및 우울과 같은 심리적 장애들을 분류하는 것과 같이, 심리학이 부정적인 특징들에 몰두하는 것을 반대하면서, 행복하고 충족된 삶을 살아가는 사람들에게서 발견되는 강점과 미덕에 관한 매뉴얼을 만들었다. 아동 평가와 같은 영역들에 대한 이 운동의 접근은 아동과의 연구를 시행하고 지지하면서, 아동의 고충이나 약점보다는 강점, 능력 및 잠재력 등에 초점을 맞추고 있다.

긍정심리학 분야의 연구자들은 삶에서 세 가지 중복되는 행복의 영역들을 다루는 하나의 이론 모델을 발전시켜 왔다. 즐거운 삶(pleasant life) 또는 '기쁜 삶'은 사람들이 정상적이고 건강한 삶과 연관된 긍정적인 정서를 어떻게 경험하게 되는지에 초점을 둔다. 좋은 삶(good life) 또는 '몰입하는 삶'은 사람들이 자신의 일차적인 활동에서 최적의 수준으로 몰두할 때 경험하는 유익한 효과들을 다룬다. 의미 있는 삶(meaningful life) 혹은 '관계의 삶'은 어떻게 사람들이 사회 집단, 조직 또는 신념체계 등과 같이 그들 자신보다 더 큰 무엇인가에 속하거나 기여하는 삶을 통해 의미감과 목적감을 얻게 되는가를 연구한다.

인본주의적 접근의 시사점

인본주의심리학은 일관되고 명확하게 정의된 하나의 통합된 이론이 부족하다는 비판을 받아 왔다. 인본주의심리학은 과학적 방법 면에서 취약하다고 여겨져 왔으며, 심리학이라는 학문에 대한 전반적인 영향 면에서 보면 제한적이다. 그럼에도 불구하고 인본주의심리학은 여러 면에서 점점 더 많은 중요한 기여를 하고 있으며, 국제 평화와 협력의 증진, 사회복지의 향상 등과 같은 가치 있는 영역들에 대해 연구와 실제적 적용을 하고 있다. 또한 아동 및 청소년을 위한 지지 제공과 상담을 위해 광범위하게 활용되고 있는 다양한 방법들의 발달에 기여해 왔다. 여기에는 심리학의 주요 치료적 접근 가운데 하나인 내담자중심치료(client-centered therapy)가 포함된다.

인본주의심리학은 양적 연구보다는 질적 연구를 선호하는데(3, 6 7장 참조), 그 이유는 전체로서의 개인을 이해하고 행동의 의미와 목적을 이해하기 위해서는 질적 접근을 취하는 것이 가장 적합하다고 보기 때문이다. 이 점은 분명히 아동 연구와 현장 활동을 위해 중요한 시사점이다. 아동의 약점보다는 강점에 초점을 맞추고 전인적 아동과 건강 및 일상생활의 충족적 측면들에 관심을 둠으로써 아동을 연구하는 데 긍정적인 접근을 할 수 있도록 한다. 더욱이 이 접근은 아동의 복지와 관련된 사람들의 관심을 모으고 긍정적인 주제를 향해 나아가도록 할 가능성을 높여준다.

인지적 접근

인지(cognition)란 사고(thinking)를 의미한다. 인지 이론(cognitive theories)은 아동이 자신을 둘러싼 세계에 대해 생각하고 알고 이해하는 방식에 대해 다룬다. 주요 인지 이론가는 Piaget(1929, 1937, 1945)와 Vygotsky(1978)이다. 앞서 소개한 다른 여러 이론들과 마찬가지로, 이 두 사람은 아동이 지식을 구성하는 과정에 능동적으로 참여하는 존재라고 본다. 이들은 생물학적 측면과 환경 모두가 중요하다는 점에 동의하지만 강조하는 부분에는 차이가 있다.

Jean Piaget(1896~1980)는 영향력 있는 스위스 태생의 심리학자로, 철학자이기도 하고 생물학자이기도 하다. 철학자로서 그는 '학습이란 무엇인가?', '사물들은 항상 그것이 보이는 그대로인가?'와 같이 지식의 습득에 관한 물음에 관심이 있었다. 생물학자로서 그는 아동이 발달함에 따라 거치게 되는 다양한 사고의 단계들을 체계적으로 기술하고 기록하는 데 관심이 있었다. 아동의 발달과 관련하여 그는 철학적인 물음에 대하여 과학적인 방법을 적용함으로써 종종 철학과 과학 사이에 존재한 간격(gap)을 연결하는 데 도움을 주었다. 자기 자신의 자녀들을 대상으로 시작한 연구를 통해, 그는 세상에 대한 아동의 이해와 어른의 이해 간에는 중요한 질적인 차이가 있다고 결론지었다.

Piaget 학파의 구조와 과정

Piaget는 유아는 스키마(schemas)라고 부르는 정신적 청사진(mental blueprints)을 가지고 태어나며, 이것을 통해 환경에 적응해 간다고 보았다. 빨기 반사 및 잡기 반사와 같은 초기의 스키마 가운데 일부는 **동화**(assimilation)와 **조절**(accommodation)이라는 적응과정을 통해 더 복잡해진다. 동화를 통해 유아는 기존의 스키마를 환경에 적용한다. 즉, 자발적으로 젖꼭지를 빨 듯이 어떤 물체를 빠는 행동이 동화의 한 예이다. 조절을 통해 스키마는 점차 환경의 도전과 요구에 부합하는 방향으로 재조직화된다. 즉, 컵을 빠는 행동에서 마시는 행동으로의 적응이 조절의 한 예이다. Piaget는 네 개의 주요 발달 단계를 제시하였다.

1. 감각운동기(0~2세). 여러 가지 스키마들이 협응하면서 반사들은 점차 더 복잡해진다. 예를 들면, 잡기와 바라보기가 결합되어 '집어 올리기'라는 새로운 스키마로 발전한다. 아동은 점차 대상영속성(어떤 물체나

대상이 시야에서 벗어나도 계속해서 존재한다는 것을 의미함)에 대해 학습하게 된다.

2. **전조작기(2~7세)**. 이 시기의 사고는 **자아중심성**(egocentrism, 자기 자신의 관점에서 세상을 보는 것을 의미함)과 **중심화**(centration, 어떤 과제의 한 측면에 초점을 맞추지만 다른 측면들은 무시하는 것을 의미함)로 대표된다. Piaget가 이 단계를 위해 실시한 대표적인 시험은 **보존**(conservation)에 관한 것이다(수의 보존, 부피의 보존, 크기의 보존 등. 수의 보존은 **그림 2.2** 참조). 동일한 양의 물이 담긴 두 개의 유리잔을 제시받은 아동은 두 유리잔의 물의 양이 같다고 생각하지만, 만일 그중 하나를 키가 크고 가느다란 유리잔에 부으면 거기에 담긴 물의 양이 다른 잔에 담긴 물의 양보다 많다고 생각한다.
3. **구체적 조작기(7~12세)**. 보존 검사를 통과한 아동은 이제 상대적인 용어를 사용하여 사고할 수 있게 된다. 예컨대 사물들이 조금 또는 많이 다칠 수 있다는 것을 이해하게 된다. 그리고 '보다 더(more)'와 '보다 덜(less)' 등과 같은 개념들을 이해하게 된다. 하지만 아동은 여전히 추상적인 용어보다는 구체적인 용어를 사용하여 사고한다.
4. **형식적 조작기(12세 이후)**. 형식적 논리와 추상적 사고의 단계이다.

한 사람의 이론가로서 Piaget는 과제 수행의 기저가 되는 인지과정에 많은 관심이 있었다. 그는 대상영속성, 조망수용(perspective taking), 보존 및 다른 여러 가지 능력들의 인지과정의 발달을 기술하기 위해 일련의 과제들을 고안하였다. 그는 자신의 연구를 통해 아동들이 다양한 인지과제를 완수해 가는 순차적 과정을 기술할 수 있었다. 보존을 이해하는 아동의 능력을 평가하는 과제에서는 수나 양과 같은 대상이 가진 몇몇 특성이 실험자의 적용에 따라 바뀌지 않는다는 것을 이해하는 능력을 검사

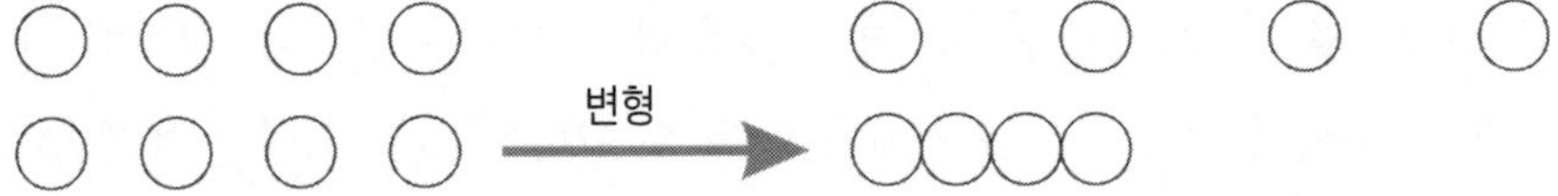

그림 2.2 Piaget의 수 보존에 관한 동전 과제

받는다. **그림 2.2**는 수의 보존을 묘사한 것이다. 그림을 보면 동전 두 줄이 배열되어 있고 두 줄은 동전의 수 및 그들 간의 간격과 동일하게 짝지어진다. 그런 다음, 실험자는 밑줄의 동전들을 서로 밀착시키고 윗줄의 동전들은 떼어 놓는다.

Piaget는 학령 전 아동들이 "어느 줄의 동전이 가장 많지?"라는 변형 전의 질문에 대하여 정확하게 대답하는 반면에, 변형 후의 질문인 "지금은 어느 줄의 동전이 가장 많지?"라는 질문에 대해서는 일관되게 틀리는 것을 발견하였다. 이 예에서 아동들은 윗줄의 동전이 더 많다고 믿었다. 또한 Piaget는 학령 전 아동들은 다른 사람들이 사물을 자기와 다르게 볼 수 있다는 점을 이해할 수 없다고 하는 자신의 제안인 '자아중심성(egocentrism)' 이론을 검증하고자 하였다. 그는 '세 개의 산 과제'를 고안하였다. 이 과제에서 아동은 동일한 산을 세 개의 서로 다른 각도에서 보는 사람들이 자신과 같은 모양으로 보고 있을지 아니면 다른 모양으로 보고 있을지 추측해야 했다. 비록 Piaget는 어린 아동들이 조망수용을 하기 어렵다고 본 자신의 견해를 지지하는 증거를 찾았지만, 이후에 방법론적인 수정이 이루어진 연구를 통해 나타난 결과는 어린 아동들의 조망수용 능력이 초기에 Piaget가 생각했던 것보다는 더 크다는 점을 보여 주었다.

이 과제들은 여러 가지 이유에서 연구자들의 흥미를 끈다. 그들은 모든 연령의 아동에게 적용될 수 있고 아동의 내적 심리에 대한 정보를 나타낼 수 있는 멋지고 단순하게 고안된 과제들을 묘사하고 있다. 또 다른 많은 연구자들은 그러한 과제가 더 간단히 만들어질 수 있으며, 심지어 더 어린 아동에게 적용 가능한 검사를 만들 수 있다는 것을 증명해 왔다. 이를 통해 Piaget가 주장했던 것보다 훨씬 더 어린 아동이 특정한 능력을 가지고 있다는 증거를 제시하기도 하였다. Flavell(1978, 1985, 1988)은 3세 아동에게 조망수용 능력이 있음을 보여 주는 간단한 과제를 발전시켰다. 이와 같은 변화들은 새로운 사회인지 이론인 **마음 이론**(theory of mind)의 등장으로 이어졌다. 이것은 자신과 타인이 가진 아이디어, 신념, 욕망, 감정 등과 같은 정신적 상태의 세계를 인식하고 그것들이 서로 어떻게 다른지를 인식하는 능력(아래 참조)을 말한다. 따라서 Piaget의 과제들은 그가 아동의 조망수용 능력을 검증하기 위해 사용한 사회적 맥락과 연구 맥락, 언어의 영향을 과소평가했다는 점에서 비판적 평가와 방법론적 수정(예: Donaldson, 1978; Samuel and Bryant, 1984)으로 이어졌다.

Vygotsky의 재발견

러시아의 위대한 심리학자 Lev Vygotsky(1896~1934)의 연구는 공산주의의 검열이 이루어지던 시기를 지나서야 재발견되었다. Vygotsky는 사고의 사회적·문화적 기원과 그 구조화 과정에서 언어 역할의 중요성에 더 많은 비중을 두었다. 저서 『사회 속의 마음(Mind in Society)』(1978)에서 그는 인지 기능이 어떻게 아동의 사회적 상호작용에서 기원하는지를 기술하였다. 한 아동이 임의로 어떤 대상에 손을 뻗으면 한 성인이 끼어들어 아동의 행위를 '해석하며', 그 결과로 그 사건에 의미를 부여하게 된다. 그러므로 실제로 모든 인지과정은 일차적으로 공동 활동의 부분으로 사회적인 면에서 나타나고, 그 후에 그 경험을 아동이 내면화하는 심리적인 면으로 나타나게 된다. 언어는 아동이 다른 사람들에게서 비롯되는 사고를 내면화할 수 있도록 해 주는 문화적 도구이다.

Vygotsky의 중요한 개념 가운데 하나는 근접발달영역(zone of proximal development, ZPD)이다. Vygotsky는 아동과 성인 간의 대화가 인지 발달에 결정적인 기능을 한다고 믿었다. 그는 아동이 어른이나 더 유능한 또래와 함께 과제를 수행하는 것이 혼자서 수행하는 것에 비해 더 나은 인지 발달로 이어진다는 것을 발견했다. 이처럼 ZPD는 아동이 다른 사람의 도움을 받아 과제를 수행할 수 있는 학습 영역을 말한다. 성인의 목표는 아동의 과제를 위해 제공하던 도움을 점차적으로 줄이고 아동에게 그 과제에 대한 책임을 넘겨주는 것이다. 물론 모든 부모나 보육자 혹은 교육자가 다 아동의 ZPD 내에서 일하고 확인하는 데 있어서 동등한 능력을 가지고 있는 것은 아니다. 예를 들면, 우울한 부모는 아동의 ZPD에 대해 다른 일반적인 부모에 비하여 상대적으로 민감하게 반응하지 못한다(Goldsmith and Rogoff, 1995). Vygotsky(1978)에 따르면, 아동들은 성인이나 나이가 위인 아동들과 함께 놀이를 할 때 생각하는 방법을 배우게 된다. 그러므로 상호작용의 질은 아동들이 그들과 함께 활동하는 연장자로부터 받는 '발판화(scaffolding)'의 질에 대한 것을 알려 준다. 그럼에도 불구하고 학습과정은 전적으로 성인에게 좌우되는 것이 아니다. 아동은 다른 사람과 함께 하는 공동 활동에 창의적으로 영향을 미칠 수 있거나 영향을 미칠 수 있어야만 한다.

퍼즐 과제(Wertsch and Hickman, 1987)는 ZPD에서 나타나는 상호작용을 관찰할 수 있는 상황을 보여 주는 아주 좋은 보기이다. 학령 전 아동들과 어머니들은 두 개의 아주 똑같은 퍼즐을 받게 된다. 퍼즐 하나는 분리되어 있고 아동과 어머니는 퍼즐을 맞추도록 요구받는다. 각 어머니는 자신의 아이가 도움을 필요로 한다고 느낄 때는 언제나 자신의 아이를 도울 수 있다고 지시받는다. 상호작용의 질은 안내를 위해 완성된 퍼즐을 참조하면서 직접 또는 간접적으로 아이가 그 과제를 이해하도록 도와주는 면에서 평가될 수 있고, 또 아이가 질문을 하면서 퍼즐을 풀어 가는 것, 그리고 아이가 스스로 '생각'하도록 격려해 주는 어머니의 능력 등의 측면에서 평가된다. 두 살 정도의 아동은 부모, 교사, 혹은 보육자와 함께 간단한 퍼즐 과제를 해내야 한다. 그러나 퍼즐의 난이도를 조정하여 모든 연령의 아동들에게 유사한 연구를 진행할 수 있다. 가장 최근의 연구는 계속해서 ZPD를 기술하고 검사하기 위한 새로운 방법을 찾고 있다(예: 대표적인 연구로 Meins and Russell, 1997 참조).

인지적 접근의 시사점

인지 및 사회인지 영역에서 이루어지고 있는 최근의 연구는 어떤 통합된 이론적 틀에 의해 진행되지 않고 매우 다양하다. 그러나 그 접근은 아동 발달에 관한 지식에 매우 큰 기여를 하고, 또 아동을 대상으로 한 이론과 연구 및 실제 활동에 많은 도움을 주어 왔다. 그 접근은 다음과 같은 면을 강조한다.

- 아동은 성인과 다르게 사고하며, 서로 다른 연령의 아동 간에는 그들 주변의 세계를 이해하는 데 질적인 차이가 있다. 치료나 통증을 설명해 주는 간호사이든, 위험을 평가하는 사회복지사이든, 교과과정을 계획하는 교사이든, 혹은 아동을 연구하는 연구자이든 관계없이, 아동을 대상으로 활동하는 사람들은 누구나 이와 같은 차이를 인식하고 적절하게 반응해야 한다.
- 아동의 학습, 이해 및 사고는 환경적 조건, 사회적 관계, 문화적 관습에 의해 영향을 받는다. 경험의 측면에서 아동이 어디에 위치하는가를 알아내는 것이 중요하다. 아동이 소수민족 출신인가? 우울한 양육자가 있는가? 얼

마나 효과적으로 아동에게 세상의 도전거리를 제시하는가?

- 아동의 과제 수행보다는 발달의 관점에서 아동의 잠재력을 지지하는 일에 초점을 맞추어야 할 것이다. 아동을 대상으로 활동하는 사람들에게 주는 시사점은, ZPD의 개념을 이해하고 적절한 위치를 찾아 적용해야 하며, 또한 아동과 관련이 있는 사람들이 그렇게 할 수 있도록 도와주어야 한다는 점이다. 이것은 간호사, 교사, 사회복지사, 부모 및 연구자 모두에게 중요하다.

새로운 이론

20세기의 후반부에는 많은 이론들이 새롭게 등장하였다. 이 이론들은 인간의 마음이 앞에서 소개한 다섯 가지 주요 접근의 어느 하나로 환원될 수 없다는 사실을 언급하기 시작하였다. 이 점은 내적·외적 과정과 그것들 간의 관계를 매개하는 기제를 살펴봄으로써 이루어졌다. 특히 그러한 이론들은 아동의 외부 사회적 세계와 내적 심리적 세계 간의 연관성을 다루고 있다. 따라서 앞에서 소개한 주요 다섯 가지 접근으로 엄격하게 분류하기는 어렵다. 이런 유형의 세 가지 주요 이론은 '마음 이론', '애착 이론', '맥락 속에서의 아동' 이론에서 보는 사회생태학 모델 등이다.

마음 이론

'마음 이론'을 가지고 있는 아동은 정신적 상태의 세계, 즉 생각과 신념, 감정, 바람의 세계를 인식할 수 있는 능력을 갖는다. Bartsch와 Wellman (1989)은 한 검사 과제를 개발했는데, 이 검사 과제를 적용한 결과 3세 아동은 다른 사람들의 정신적 상태를 잘 이해하지 못했다. 일상적인 상황에서, 만일 한 아동이 초콜릿 대신 구슬이 들어 있는 초콜릿 상자를 본다면, 그 아동은 그 상자에 당연히 있어야 할 초콜릿이 아니라 구슬이 들어 있다는 것을 이해할 것이다. 그런데 만일 방금 도착한 다른 아동이 그 상자를 보는 상황을 그 아동이 목격한다면, 그 아동은 현재 자신이 그 상자에 구슬이 들어 있다고 생각하듯이, 방금 도착한 다른 아동도 그 상자에 구슬이 있을 것으로 생각한다고 믿게 된다. 다시 말하면, 3세 아동은 다른 사람이 틀린 믿음을 가질 수 있다는 것을 알지 못한다. 아동들을 대상으로 한 대표적 검사인 샐리/앤 검사에서, 앤은 샐리가 없을 때 몰래 샐리의

그림 2.3 마음 이론 과제: 샐리는 어디에서 구슬을 찾을까?

바구니에서 어떤 물건을 빼낸 것을 본 다음, 샐리가 돌아와서 물건을 어디에서 찾으려고 할지를 추측해 보라는 질문을 받게 된다(이 검사 과제를 묘사한 **그림 2.3** 참조).

Bartsch와 Wellman이 기술한 이 과제는 앞에서 예로 들었던 초콜릿 상자 안의 구슬과 비슷한 장면을 묘사한, 두 개의 인형이 포함된 네 가지 시나리오를 담고 있다. **실습 2.2**에 틀린 믿음 혹은 마음 이론 과제를 학령 전 아동에게 어떻게 실행하는지를 자세하게 기술하였다. 이 기본적인 검사 과제 설계는 많은 연구들에서 반복되고 응용되어 왔다. 이 같은 검사 과제 유형의 다양화는 특히 자폐아를 연구할 때나 애착과 같은 심리사회적 기능 영역에서의 과제 수행과 정서 이해의 관련성을 연구할 때 유용하다(예: Baron-Cohen et al., 1985; Dunn, 1995; Fonagy et al., 1997; Meins et al., 1998; Greig and Howe, 2001). 마음 이론에 관한 연구는 지난 10여 년 동안에 놀라울 정도로 성장해 왔다. 그 방법은 Piaget 학파 과제의 경우와 같이 계속해서 발전하고 있는데, 여기에는 제2차적 마음 이론 과제와 같은 더 높은 수준의 과제 요구가 포함된다. 이는 나이가 많은 아동을 위해 개발된 것들이며 구체적인 소품이나 물품보다는 그림이나 만화와 같은 것으로 되어 있다.

Denham과 Auerbach(1995)는 학령 전 아동들이 타인의 정서 상태를 이해하는 능력을 평가하기 위한 과제를 고안하였다. 이 과제들은 틀린 믿음 과제와 비슷한데, 이 과제에서는 아동이 인형의 관점에서 느끼는 감정과 타인의 의도 및 사고를 평가하는 등의 능력을 평가하기 위해 아동의 세계에서 가져온 인형과 기타 소품들을 이용한다. 이 연구자들은 어린 아동들에게 자신의 감정을 표현하도록 요구하는 잘 알려진 간단한 방법과, 더 복잡한 과제에서는 각각 다른 감정을 표현한 세 개의 얼굴이 그려진 천, 나무 또는 종이로 만들어진 세 개의 얼굴로 타인의 감정을 표현하도록 요구하는 방법을 포함시켰다. 아주 어린 아동들도 이 자극들을 사용하여 좋거나 싫은 자신의 감정과 다른 사람들의 감정을 표현할 수 있었다. 연구자들은 아동들에게 감정 질문에 대한 반응으로 얼굴을 손가락으로 가리키거나 얼굴을 상자에 넣거나 사진에 붙이도록 요구하였다. 이 형식, 특히 좋거나 싫음을 표현하는 과제에서 사용된 형식은 자기보고(self-report)식이다. Denham과 Auerbach는 이 과제를 더 복잡한 설계로 성공적으로 적용하였는데, 여기에는 행복, 슬픔, 분노, 공포 등의 정서를 유발하는 시나리오가 포함되어 있으며, 다른 여러 연구에서도 널리 이용되었다.

애착 이론

애착 이론에 관한 가장 유명한 설명은 John Bowlby의 포괄적인 연구들(1953, 1965, 1979)에서 찾아볼 수 있다. 그의 대표적 연구인 「아동 양육과 사랑의 성장(Child Care and the Growth of Love)」(1953)이 발표된 이후, 애착 이론과 연구 분야에서는 거의 유례가 없을 정도로 많은 발전이 있었다. 애착 이론의 중심적인 동물 행동학적 전제는 유아가 유전적·생물학적으로 양육자에게 애착을 형성하려는 경향을 가지고 있다는 것이다. 이러한 경향은 본능적인 기제의 한 부분으로 성인에 대한 접근성과 안정을 보장해 주며, 이를 통해 그 종의 생존 가능성이 증가하게 된다. 하지만 이 이론도 인간의 유아에게 적용할 때에는 정신역동 및 인지·정보처리적 접근들로부터 구성개념을 끌어와 사용한다. 이 분야의 대표적인 연구에서 Ainsworth 등(1978)은 낯설고 두려운 상황에서 나타내는 두 가지 주요 애착행동 유형—안정 유형과 불안정 유형—을 확인하였다. 불안정 유형은 다시 회피 유형과 양가적 유형으로 구분할 수 있다. 구체적으로 설명하면, 안정애착 아동은 새롭고 낯선 과제를 탐색하고 수행할 때 부모를 안전지대로 활용하는 것을 더 잘할 수 있다. 이와는 달리, 불안정애착 아동은 어머니에게 회피/분리 방식이나 강압적이고 위협적인 방식으로 행동하게 될 것이다. 외상적인 부모의 양육을 경험한 아동 표본이 포함된 이후 연구(Crittenden, 1992)에서 불안정애착 유형은 '방어적', '강압적', '방어적/강압적 혹은 혼란된 유형' 등으로 분류되었다. 혼란스러운 유형의 경우에만 역기능적 혹은 부적응적인 것으로 나타났고, 가장 심각한 외상을 경험한 아동의 특성이 나타나는 경향이 있었다.

'애착 이야기 완성 과제 검사(Attachment Story Completion Task)' (Bretherton and Ridgeway, 1990)는 학령 전 아동이 양육자에 대해 형성한 애착의 질을 평가하는 한 가지 방법이다. 이 과제 검사에서는 아동에게 다섯 가지 시나리오를 제시하는데, 이는 손으로 잡을 수 있고 구부릴 수 있는 실질적인 가족 인형과 소품들을 가지고 연기하는 것이다. 그 장면들 중에는 먼저 훈련회기가 포함되는데, 여기서는 가족이 생일을 축하하는 내용이 포함되고 평가가 이루어지지는 않는다. 이 장면에서 검사자는 '이 게임'의 특성을 보여 주는데, 검사자가 이야기를 시작하면 아동은 그 이야기를 완성하도록 되어 있다. 아동은 장난감들을 탐색하고 조작할 수 있으며, 검사자는 게임을 조정하는 방법에 대해 이해하고 "그래서 어떻게 됐니?" 혹은 "이제 이 이야기는 끝났니?" 등과 같은 말로 가장 효과적인 촉진 등을 할 수 있다. 다섯 가지 장면에는 다음과 같은 것들이 포함된다—엎질러진 주스, 침대 속의 괴물, 무릎을 다침, 이별, 재회. 각각의 이야기는 아동이 문제 장면에 처하여 애착행동 유형으로 위안을 받는 순간이 나타날 여지가 많은 촉발자극의 기능을 하는 상황들로 구성되어 있다.

이야기의 도입 부분에서 소개되는 주제는 다음과 같다—권위 있는 역할을 하는 애착 인물, 애착 및 보호행동을 유발하는 아픔, 애착 및 보호행동을 유발하는 공포, 분리불안과 대처, 부모가 되돌아왔을 때의 반응. 아동의 수행은 다섯 가지 이야기 상황에서 애착의 안정성 정도로 평가되고 전반적인 분류가 이루어진다. 언어적·비언어적 행동은 내용, 정서 표현 및 이야기 해결의 일관성 측면에서 설명된다. **글상자 2.3**에 그 절차와 반응을 분류하는 방법을 기술하였다. **그림 2.4**는 '이별'과 '엎질러진 주스' 장면에서 애착 이야기 완성 과제 검사 시 인형을 사용하는 것을 나타낸 것이다.

가장 최근에 Minnis 등(2006)은 컴퓨터 소프트웨어(예: West et al., 2003)를 이용하여 애착관계를 평가하는 최근에 이루어진 몇몇 혁신적인 연구와 치료법을 검토하였고, 특별히 자신들의 연구를 기술하는 데 컴퓨터화하여 설계된 이야기 완성 평가를 사용하였다—Computerised McArthur Story Stem Battery(CMSSB). 이런 형태의 평가는 다음과 같은 이유에서 장점이 있는 것으로 생각된다—아동은 컴퓨터를 가지고 하는 활동을 좋아하며 점차 그것을 이용한 작업과 놀이에 친숙해지고 있다. 지역사회 장면에서 대규모의 아동 집단에 적용할 수 있다. 시간이 덜 걸리고 일관성 있게 사용할 수 있다. CMSSB 사용자를 검사하기 위해, 비교할 수 있는 두 집단으로 나누어 관리한다. 예를 들면, 학교에 다니는 아동 집단을 위탁보호를 받고 있는 아동 집단과 통제 집단으로 나누어 비교한다. 예상한 대로, 취약한 위탁보호 집단의 아동들은 학교에 다니는 아동 집단에 비해 이야기 묘사에 있어서 응집성이 유의하게 빈약하였고, 의도성(조망수용) 수준이 낮았으며, 더 많은 회피 반응을 나타냈다.

그림 2.4 '이별'과 '엎질러진 주스'에 관한 애착 이야기 완성 장면

글상자 2.3 애착 이야기 완성 과제

일반 소품

두 세트의 가족 인형으로 각 세트는 엄마, 아빠, 남자 아이, 여자 아이로 이루어져 있다. 각 세트에서 할머니 역할을 하는 여자 어른을 추가로 사용할 수도 있다. 참가하는 아동의 성에 맞춰 아이 인형들을 교체할 수 있다. 예를 들면, 남자 아이 혼자 있을 경우에는 두 개의 남자 인형을 사용하고, 남동생이 있는 여아의 경우는 남자 인형 하나와 여자 인형 하나를 사용한다. 각 이야기는 "내가 이야기를 시작하면 네가 이야기를 끝내렴." 하고 시작한다. 그러고 나서 당신이 한 가지 역할을 한 후 아이에게 "이제 다음에 무슨 일이 일어날지 인형들을 가지고 나에게 보여 줘."라고 말한다.

연습(생일 케이크와 인형)

엄마가 생일 케이크를 만드는 장면을 연기한다. 아이가 인형들을 살펴볼 시간을 준다. 그러고 나서 아이가 그 장면을 이해하도록 잠깐 시간을 준다.

엎질러진 주스(테이블, 테이블보, 주스 한 병, 케이크)

아이가 테이블에 기대어 주스를 엎지르는 장면을 연기한다. "이후에 엄마가 '너 주스를 엎질렀구나.'라고 하네. 그다음에 무슨 일이 일어날지를 나에게 보여 다오."라고 말하고 끝낸다.

침실의 괴물(부가적인 소품은 없음)

엄마가 "밤이 늦었네. 잠잘 시간이야."라고 말하는 장면을 연출한다. 아이가 침실로 가서 방 안의 괴물을 보고 "엄마! 방에 괴물이 있어요!"라고 소리 지르는 장면을 보여 준다.

무릎을 다침(녹색의 천 조각(잔디를 나타냄)과 회색 스펀지(바위를 나타냄))

가족이 공원으로 산책을 간다. 공원에 높은 바위가 있는 장면을 연출한다. 아이가 바위를 보고 "와! 봐요 아주 높은 바위예요. 나 저 바위에 올라갈래요."라고 말하는 장면을 연출한다. 아이는 바위 위로 올라가다 떨어지고 "무릎을 다쳤어요."라며 흐느껴 운다.

이별(할머니가 가족에 동참하고, 차를 나타내는 색칠한 상자 하나)

할머니가 도착하는 장면을 연출한다. 그리고 할머니가 "무슨 일이 있을지 알겠니? 엄마와 아빠가 여행을 가려고 하셔."라고 말한다. 부모는 인사를 하고 "내일 보자."고 하며 차를 타고 떠난다. 차가 시야에서 멀어진다.

재회(이별 장면에서 사용했던 같은 소품)

다음 날의 장면을 연출한다. 할머니가 창가를 내다보며 말한다. "봐. 얘들아, 누가 집으로 되돌아오고 있는지 봐라." 부모가 탄 차가 돌아온다.

안정/불안정 애착의 기준

- 매우 안정: 검사자가 촉진을 많이 하지 않아도 이야기 주제가 유연하게 적절히 해결된다.
- 상당히 안정: 한두 개의 이야기가 약간 회피적이거나 이상한 반응이다.
- 회피적 불안정: 세 개 이상의 이야기 주제가 분명하지 않거나 완전한 회피이며 심지어 혼란스러운 반응이다.
- 혼란된 불안정: 세 개 이상의 이야기에서 이상하거나 혼란된 반응을 보이며 심지어 몇 개의 회피적 반응을 나타낸다.

출처: Bretherton, I. and Ridgeway, D. (1990) 'Story completion tasks to assess young children's internal working models of child and parent in the attachment relationship' in M.T. Greenberg, D. Cicchetti and E.M. Cummings (eds), *Attachment in the Pre-school Years: Theory, Research and Intervention*, pp. 273-308에서 인용. © University of Chicago Press, 1990. 허락하에 게재함.

맥락 속의 아동

아동을 이해하기 위한 다양한 접근을 고려하면서 한 가지 유념해야 할 부분은 사회 속의 아동은 어떤 사회체계의 일부라는 점이다. 하나의 체계는 그것이 생물학적이든 경제학적이든 심리학적이든 간에 두 가지 기본적인 특성을 가지고 있다—전체성과 질서. 그 안의 모든 부분은 다른 모든 부분과 관련되어 있으며 변화를 반영하는 적응 능력이 있어야 한다. 한 가지 예로 새로이 태어난 아기가 가족에 속하게 되는 경우를 생각해 볼 수 있다. 이 사건은 일상생활에 영향을 미치고 새로운 일상생활을 요하게 될 것이며, 나아가 서로서로의 관계에 영향을 미치게 될 것이다. 다시 말하면, 체계의 한 부분에서 발생한 변화는 그 체계의 다른 부분들의 변화를 초래하게 된다.

Bronfenbrenner(1979, 1986, 1992)는 전 생애에 걸쳐 성장하는 인간이라는 유기체와 변화하면서도 즉시적인 환경 간의 점진적이고 상호적인 조절과정을 기술하기 위해 '사회생태학(social ecology)' 모델을 제시하였다. 이해하기 편하게 두 명의 아동을 생각해 보자. 한 아동은 부모가 모두 있고, 부모 모두 직업을 가지고 있으며, 그들의 직업을 통해 행복을 느끼고 있다. 이 가족은 좋은 학교와 기타 지역사회에서 제공하는 서비스가 원활한 부유한 지역에서 살고 있다. 부모는 전문가, 가족, 친구 등 폭넓은 네트워크를 가지고 있고, 이 아동은 학교에서 인기가 있고 영특하며, 친한 친구들이 있고 다양한 과외 활동과 학교 밖의 모임에 참여한다. 이 가족은 차가 두 대이며 자주 휴가를 간다. 다른 아동은 부모가 어머니 한 사람뿐이다. 어머니에게는 남자 친구들이 있지만 이 아동에게 진짜 아버지 역할을 하는 사람은 없다. 어머니는 실업 상태이고 사회보장제도의 지원을 받고 있다. 이들은 재정적으로 어려움을 겪고 있으며 전화도 없다. 이들은 우범 지역에서 살고 휴가를 가 본 적이 없다. 우울증이 있는 이 어머니는 친구를 잘 사귀지 못하며, 점차 심해지고 있는 자기 아이의 문제행동을 적절하게 관리하지 못한다. 이 아동은 학교에서 인기가 없고, 자주 문제를 일으키고 사고를 잘 치며, 건강도 나쁘다. 이 예들이 보여 주는 바와 같이, 아동은 사회와 환경 간 관계의 체계 혹은 네트워크의 한 부분이다. 거기에는 많은 역할을 하는 사람들(가족, 교사, 친구)과 많은 장면들(가정, 놀이공원, 학교, 이웃 등)이 있다. Bronfenbrenner는 개인들과 장소들이 속하는 네 개의 맥락적 구조를 제안하였다—미시체계, 중간체계, 외체계, 거시체계.

미시체계는 아동이 속하는 직접적인 장면을 말한다—정원, 집, 놀이공원 등. 이러한 것들은 물리적 공간/활동의 예이다. 미시체계는 또한 부모, 교사, 또래와 같은 사람들과 이 사람들 간의 상호작용을 포함한다. 중간체계는 서로 다른 장면들 간의 관계와 서로 다른 발달시간에서의 관계를 말한다—예를 들면, 가정과 학교 혹은 가정과 병원 간의 연계. 외체계는 아동이 직접 속하지는 않지만 영향을 미친다. 여기에는 부모의 직장과 사회적 네트워크가 포함된다. 거시체계는 더욱 광범위한 문화적 장면들로, 빈곤, 이웃, 인종 등과 같은 미시체계, 중간체계 및 외체계가 그 안에 속하는 하위문화적 장면들을 말한다.

이혼의 예를 가지고 이 모델을 생각해 보자. 이것은 아동 개인에게 직접적으로 관련된 문제이다. 우리는 어떻게 하면 특정 아동이 이혼과 관련된 스트레스를 잘 대처할 수 있을지, 혹은 이혼이 문제가 된다면 아동이 몇 살 때 이혼하는 것이 문제가 되는지 등에 대해 알고 싶을지도 모른다. 다음과 같은 특정한 연구 질문을 생각해 볼 수 있다—이혼과정에 대한 지각과 해석이 관심 사항이라면, 서로 다른 발달적 수준에 있는 아동들이 겪는 질적인 차이는 무엇인가? 미시체계 수준에서 우리는 이혼 후의 적응에 대한 하나의 예측변인으로 이혼 전 부모와 아동 간 관계의 질을 검토하고자 할지도 모른다. 중간체계 수준에서는 이혼이 아동의 학업성취와 학교에서의 관계에 미치는 영향을 검토해 볼 수 있다. 외체계 수준에서는 아마도 다음 질문과 같이 비동거 부모와 접하게 될 가능성에 대해 알고 싶을 것이다—비동거 부모로부터의 물리적 거리가 이혼 후의 적응에 영향을 미치는가? 거시체계 수준에서 보면 결혼관계 정리에 관한 이슈들을 생각할 수 있다. 예를 들면, 아동 지원에 관한 논의와 공정하게 그리고 중재를 통해 해결해야 하는 관심 사항이 있었는지를 검토해 볼 수 있다. 또한 이와 같은 다양한 수준들이 결합되어 어떻게 작동할지에 대해서도 생각해 볼 수 있다. 이혼 후의 경제적 불안정이 가족관계에 어떤 영향을 미치는지에 대한 질문에서, 우리는 거시체계와 미시체계 수준 모두를 검토한다. 이혼 후의 적응과정에서 친척과 가족 구성원들이 아동을 도울 수 있는지에 관한 질문은 거시체계 수준과 외체계 수준 모두를 결합시킨 것이다.

새로운 이론들의 시사점

인간의 마음과 행동은 놀라울 정도로 복잡하다. 하지만 만일 우리가 자신과 타인에 대해 이해하기 위해 애쓰면서 관계의 문제를 경험하고 있는, 정서적으로 힘든 상태의 아동을 대상으로 연구하고 돌보고자 한다면, 아마도 아동이 가진 생물학적 장애나 어린 시절의 외상적 관계, 사회적 스트레스원에 대한 반응, 혹은 가장 일어날 가능성이 많은, 이런 여러 가지 요인들이 얽혀서 영향을 받는 아동에 대한 이해를 높이고 아동이 대처해 가는 것을 가장 잘 지원할 수 있는 방법들에 대한 지식을 넓혀 가야만 한다. 아동의 내적세계와 외부세계 간의 중요하고 복잡한 연관성을 탐색할 수 있는 추가적인 자료를 얻고 싶다면, 아동이 가지는 위험 요인과 탄력성에 관한 Michael Rutter 등(예: Rutter et al., 2004)의 연구와 대인 간 역동의 복잡성을 탐구한 Robert Hinde(1997)의 연구를 보기 바란다. 아동기의 우울, 대인 간, 사회적·정서적 발달, 그리고 놀이, 언어 및 학습 간의 상호작용에 관한 최근의 문헌을 살펴보려면 Greig(2004, 2005a, 2005b)의 연구를 참고하기 바란다.

연구에서의 맥락변인 대 내용변인

아동을 대상으로 연구를 진행할 때, 아동의 전체 맥락뿐만 아니라 연구 자체의 전체 맥락을 고려하는 것도 중요한 문제이다. 많은 사람들이 연구가 이루어진 폭넓은 맥락을 검토하지 않고서 연구 프로젝트를 수행하며 자신들의 연구 결과를 이론적 접근을 발전시키는 데 이용하고 있다. MacKay(2006)는 **내용변인**과 **맥락변인** 간의 차이를 구분함으로써 이 점을 강조한다. 내용변인은 연구 프로그램의 내용 혹은 실제적 자료를 나타낸다. 즉, 이것은 계획적으로 연구의 기초로 적용되어 온 요인들을 말한다. 예를 들면, 한 교사가 읽기 능력을 습득하는 데 어려움을 겪는 어린 아동을 가르치는 더 나은 방법을 알고 싶어 한다고 생각해 보자. 그녀는 대부분의 아동들에게 사용되어 온 전통적인 '분석적 발음 어학교수법(analytic phonics)' 대신에 최신의 '통합적 발음 어학교수법(synthetic phonics)'을 도입하기로 결심한다. 그녀는 양적 방법(6장)을 사용하고 실험 집단과 통제 집단을 설정할 수 있다. 혹은 질적 방법(7장)을 사용하고, 나아가 새로운 방법을 이용하고 있는 아동들의 경험을 깊이 있게 탐색할 수도 있다. 어느 방법이든 다루는 내용변인은 채택한 '발음 어학교수법'이다. 이것이 연구의 내용으로 계획된 것이며, 만일 아동이 새로운 방법을 사용하여 더 나은 성과를 보였다면 아마도 이 새로운 방법이 예전의 방법에 비해 더 좋기 때문일 것이다. 하지만 정말 그럴까? 혹은 프로그램과는 전혀 상관이 없는 다른 요인들이 변화를 가져온 것은 아닐까?

이것이 맥락변인이 중요한 지점이다. 옛날의 전통적인 방법을 사용하는 아동들은 늘 해 오던 것을 하고 있을 뿐이다. 하지만 새로운 '통합법'을 쓴 아동들은 '모두 노래하고 춤추는' 방식으로 배운다. 배우는 분위기가 흥미진진하다. 교사는 새로운 흥미와 열정을 가지고 자신의 아이디어가 다른 결과를 가져오리라고 믿는다. 이 새로운 방법은 많은 부분이 흥미롭고 화려한 자료로 이루어져 있고, 지금까지와는 아주 다른 방식으로 배우도록 되어 있다. 모든 아동들이 활동하고 함께 소리를 지르면서 배운다. 분명 이 방법에는 **내용**뿐만 아니라 가르치는 **맥락**에서의 의미 있는 변화가 포함되어 있다. 그렇다면 어떤 것이 더 중요한 변인일까? 새로 도입한 '발음 어학교수법'인가, 아니면 이 방법에 부수된 계획하지 않았던 변화들인가? 내용변인과 관련하여 가장 잘 알려진 사례는 **호손 효과**(Hawthorne effect)이다. 1920년대 말부터 1930년대 초 시카고에 있는 서부전기회사(Western Electric Company)의 호손 작업장(Hawthorne Works)에서는 생산성 증가를 목적으로 일련의 실험이 진행되었다. 조명 수준과 휴식시간의 배치 같은 요인들을 변화시킨 후에 연구자들은 어떻게 변화를 주든 생산성이 증가한다는 사실을 알게 되었다. 심지어는 애초에 있었던 조건으로 복귀시켜도 생산성이 향상되었다(Mayo, 1933; Roethlisberger and Dickson, 1939). 결론은, 이러한 효과는 참여자들이 단지 흥미와 관심의 대상이 된 결과로, 이는 기대 및 동기 수준에서의 변화를 가져온 결과였던 것이다.

연구자들은 호손 효과와 같은 맥락변인을 다룰 때 두 가지 선택을 할 수 있다. 전통적인 접근에서는 맥락변인을 일종의 방해 요인으로 보고, 집단들이 가능한 한 동일한 경험을 할 수 있는 방법을 찾음으로써 그것을 피하기 위한 몇 가지 조치를 취한다. 하지만 이 책을 읽는 많은 사람들은 "어떻게 하면 정말로 아동의 삶에 변화를 가져올 수 있는 아동 연구를 수행할 수 있을까?"라는 질문에 대한 답을 원하는 현장 활동 전문가일 것이다. MacKay(2006)는 맥락변인에 대하여 아주 다른 접근을 함으로써 이 질문에 대한 답을 찾고자 하였다. 만일 호손 효과와 같은 요인이 긍정적인 영향을 줄 수 있다면, 그것을 피하기보다는 이를 기쁘게 여겨서 연구에 세심하게 반영하는 편이 낫지 않을까? 전체 모집단의 교육적 성취를 향상시키기 위해 이 접근을 적용하면서, 그는 맥락변인들의 영향을 최대화하는 방향으로 연구를 설정하였고, 다섯 가지 핵심적 요인에 초점을 맞추었다—비전(vision), 프로파일(profile), 주인의식(ownership), 책임(commitment), 선언(declaration). 이 요인들은 공식적으로 연구 전략의 부분으로 포함되었고, 변화된 교육과정의 내용을 전달하기 위한 수단이 되었다. 그 연구는 '비전이 있는' 것이었고 매우 높은 프로파일을 가졌다. 모든 참여자들에게 전달된 메시지는 그들이 무언가 매우 중요한 일에 관여하고 있다는 것이었다. 이것은 결국 책임과 주인의식을 증가시켰다. 이 계획은 모든 사람들에게 해당되었고, 모든 사람들은 이 계획이 성공하도록 만들기 위해 각자의 역할을 하도록 동기화되었다. 공식적인 '선언'도 도입되었다. 그 연구에 대한 큰 기대가 있었고 그러한 기대를 대담하게 선언하였다. 이 연구들 가운데 하나에서, 여섯 개 학교에서 선발된 아동들은 한 가지 차이를 제외하고 다른 모든 아동들처럼 동일한 처치를 받았다. 그들과 교사들은 하루에 세 차례씩 자신들의 결과가 개선되고 있다는 대담한 선언을 하였다. 이 여섯 개 학교에서 선발된 아동들은 다른 비교 학교의 학생들에 비해 더 높은 수준의 성취를 이루었다.

이러한 관찰들은 연구 결과에 영향을 미치는 많은 요인들을 부각시킨다. 이 연구 결과는 (특정 절차를 따르라는) 통고와 기회를 모두 나타낸다. 통고는 만일 당신이 어떤 순수한 연구를 수행하고자 한다면, 예컨대 새로운 방법론이 더 좋든 아니든 관계없이, 당신은 자신이 진행하는 연구를 '오염시킬 수 있는' 맥락변인에 대해 알고 있어야 하며 그것들을 통제하는 방법을 찾아야 할 것이다. 기회는 만일 '더 나은 성과를 이루어야 한다'는 책임을 가지고 있고 당신의 개선 방안의 효과를 최대화하고자 한다면, 당신은 당신의 계획에 분명한 비전을 도입하고, 참여하는 사람들에게 흥미와 책임감을 부여함으로써 전반적인 영향을 향상시킬 수 있을 것이다.

이론, 연구 및 실제: 비판적 연구의 등장

최근 몇 년 동안에 '비판적 운동'의 등장에 따라 심리학과 다른 훈련 분야에서는 이론, 연구 및 실제의 모든 측면이 도전을 받아 왔다. 이것은 비판심리학(Fox and Prilleltensky, 1997), 비판사회복지(Fook, 2002), 비판교육(Wink, 2004) 그리고 「국제적인 비판사회학지(Journal of Critical Sociology)」를 갖고 있는 비판사회학 등의 발달로 나타났다. 핵심적인 논쟁은 과학이 정치와 무관하고 가치중립적인 것이 아니며 또 그렇게 될 수도 없다는 주장에 관한 것이다. 과학에서의 가치에 관한 논쟁은 연구의 우선순위, 목표 및 방법에 관한 질문을 제기함으로써 모든 연구 의제에 도전하는 문제이다. 이론, 연구 및 중재를 위한 전통적인 패러다임이 기초하고 있는 모든 가정은 의문시되고, 사회 정의와 인간 복지 영역에서의 연구와 실제의 영향에 대해 보다 폭넓은 문제 제기를 하고 있다.

연구의 우선순위를 지지하는 합의된 가치 틀을 제시하려는 시도는 큰 도전을 받고 있기도 하다. '기본적인 인간의 욕구와 가치, 권리는 충족되어야 하고 다가올 더 나은 그리고 더 공정한 사회에 부합되어야 한다'는 믿음을 고취시키기 위해, Prilleltensky와 Nelson(1997)은 아동 대상 연구자들과 현장 활동 전문가들 사이에서 일반적으로 합의될 수 있는 다섯 가지 핵심적인 가치를 제안하였다. 건강, 보살핌과 동정, 자기결정과 참여, 인간의 다양성, 사회 정의가 그것이다.

분명히 비판 운동의 의제는 우리가 아동을 연구할 때 어떻게 이론을 적용하고 연구를 수행할지에 관한 많은 시사점을 준다. 적어도 이것은 우리가 연구자로서 잠시 멈추어 우리의 목표와 방법, 그리고 우리의 연구에 참여하는 아동들에게 미칠 영향에 대해 생각해 보게 한다(9장 참조).

결론

아동은 복잡한 세계에서 살아가는 복잡한 존재이다. 그렇다면 우리는 어떻게 그들과 연구를 시작해야 할까? 그들 개개인의 특성에 초점을 맞추어야 할까? 그들이 또래들과 하는 놀이 상호작용에 초점을 맞추어야 할까? 친구, 형제, 양육자들과의 관계에 초점을 맞추어야 할까? 어떻게 하면 아동들이 살아가는 사회와 문화에 의해 수용되고 지지되고 처벌되거나 고립되는 방식을 파악해 낼 수 있을까? 이 책의 나머지 부분에서는 이러한 질문들에 대한 안내를 제시하는 내용을 다룬다.

실습 2.1 이론을 연구와 실제에 적용하기

이 장의 도입부에서 기술한 세 가지 상황으로 돌아가 보자. 몇 개의 집단으로 나누어 각 상황을 논하고 다음 질문을 해 보라.

1. 그 문제를 가장 잘 기술하고 설명하는 이론은 무엇인가?
2. 왜 어떤 이론은 적합하고 다른 것들은 부적합한가?
3. 선택된 이론은 각 상황을 다루는 데 있어서 어느 정도로 제한되어 있는가?

실습 2.2 마음 이론 탐구하기

이 실습의 목적은 아동과 함께 틀린 믿음 과제를 실시하는 체험을 하게 하는 데 있다.
이 실습을 하기 위해 필요한 것

- 3~5세의 학령 전 아동을 연구할 때 동의서를 구하기(윤리 지침은 8장 참조)
- 손으로 쉽게 잡을 수 있는 봉제 인형 두 개—남자 인형이나 여자 인형
- 건포도 상자나 물고기 밥 상자 두 개, 혹은 반창고 통이나 크레용 상자 두 개. 한 쌍의 상자 중에서 한 상자 표면에는 그 안의 내용물을 알려 주는 그림이 있어야 하고 나머지 상자는 그 그림을 색칠해서 보이지 않게 한다.

상자에서 내용물을 모두 뺀다.

절차
1. 테이블을 두고 아이와 편안히 앉는다.
2. 아이에게 인형 둘을 소개한다. 예를 들면, "얘는 샐리고 얘는 앤이야." 또는 "얘는 빌이고 얘는 벤이야."라고 소개한다.
3. 그 인형들을 옆으로 치우거나 테이블 아래에 두어서 인형들이 '어디 갔

다'는 표현을 한다.

4. 아이의 앞에 있는 테이블 위에 첫 번째 한 쌍의 상자를 놓고 아이에게 "네 생각에 상자 안에 건포도/물고기 밥/반창고/크레용이 들어 있다고 생각되는 상자를 가리켜 봐."라고 말한다.
5. 그림이 있는 상자는 비어 있고, 그림이 없는 상자에는 앞의 상자에 있어야 할 내용물이 있다는 것을 아이에게 보여 준다.

1단계: 예측 단계(아이에게 그 인형이 어느 상자를 볼지 물어보는 단계)
"봐, 여기 샐리가 오네. 그 애가 _____을 찾을 수 있을지 우리 볼까?"라고 말한다. 그 인형이 한 상자와 다른 상자를 '쳐다보는 것'처럼 연출하면서 "샐리가 어디서 ____을 찾을까?"라고 말한다. 아이의 반응을 주시한다. 샐리가 다른 곳으로 가는 장면을 보여 준다.

2단계: 설명 단계(아이에게 그 인형의 의도를 설명하게 하는 단계)
"봐, 이제 앤이 오네."라고 말한다. 이번에는 그 인형을 바로 그림이 있는 상자로 가게 해서 그 상자를 열어 보려고 하는 장면을 연출한다. "봐, 앤이 뭐하고 있지? 앤은 어떻게 생각하지?"라고 말한다. 이때 "앤이 무언가 생각하고 있는 것 같지 않니?"와 같이 약간 촉진하는 말을 할 수도 있다. 아이의 반응을 주시한다. 그리고 그 인형을 다른 곳으로 가게 한다.

3단계: 예측 단계
세 번째 인형을 등장시킨다. 인형을 그 상자들 앞에 놓고 쳐다보는 것처럼 꾸민다. "여기 빌/벤이 오네. 네 생각에 그 아이가 들여다볼 상자를 가리켜 봐." 아이의 반응을 주시한다. 그 인형을 치운다.

이 절차를 다른 세 쌍의 상자를 가지고 반복한다. 아이가 맞는 답을 말하면 1점을 주고 틀린 답에는 0점을 준다.

이 실습 후에 탐색할 질문은 다음과 같다.

1. 첫 번째 아이의 수행과 다른 아이들의 수행을 어떻게 비교하는가?
2. 환경을 통제하는 것에 대해서 당신이 배운 것은 무엇인가? 그리고 아이가 자발적으로 참여하게 하는 전략에는 어떤 것이 있는가?

3. 이 과제를 수행하면서 당신은 어떻게 느꼈는가?
4. 설명 단계가 왜 중요하다고 생각하는가?
5. 마음 이론(생각과 의도)과 자기 감정 및 다른 사람의 감정에 대한 이해 간의 연계에 대해 문헌은 뭐라고 말하고 있으며 이것을 어떻게 방법론적으로 제시해 왔을까?

제 3 장

이론의 틀

이 장의 학습목표

첫째, 아동 연구에 대해 생각하고 또 연구를 수행하는 두 가지 주요 개념적 접근—실증주의와 구성주의—을 소개한다.
둘째, 질적 연구 설계와 양적 연구 설계 간의 차이와 잠재적인 공통점에 대해 알아본다.
셋째, 적합한 개념적 접근을 선택하는 실제적 안내를 한다.

'같은 날 동시에 도착한 계산서들을 정리해 주는 직업을 가진 사람이 있다'든가, '출생 순위에서 중간에 속하는 아이는 성인기에 대인관계의 어려움을 발달시킨다'와 같은 사실을 다룰 때, '나는 … 이론을 가지고 있다'고 하는 많은 경우들에 대해 잠시 생각해 보자. 해학적이든,

터무니없든, 아니면 혁신적이든, 당신이 가지고 있는 이론들은 관찰에 기초하고 있다. 당신이 한 번에 우편함이 터질 정도로 엄청나게 많은 고지서를 받아 본 지가 올해 들어 열 번째일 수도 있다. 혹은 당신 가계 내에서 형제 순위가 중간에 해당하는 사람이 성공적인 장기간의 부부관계를 가져 본 적이 한 번도 없는 경우가 네 세대나 이어져 내려왔을 수도 있다. 어떤 관찰과 이론은 검증할 가치가 있고 또 어떤 것들은 그럴 가치가 없다. 만일 우리가 정말로 계산서를 정리해 주는 사람이 있다는 것을 증명한다면, 그와 관련하여 우리가 할 수 있는 것은 그리 많지 않다. 하지만 성인기 대인관계의 어려움과 출생 순위 간의 관련성을 세우는 것은 유익하고 유용하며, 나아가 일련의 흥미로운 연구 질문과 연구의 답, 중재 등을 설정한다.

우리의 삶에서 아동이 차지하는 압도적인 중요성은 다른 어떤 것보다 그들에 대해 더 많은 이론을 만들도록 한다. 아동을 이해하고 돕고자 할 때, 이론을 선택하고 인과적 관찰만 하는 것으로는 충분치 않을 것이다. 아동의 세계로 들어가서 이해하고 예측하는 것은 보다 더 신중하고 신뢰할 만하고 타당하며 나아가 통찰적인 접근, 말하자면 '과학적인' 접근이 요구된다.

아동에 대한 과학적인 접근

자연과학 분야의 연구자들(생물학자, 지질학자, 화학자 등)과 사회과학 분야의 연구자들(심리학자, 사회학자, 교육학자 등) 간에는 소모적인 논쟁이 있다. 이 논쟁은 소화계통, 바위, 화석 혹은 화학적 성분을 조사할 때 사용하는 이론, 방법 및 설명은 인간의 행위, 사고, 발달을 연구할 때 사용하는 것들과는 분명히 다르다는 믿음과 관련된다. 단도직입적으로 말하면 화석은 인간이 아니다. 그러나 이것은 인간도 또한 어떤 면에서 물리적이고 생물학적이며 화학적이라는 점을 생각하면 간단한 문제가 아니다. 예컨대, 신체의 화학물질들이 인간의 특성을 통제하는 방식과 인간이 자신의 물리적·지리학적·사회적 환경에 적응하고 이를 변화시키는 방식 등은 결코 간단한 문제가 아니다. 인간에 관한 복잡한 문제들과 전체적 특성에 관심을 가지고 있는 연구자들 사이에서 합의된 것은 인간 대상에 관한 연구 질문에 적용하는 이론과 방법 및 결과에 대해서는 절충적이거나 경험적 접근(heuristic approach)을 사용할 필요가 있다는 점이다.

아동과 아동기를 포함하는 연구는 가능한 한 다각도에서 접근할 필요가 있다. 과학, 사회과학, 인문과학, 예술 등으로부터 광범위한 이론과 방법을 이끌어 내는 것이 필요하다. William James는 다음과 같이 말한 바 있다.

> 심리학은 과학이고, 가르치는 것은 예술이며, 과학은 결코 그 자체로부터 직접 만들어지지 않는다. 매개하는 창의적인 마음이 그 독창성을 활용하여 적용해야만 가능해진다. (1899, p. 3)

그러므로 초심자인 연구자들은 '과학적' 연구 수행의 가치를 찾고 편견을 점검하기 위해, 그리고 과학적 접근에 관한 일반적인 몇 가지 오해를 없애기 위해 Robson(2002)의 조언을 참고하면 도움이 될 것이다. 동시에 실제 세계의 아동들을 연구할 때 질적 방법과 해석방법의 전 범위를 포함시키기 위해 '과학'에 관한 폭넓은 해석을 하는 것이 중요하다. 그럼에도 이러한 과정은 엄격하고 투명하게 이루어져야 하며 자신과 타인 모두의 평가에 개방되어 있어야 한다. 이 점은 좋은 연구와 전문적인 실제 활동을 위해 중요한 문제이다. 분야마다 다른 훈련과정을 거친 발달 연구자들은 '과학주의'의 엄격한 형식이 가진 제한점에 대해 인식하고 이 문제를 해결하기 위해 능동적으로 이론(2장 참조)과 방법(6, 7, 8장 참조)을 발전시키고 있다. 여기서 '과학'의 의미가 개정되었는데 이는 최근 두 가지 도전의 결과이다. 즉, 사회과학 패러다임의 전환과 아동에 관한 새로운 법률 제정이 그것이다. 패러다임 전환의 필요성은 지금까지 사회과학 내에서 인식되어 왔고, 보다 폭넓은 질적 방법과 해석방법을 포함시킬 것을 요구하고 있다. 이것은 아동이 타인들과의 변증법적인 관계 속에 있고 동시에 문화적·역사적 맥락 속에 있다는 사실을 더 잘 설명해 내기 위함이다. 아동법 2004(The Children Act 2004)는 아동이 자신에게 영향을 미칠 수 있는 문제에 대하여 상담을 받을 수 있는 권리에 관한 조항을 담고 있다. 그 결과, 창의적인 연구자들은 신뢰할 수 있는 타당성 있는 상담을 아동과 진행하기 위해 새로운 방법을 고안하고 있다. 이제 우리는 '아동에게 미치는', '아동과 함께', '아동에 대하여', 그리고 심지어 '아동과 같은 관점에서' 우리가 실행하는 연구를 주의 깊게 생각해 보아야 한다. 특히 '아동과 같은 관점에서'는 아동도 연구자라는 의미를 담고 있다!

다음 절에서는 이론과 연구에 대한 전통적인 엄격한 접근방법을 소개할 것이며, 나아가 그것들의 유사성, 차이점 및 중복되는 점들에 대해 소개할 것이다.

실증주의 및 구성주의 과학

산업혁명을 특징짓는 과학적 발견과 새로운 기술의 급진적인 발전은 실증주의(positivism)로 알려진 이론과 연구에의 접근방법에서 비롯된 것이다. 아동의 특성에 대한 실증주의자들의 가정은 바위, 화석 혹은 화학에 사용해 온 것과 같은 과학적 절차를 사용하여 아동에 대해서도 접근할 수 있다는 것이다. 아동은 자연적·물리적 존재로 우주의 구조를 지배하는 것과 같은 법칙과 원리에 좌우된다. 아동은 결정된 존재이고 파악 가능하며, 객관적이고 측정 가능한 대상이다. 한 연구방법으로서 실증주의는 연구자가 "빨간 신발을 신은 소녀는 검은 신발을 신은 소녀보다 더 빨리 달린다."와 같은 이론적 진술의 진실 또는 거짓 여부를 밝혀야 하는 과정이다. 이와 같은 진술은 가설(hypothese)이라고도 하며, 그것의 진실 여부는 관찰이나 실험 등의 방법을 통해 검증된다. 또한 이 방법은 검증과정을 돕기 위해 체계적이고 통제된 절차를 요구하는데, 이러한 절차의 목적은 보편적인 질서를 발견하고 여러 장면과 다양한 개인에 대한 예측이 가능하도록 만들어 주는 이론과 법칙으로 일반화할 수 있도록 하는 것이다. 수량화된 자료 수집과 분석이 선호되는데, 이 방법은 흔히 양적(quantitative) 방법으로 알려져 있다. 종종 '실증주의적 이론'의 좋은 예로 인용되는 것이 '중력의 법칙'이다. 이 이론은 떨어지는 사과와 롤러코스터의 움직임, 그리고 태양계 행성들의 위치와 운동을 설명해 준다. 이 이론은 물체들 간의 상호 인력에 대한 아주 적은 설명만으로도 관찰될 수 있고 실험적으로 검증될 수 있는 많은 사상들(events)을 설명해 준다.

역사적으로 보면, 과학기술적으로 글을 알아야 하는 사회에 대비하기 위해 아동들을 준비시키려는 목적으로 만들어진 학교의 등장은 그들의 마음이 어떻게 작용하고 발달하는지에 관해 더 잘 이해하고자 하는 욕구와 동시에 생겨났다. 실증주의적 접근을 취하는 아동 연구자들은 자신들이 확인하고 조작하고 측정하는 구성개념에 대해 법칙 같은 관계를 도입할 수 있다고 가정한다. 그리하여 아동을 통제된 장면에서 연구하고, 변인들을 따로 분리하여 측정하며, 다른 변인들과의 관련성을 검토한다. 나아가 연구된 이 표집을 대표하는 모집단(population)에 대한 예측이 이루어진다. 예를 들면, 한 유치원에서 이루어진 연구는 그 지역의 모든 유치원들로 일반화될 수 있다.

아동 발달 이론들은 실증주의자의 방법론을 선호하는 사회과학 분야인 심리학에서 나왔다. 그러므로 어머니와 아이 간 애착관계의 특성에 관한 이론들은 거위의 유대 본능과 행동에 관한 관찰에 기초한 것으로, 인간의 사회적 행동과 발달에 관한 모든 것은 아닐지라도 많은 부분을 설명하는 데 이용될 수 있다. 이는 아동'에 대한' 연구로 해석될 수 있다. 이는 설명을 하고자 하는 하나의 접근이다.

힘, 화석 및 깃털을 가진 동물들과 달리 인간이라는 대상을 연구할 때 발생하는 문제는 연구자나 연구 참여자 모두가 연구 상황과 발생할 것으로 기대되는 것에 대해 개념화를 한다는 점이다. **그림 3.1**에 제시된 만화는 실증주의자의 연구에 대한 통제가 한 인간의 가능성에 의해 심각하

그림 3.1

게 손상된다는 방법론상의 문제를 지적하고 있다. 즉, 연구자와 참가자 양측의 편에서 연구 상황에 대한 주관적 개념화가 일어날 수 있다는 점을 지적하고 있다. 연구자는 참가자가 연구 상황을 어떻게 지각하고 반응하는지를 고려해야 할 뿐만 아니라 그의 성격을 또한 다루고 있는 것이다. 즉, 무심코 혹은 그게 아니더라도 전 과정을 망칠 수 있는 성격을 다루고 있다는 사실을 인식해야 할 것이다.

언어, 사고 및 행위에 대한 인간의 능력은 실증주의자 방법론에 도전이 되는 부분이다. Buchanan(1994)은 어떻게 물리과학의 자연적 과정이 그것을 기술하는 데 사용되는 언어와 독립적이지만 인간의 현실은 그렇지 않은지에 대해 논하고 있다. 예를 들면, 한 개인의 제스처는 사람에 따라 맥락에 따라 아주 다양한 의미를 가질 수 있다. 다음의 맥락들 속에서 손을 든 행동의 의미에 대해 생각해 보자－교실에서 교사가 질문할 때의 아동, 공원에서 축구 경기를 하는 아동, 엄마가 아동을 놔두고 떠날 때 엄마에게 손을 흔드는 아동, 실내 활동을 할지 실외 활동을 할지를 거수투표로 결정할 때의 아동들. 더욱이 아동의 '웰빙'이라는 구성개념을 정의한다면 다음 중 어느 것이 올바른 정의인가? 즉, 다이어트와 훈련? 신체 및 심리적 기능의 정상적인 성장과 발달? 용기, 지혜, 적당한 삶? 등과 같은 정의들 가운데 어떤 것이 적절한가? 어린 남아는 아버지의 부재 상황에 대해 얼마나 동요할지 혹은 화가 날지에 대해 생각해 보자. 그럼에도 자신이 아버지가 되면 자기 아버지의 희생에 감사하는 마음을 갖게 된다. 이 예는 인간의 행동을 해석하고 정의하는 것이 얼마나 복잡한 일인지, 그리고 어떻게 그것이 맥락, 시간에 따라 달라지고 그에 관련된 사람에게 실제로 의미하는 바가 달라지는지를 설명해 준다. 아동을 다루는 일은 실증주의자 연구에 복잡성을 더해 준다. 아동이 가진 언어, 활동 및 자기반성의 능력은 질적인 면에서 성인의 그것과 다를 뿐만 아니라, 이러한 능력들은 다른 연령 집단의 아동들과도 질적으로 다르다.

그러나 아동의 특성에 대한 대안적 개념화가 있고 아동에게 적용해야 하는 이론과 연구방법에 대한 대안적인 개념화가 있다. 이 대안적 접근방법은 **구성주의**(constructivism)라고 한다. 구성주의 연구자들은 아동을 주관적이고 맥락적이고 자기결정적이며 역동적인 존재로 본다. 아동과 그들을 돌보는 사람들은 함께 하는 활동에 관여하는 사회적·관계적 존재이다. 그들은 서로 상호작용하는 과정을 통해 그 맥락 속에서 서로 연관된 의미를 구성한다. 이런 방식으로 의미는 다른 사람들과의 상호작용 과정에서 상징적으로 구성된다. 아동과 그들을 돌보는 사람들은 불가분하게 그들이 탐구하는 세상의 한 부분이다. 그들은 양쪽 다 관찰자이면서 동시에 피관찰자이다. 아동들과 그들의 관계는 개인들, 맥락 그리고 시간에 걸쳐 역동적이다. 더욱이 구성된 의미와 일상적인 상황 속에서 발생하는 행위들은 특정한 문화 속에 위치하면서 동시에 역사적 현실과 시간 속에 위치하고 있다. 이러한 사실은 아동'과 함께하는' 연구, 아동'에 관한' 연구, 그리고 아동'의 관점에서 나란히 하는' 연구 등으로 해석될 수 있다. 이것은 이해해 나가는 하나의 접근방법이다.

구성주의자들은 이해와 지식이 상징적으로 구성되며, 관습 속에 있고 타인들과의 사회적 단위 속에서 유지되는 곳인, 주관적인 세계 속에서 표본을 찾고 변인들을 통제하고 분리하며 행동을 양적으로 취급하고, 나아가 일부 사람들을 대상으로 한 결과를 더 큰 규모의 모집단으로 일반화하는 것은 부적절하다고 주장한다. 그 대신에 구성주의 연구자들은 얼마간 아동의 세계로 들어가 거기에서 발견된 맥락화된 사회 현상들을 기술하고 분석함으로써 아동의 세계가 어떻게 작동하는지를 이해하고자 한다. 구성주의자는 행위, 사고, 의도 및 의미가 숫자와 같은 방식으로 전달될 수 없다고 본다. 그 대신에 자료를 보다 질적으로 다룰 필요가 있으며,

표 3.1 과학적인 아동 연구를 위한 이론적 틀

실증주의 (…에 대한 설명적 연구)	구성주의 (…과 함께 연구를 이해하기)
• 아동의 특성은 객관적이고 알 수 있는 것이며 결정적이다. • 아동은 관찰될 수 있고, 통제될 수 있으며, 측정되고 양적으로 표현될 수 있다. • 그러나 아동과 자연적/물리적 과정 간에는 유사성이 있을 뿐, 이론들은 부정확하고 입증될 수 없으며, 다만 일어날 가능성이 있는 것이다.	• 아동의 특성은 주관적이며, 객관적으로 알 수 없거나 측정할 수 없다. • 아동은 자신의 관점을 갖지만 사회적으로 결정된 존재이고, 이론들은 맥락과 문화로부터 떼어 낼 수 없다.

질적(qualitative)이라고 표현되는 접근방법을 취하고자 한다.

> 통제하는 대신에, 구성주의자들은 자연적으로 발생하는 사회적 행동을 연구할 수 있기를 원하며, 측정하고 상관관계를 분석하고 예측하기보다는 참여자들의 관점을 맥락적이고 총체적으로 검토하여 기술하고 해석하려 한다. (Hatch, 1995, p. 122)

표 3.1은 아동 연구에서 적용하는 두 가지 기본적인 이론의 틀을 요약한 것이다.

과학적인 아동 연구를 위한 이론적 틀

아동을 연구하는 활동은 아동에 관한 우리의 지식을 향상하는 데 목표를 둔 체계적이고 과학적인 정보 탐색과정이라고 할 수 있다. 이 정의는 추

가적으로 두 개의 질문으로 말꼬리를 잡는다—지식이란 무엇을 의미하는가? 과학적이란 무엇을 의미하는가? 이 질문들에 대한 답은 연구자들이 연구를 위해 선택하는—양적 그리고/혹은 질적—틀(framework)에 따라 달라진다. 다음 절에서는 각각의 틀에서 말하는 지식과 과학의 개념의 차이를 소개할 것이다. 우선 대체로 과학적인(여기서 과학적이라는 말은 공정하고 신뢰롭고 타당하고 통제된다는 것을 의미함) 아동에 대한 지식의 원천에 관해 몇 가지 사항을 검토해 보기로 하자. 우리가 아동에 대해 '알게' 되는 방식에는 권위(authority)가 포함된다. 우리는 아동의 특성을 부모와 소위 전문가들 혹은 정치인들을 통해 듣게 된다. 따라서 일부 더 권위 있는 사람들이 "아동에 대해 눈으로 봐야지 아동에 대해 귀로 들어서는 안 된다."고 한다고 해서 그렇게 알고 있는 것은 '과학적'이지 못하다. 아동에 대해 '아는' 또 다른 방식은 개인의 신념이나 확신을 통해서이다. 예를 들면, 당신은 반대되는 증거가 있음에도 불구하고, 아동은 자신의 욕구가 무엇인지 알지 못하고 표현하지 못한다고 확신할지도 모른다. 이 같은 유형의 고집은 과학적이지 못하며 편견과 같다고 할 수 있다. 논리적인 필연성으로 통하는 지식이나 '말할 필요도 없이 분명한' 선험적 지식은 과학적이 아니다. 예를 들면, 만일 당신이 지능을 '환경에 적응하고 문제를 해결하는 선천적이고 지속적인 능력'이라고 정의한다면, 이는 지능의 측정이 유아기, 아동기 및 성인기에 걸쳐 상관관계가 있어야 한다는 논리적 필연의 문제이다. 아동에 관한 이 같은 유형의 지식에 대한 과학적 검증은 기각될 가능성이 높은데, 그 이유는 문제의 현상에 잠재적으로 영향을 미치는 '다른 요인들'을 설명하지 못하기 때문이다.

연역법과 귀납법

과학적 활동에는 두 가지 주요 방법—**연역법**(deduction)과 **귀납법**(induction)—이 있다. 과학에서 말하는 연역법은 있을 법한 결과들을 '연역'할 수 있는 이론(생각과 설명)을 강조한다. 이에 적용될 수 있는 한 가지 예를 들면, 당신은 선풍기 바람에 오믈렛이 날아가는 장면을 한 번도 본 적이 없겠지만 그 결과가 어떨 것이라고 아주 잘 예측할 수 있다. 과학에서 말하는 귀납은 데이터(측정치, 숫자, 관찰)를 강조한다. 데이터는 모으는 과정에서 숫자들 사이에 나타나는 패턴과의 관계가 분명해진다. 만일 그 숫자가 2, 4, …라면 당신은 다음 숫자가 6, 8, 16일 것이라고 예측하게 될 것이다. 그러나 어느 숫자가 다음에 오게 될지를 예측하기에는 제시된 수가 충분하지 않다. 만일 또 하나의 숫자가 16이라는 것을 알게 된다면 당신은 이제 다음에 오게 될 숫자가 256이라고 예측할 수 있다. 다음에 오는 숫자는 바로 앞의 숫자를 제곱한 것이기 때문이다. 이 예를 통해 분명하게 알 수 있는 사실은 가용한 수치가 더 많아질수록 그러한 패턴과 관련성을 신뢰롭게 파악해 내는 일이 더 수월해진다는 점이다.

연역법에 관한 한 가지 구체적인 예를 살펴보자. 직업을 가진 어머니는 직업을 갖지 않은 어머니에 비해 자녀와의 관계 형성이 좋지 않다는 이론을 지지한다고 가정하자. 이 이론을 검증하기 위해 당신은 그저 정반대 방향의 결과를 예측함으로써 그 이론에 도전할 수 있다. 즉, 직업을 가진 어머니는 직업을 갖지 않은 어머니에 비해 자녀와 더 나은 관계를 형성할 것이다. 혹은 이 가설은 다음과 같이 영가설로 표현될 수 있다. 즉, "자녀와의 관계 형성에 있어서 직업을 가진 어머니와 직업을 갖지 않은 어머니 간에는 차이가 없다." 그러면 이제 당신은 두 변인 A(직업 관련 일을 하는 시간의 수)와 B(관계의 질) 간의 관계를 밝히기 위한 실험을 계획한다. 하지만 이 가설의 관계를 검증하기 위해서는 각 변인을 측정하기 위해 개념 A와 개념 B를 정의해야 한다. 그런 다음 서로 다른 어머니들로 구성된 두 집단을 관찰하여 이 측정치들을 구한다—한 집단은 약간 혹은 전혀 직업 관련 일을 하지 않는 집단이고(집단 1), 다른 집단은 직업 관련 일을 하는 시간이 많은 집단이다(집단 2). 이 검증을 통해 밝혀진 것과 같은 지식은 과학적이라고 간주되는데, 그 이유는 이 지식이 경험적이고 공정하고 신뢰롭고 타당하며 통제된 상태에서 얻은 것이기 때문이다. 또한 이 지식은 증명하고 수정할 수 있도록 개방되어 있기 때문에, 다른 사람들이 반복연구를 진행하고 수정할 수 있으며 나아가 더욱 발전시킬 수 있다. 만일 당신의 이론을 지지하는 답을 정말로 발견해 낸다면 그것은 아주 강력한 과학적 연구 결과가 될 것이다.

귀납법의 구체적인 예를 들어 보자. 어쩌면 당신은 연역할 수 있는 특정한 이론을 가지고 있지 못하지만, 그 대신에 수집한 데이터들을 관찰하고 측정하며 그 데이터 속에 담긴 잠재적인 패턴을 검증하고 싶을 수 있다. 당신은 그저 몇 명의 어머니들과 아동들을 관찰할지도 모르는데, 이를 통해 관여행동, 긍정적인 정서 등과 같은 양호한 질적 관계를 나타내는 지표들의 빈도를 주시할 수 있다. 이러한 패턴은 그 자체로 하나의 이론을 만들어 낼 수도 있고 혹은 기존의 패턴을 적용한 것일 수도 있다. 만일 당신이 어떤 결론에 도달하게 된다면 그것은 여전히 과학적이지만, 당신이 발견해야 하는 것에 대한 실제적 예측이 이루어져야 한다는 점에서 아직은 강력한 힘을 가지고 있는 것은 아니다.

연역법과 귀납법 사용에 관한 서로 다른 방식의 비유 가운데 자주 인용되는 것은 집짓기이다. 연역법을 사용한다면 먼저 위쪽 지붕의 아치 형태 부분에서부터 시작하여 바닥 쪽으로 공사를 진행해 내려간다. 여기서 당신이 지붕의 모습에 근거하여 가장 예측하고 싶은 것은 이 집의 지하가 어떤 모습일까 하는 것이다. 귀납법을 사용한다면 지상의 아랫부분부터 시작하여 위로 쌓으면서, 아랫부분에서 지어 온 것을 설명해 주는 방식으로 진행해 가면서 마지막으로 아치 형태의 지붕을 붙이게 된다. 그러나 더 진전된 비유를 한다면, 아동을 포함하는 대부분의 연구는 두 가지의 기능적 조합으로 묘사될 수 있을 것이다.

아동 연구를 위한 양적 연구의 틀

양적 연구의 틀은 아동, 지식 및 연구방법의 객관적 특성에 대한 가정에 기초하고 있다. 이와 같은 접근방법은 과학적인 연역 활동, 즉 기존의 이론을 검증하기 위한 절차에 기초하고 있다. 이론이란 법칙과 같은 형태로 이전부터 존재하는 것이라는 생각은 아동이 특성상 객관적인 대상이며 그의 행동, 이해, 지식 혹은 의미가 구조화되어 있고 결정론적이며 보편적이라는 견해와 일치한다. 그러므로 양적 연구의 틀은 이론이 존재하는 곳에서의 방법론을 수반하고, 진위를 확인하기 위해 경험적으로 검증된다. 집짓기의 비유로 본다면 하향식 절차(top-down procedure)에 해당한다(**그림 3.2** 참조). 양적 연구를 수행하기 위한 기본적인 방법론적 도

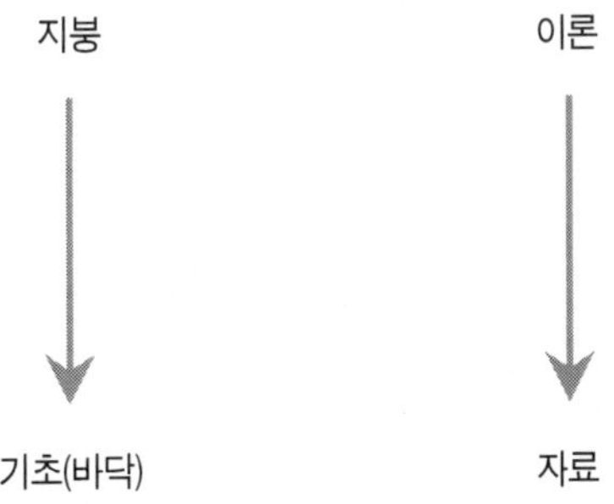

그림 3.2 이론과 자료에 관한 하향식 관점

구는 실험이다.

McCall(1994)에 따르면, 아동에 관한 과학적 연구는 두 가지의 개념적 수준을 수반한다—이론적 수준과 경험적 수준. 이론적 수준(연역법)은 일반적인 개념, 원리, 법칙 및 가설적 관계 등에 관한 것이다. 경험적 수준(귀납법)은 개념들을 관찰 가능하고 측정 가능한 변인들로 정의하고 가설적 관계를 기술하는 관찰을 수행하는 것에 관한 것이다. McCall은 자신이 제시한 하나의 '과학적 연구'에 대한 간결한 모델(**그림 3.3** 참조)에서, 우리는 각 수준에서 작동하는 연구자가 수행하는 가정을 알아차려야 한다고 지적하고 있다. 이러한 수행하는 연구에 관한 가정들 하나하나가

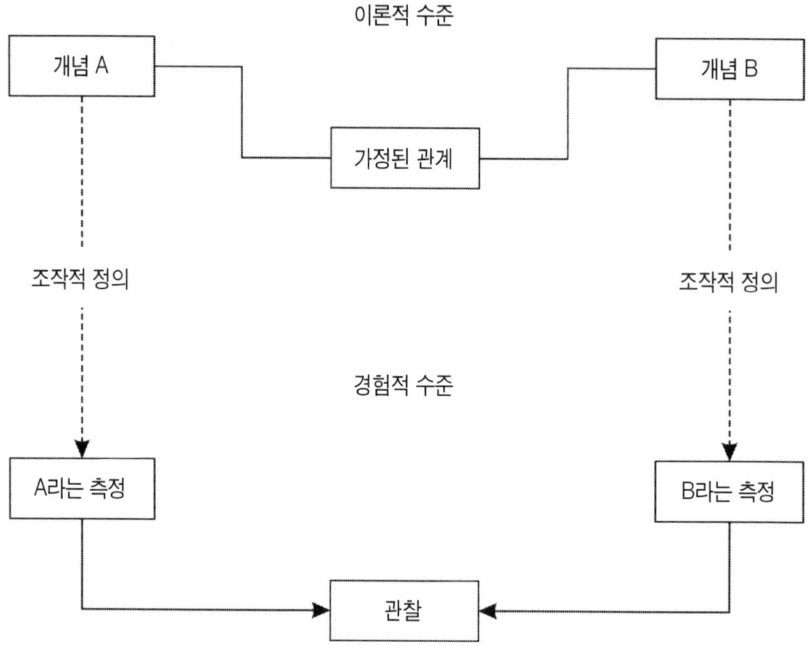

그림 3.3 행동 연구에 관한 McCall 모델 도식

출처: McCall, R.B.(1994) Commentary, paper in *Human Development*, 37: 293–8에서 인용. © S. Karger AG, Basel, 1994. 허락하에 게재함.

존재하는 이유는 연구자들과 그들이 연구하는 아동 참여자들이 물리적으로 나타나는 힘이나 화석이 아니기 때문이며, 동시에 인간 과학은 완전한 과학이 아니기 때문이다.

이론적인 수준에서 보면 기본적인 개념들의 실제 상황은 도전을 받을 수 있다. 예컨대, 어떤 연구자는 지능이란 환경에 적응하고 문제를 해결하는 선천적이고 영속적인 능력이며, 그렇기에 유아기, 아동기, 성인기를 거치는 동안 안정적이라는 가정하에 연구를 진행할 수 있다. 실제로는 시간 경과에 따라 지능을 측정하면 그렇게 나타나지 않는다. 이것은 측정상의 문제에서 비롯되는 것일 수도 있지만, 다른 한편으로는 연구자가 지능의 안정성에 대해 잘못된 가정을 하고 연구를 진행한 데서 비롯된 것일 수도 있다.

또한 이론적인 수준에서 보면 변인 A와 B 간의 가설적 관계는 타당하지 않을 수 있다. 예를 들면, 당신은 다른 모든 조건이 동일할 경우, 더 긴 시간 동안 일을 하는 어머니들은 긴 시간 동안 일하지 않는 어머니들에 비해 더 피곤할 것이고, 그래서 자녀와 함께 보내는 양질의 시간이 더 적을 것이라는 가설을 세울 수 있다. 이 가설에 대한 경험적 검증은 실패할 가능성이 있는데, 그 이유는 인간을 대상으로 하는 연구에서는 '다른 모든 조건을 동일하게' 유지하기가 쉽지 않기 때문이다. 이 예에서는 어머니가 가지는 죄책감, 과잉보상, 에너지 수준에서의 변동 등과 같은 것들이 쉽게 적용될 수 있을 것이다.

충분히 구체적이지 않거나 포괄적이지 않은 가설은 또 다른 보기가 될 수 있다. 그러므로 예를 들면, "어머니와 더 많은 시간을 함께 보내는 아동은 학업 성적이 더 좋다."는 애매하고 잘 정의되지 않은 가설보다는 "매일 저녁 어머니와 1시간을 함께 보내는 아동은 매일 저녁 어머니와 15분을 함께 보내는 아동에 비해 표준화된 학업 성취도검사(SAT)에서 더 좋은 성적을 받을 것이다."라고 기술하는 것이 더 좋다. 두 번째 가설은 측정치 면에서 좀 더 구체적이며 특정한 경험적 관계성을 포함하고 있다.

연구 가정(working assumptions)도 측정치의 질, 타당도 및 신뢰도에 영향을 미치는 측정 수준에 영향을 미치게 된다. 변인 A와 B 간의 어떤 가설적 관계에 대한 검증이 실패하면 그것은 우리가 잘못 측정했기 때문일 수도 있지만, 또한 우리가 측정하려는 개념이 우리가 가정한 것보다 훨씬 더 복잡하기 때문일 수도 있다. McCall이 제시한 예는 유아의 행동이 짧은 관찰 기간 동안에도 신뢰도가 매우 낮다는 것을 보여 준다. 그는 어느 지점에서 비신뢰성이 끝나고 안정성 결여가 시작되는지를 묻는다. 연구자가 하는 가정도 관찰의 통제력을 방해할 수 있다. 예를 들면, 서로 관련 있는 별개의 연구들에서 나온 연구 결과를 어떻게 처리해야 할까? 가령, 한 연구에서는 텔레비전을 더 많이 시청한 아동이 더 공격적이라고 보고하는데, 또 다른 연구에서는 공격적인 아동이 텔레비전을 더 많이 시청한다는 결과를 제시할지도 모른다.

"우리는 우리가 아는 것을 본다."는 괴테의 말처럼, 관찰해야 할 것을 결정하는 데 있어서 완전하게 객관성을 유지하고 그렇게 하는 것은 불가능하다. 그렇다면 우리는 우리가 본 것이 모두 있다고 확신할 수 있는가? 혹은 우리가 본 것이나 아는 것이 맞는가?

아동 행동과 발달의 연구를 위한 양적 연구의 틀에 관한 McCall의 분석을 기술하다 보면, 양적 연구를 선호하는 모델을 완전히 거부하고 보다 질적인 어떤 것을 좋아하고 싶은 유혹을 느끼게 된다. 하지만 McCall이 주장하는 것처럼 이는 어리석은 짓일 것이다.

> 더 나은 축구 팀이란 더 나은 승패 기록을 가진 팀이고 더 약한 팀이란 더 안 좋은 승패 기록을 가진 팀으로 정의한다고 가정해 보자. 그 밖의 다른

> 조건들이 동일하다면 더 나은 팀은 더 약한 팀을 이긴다. 그러나 만일 이것이 그렇게 명백하다면 아무도 그 게임을 하지 않을 것이다. 이 사실은 그 밖의 모든 것이 전형적으로 동일하지 않다는 것이다. 때로 약한 팀이 더 나은 팀을 이기는데, 이 점은 프로축구 팬들이 종종 '어느 날의 경기에서' 어떤 팀이 다른 팀을 이길 것이라고 주장하는 이유이다. 이 같은 사실이 주는 시사점은 많은 가설들은 실무율적이 아니라 확률적이라는 것이다. 비록 그러한 사실은 특성상 선험적인 사실처럼 보이지만, 우리의 경험은 설명되지 않는 부분을 인정하면서 확률, 즉 관계의 정도 혹은 영향의 범위가 다른 요인들에 기인한다는 점을 정의하도록 도와준다(우리는 편의상 '오차'라고 부르지만 이것은 잠재적으로 확인 가능한 원인들로 구성되어 있다). (1994, p. 297)

이러한 사실은 과학적인 연구가 그렇게 명확한 것은 아니며, 연구자들은 변인들을 개념화하는 것과 이론적 관계 혹은 가설을 구체화하고 측정의 신뢰도를 확실히 하는 것에 대해 더 많이 고민해야 할 필요가 있다는 점을 시사한다. 이것은 측정 문제가 발생할 때에도 도움이 되는데, 그 이유는 연구자의 연구 가정에 문제를 제기하기 때문이다.

아동 연구를 위한 질적 연구의 틀

질적 연구의 틀은 아동의 주관적 특성, 지식 및 연구방법에 대한 몇 가지 가정에 기초를 두고 있다. 질적 접근방법은 과학적인 귀납 활동—이것은 새로운 이론을 생성해 내는 절차로, 이 절차에서는 자료로부터 이론이 생성된다—에 기초를 둔다. 이론이 데이터(자료)로부터 만들어진다거나 생성된다고 보는 관점은 아동이 특성상 주관적이고 아동의 이해, 지식 및

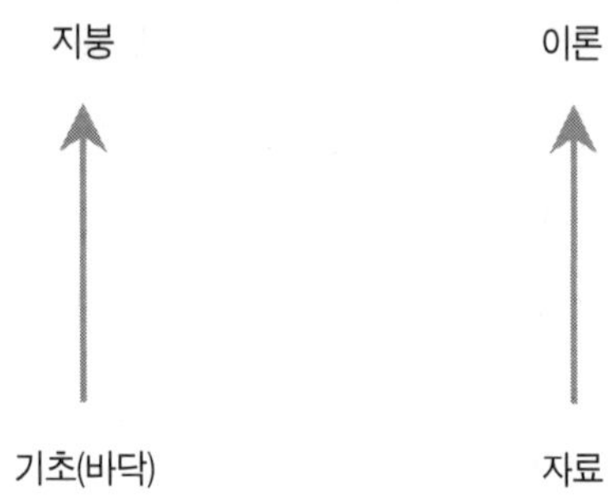

그림 3.4 이론과 자료에 관한 상향식 관점

의미는 주관적이며, 동시에 아동이 속한 맥락 속에서 다른 사람들과의 상호작용 과정에서 생성된다는 관점과 일치한다. 그러므로 질적 연구의 틀은 이론이 관찰, 면접, 대화, 서면보고, 문헌, 그리고 그들의 해석 등과 같은 자료에 '근거를 둔' 방법론을 포함한다. 건축에 비유하면 이것은 상향식 절차(bottom-up procedure)라고 할 수 있고(**그림 3.4** 참조), 기본적인 방법론상의 도구는 해석이다.

해석주의 과학자들은 그 세계 속에서 살아가고 있는 아동의 관점으로부터 사회적 세계를 이해하려고 한다. 구성개념 및 설명을 통해, 해석주의자들은 아동이 어떻게 자신의 경험을 이해하는지를 파악하려 하며, 동시에 이것이 다른 사람들에 대한 아동의 감정에 어떤 영향을 미치는지를 파악하려고 한다. 해석주의는 주관적인 경험과 의미를 이해하고 파악해야 할 필요성을 중요하게 생각하는 심리학과 사회학의 분파들에 뿌리를 두고 있다. 예를 들면, 인본주의심리학은 아동이란 그 자신의 심리학자라고 보며, 그의 경험과 상호작용으로부터 스스로 의미를 만드는 존재로 본다. 문제에 직면했을 때, 아동이 그 문제와 해법 둘 다를 위해 자신의 내부를 바라볼 수 있어야 한다는 것이 그 신념이다. 해석주의적 사회학에서는 아동의 관점을 내면으로부터 이해하기 위해서 아동의 세계와 의미 속으로 들어갈 것을 장려한다. 이것이 필요한 이유는 상황, 의미 그리고 문제는 다른 사람들과의 상호작용 속에서 규정되기 때문이다. 낙인찍기(labelling)라는 개념은 어떻게 아동이 사회적으로 문제아로 규정되고 결국 그렇게 되어 가는가를 보여 주는 좋은 예이다.

연구 가정의 틀

아동을 대상으로 한 양적 연구에 관해 제시된 McCall의 간단한 모델은 이론 및 경험적 수준에서 질적 연구에 어떻게 작용할까? 그리고 각 수준에서 질적 연구자들의 연구 가정은 무엇일까? **그림 3.5**는 이에 관해 보여준다.

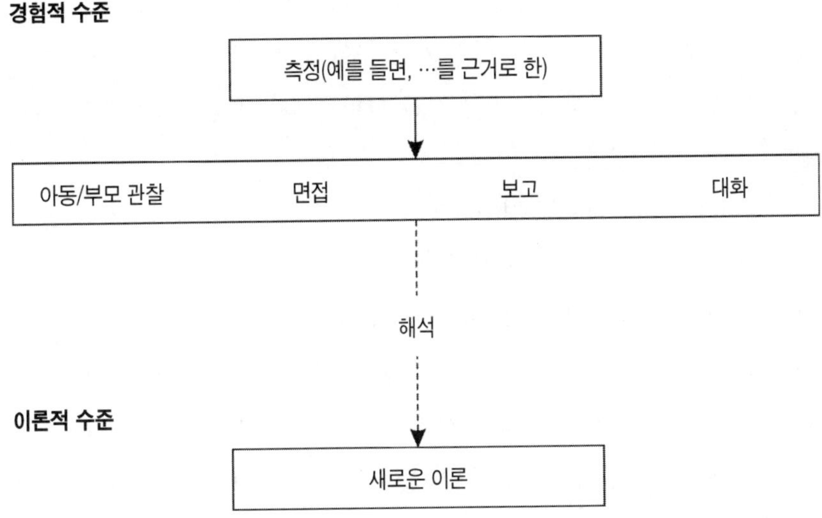

그림 3.5 맥콜이 제시한 연구의 두 가지 개념적 수준에 관한 질적 모형

출처: McCall, R.B.(1994) Commentary, paper in *Human Development*, 37: 293–8에서 인용. © S. Karger AG, Basel, 1994. 허락하에 게재함.

이 귀납적 변용은 또한 각 수준에서 질적 연구자들이 가지고 있는 연구 가정이라는 관점에서 분석될 수 있다. 경험적 수준에서 보면 그 가정은 이론이 없는 상태에서 어떤 정의, 개념 혹은 구성개념의 안내 없이 관찰, 면접, 보고, 문헌 분석 등과 같은 방법으로 시작하는 것이 가능하다는 것이다. 그래서 예컨대, 당신이 목표로 하는 것이 직장 활동을 하는 어머니와 그 자녀 간 관계의 질을 탐구하는 것이라면, 무엇을 기대하는지, 왜 그렇게 보는지와 어떻게 볼 것인지에 대한 명료한 개념이나 안내하는 관점이 없는 채로 그 목표를 이루기란 사실상 불가능하다.

또한 연구를 해석하는 수준에서 보면 아동의 주관적 경험과 관점의 세계를 발견하고 그 속으로 들어가려는 질적 목표가 있다. 연구자와 참가자가 동시에 관찰자와 피관찰자라면 연구 경험 그 자체는 연구자와 참가자 간의 상호 주관적 관계에 의해 여러 수준에서 매개된다. 참가자들은 그들 자신의 무언유언의 이해를 가지고 있다. 연구자들 또한 그들 자신의 관점과 해석을 가지고 있다. 이 관계는 또한 문화적 수준에서 사회 및 제도상의 맥락 속에 해석되는 인습적인 의미체계와 권력관계에 의해 매개된다.

그러므로 본질적으로 연구자와 참가자 모두가 가진 주관적인 특성은 양적 연구를 추구하는 실험자들에 대해서도 그렇듯이 과학적이고 질적인 해석주의자들에게도 바로 해결해야 할 문제이다.

Henwood와 Pidgeon(1995)은 이론적 연구의 불가능성을 다루기 위해 소위 '근거/귀납적 이론의 구성주의 관점'을 제안하면서 이것을 절차적 틀 속에서 표현한다. 질적 연구자들은 스스로 주장하기를 자료와 그것의 해석 간의 기능적인 관계를 분석하고 추천하기 위한 관점을 가지고 있어야 한다고 주장한다. 이와 같이 연구자들의 관점은 제기된 질문을 안내하고 연구 훈련 시 근거를 갖는 것과 그 근거를 밀고 나가는 것 간의 균형을 갖게 한다.

경험 및 해석 수준에서 상호 주관적인 이해와 의미의 문제를 다루기 위해 Hatch(1995)는 활동 이론(Activity Theory)에 기초한 이론적 틀을 제안한다. 이 이론에 따르면, 해석적 연구의 목적은 아동들의 일상적인 활동과정에서 이들이 구성하는 의미를 이해하는 것으로, 이러한 아동들의 활동과 그들이 구성하는 의미는 문화적이고 역사적인 측면이 포함된 상황 속에 참가자들이 의도를 가진 상태에서 서로 상호작용하면서 발생하는 것이라는 것이다. 이 이론은 단순히 사람들이 무엇을 하는지를 자세히 묘사하는 것을 넘어 그들이 하는 활동의 기저에 깔려 있는 의미와 의도를 탐색할 수 있는 방법을 포함한다. 요구되는 분석 단위는 개인들과 문화적으로 정의된 환경 모두를 포함한다. 여기서 말하는 문화적으로 정의된 환경은 활동 장면 속의 참가자들이 사용하는 역할, 목표, 수단에 대한 일련의 가정들에 근거를 두고 있다.

아동을 대상으로 한 연구를 수행하기 위해 이러한 틀을 적용하는 것과 관련하여, Graue와 Walsh(1996)는 Hatch에서 인용한 다음과 같은 조언을 한다.

> 동기/의도는 중심이 된다. 개인들은 다른 것이 아니라 어떤 무엇인가를 하도록 동기화된다. … 어린 아동들의 행위와 생각에 세심한 주의를 기울일 필요가 있다. … 동기를 이해하기 위해서는 아동들의 상호작용을 면밀히 관찰하고, 행위에 대한 그들의 설명에 귀 기울이며, 나아가 그들의 목소리를 존중하는 것이 중요하다. 그렇게 하기 위해서는 해석적 연구의 기본적인 방법들이 필요하며, 이에 더하여 지역적 맥락과 보다 광범위한 문화 및 역사 간의 연관성에 주의를 기울일 필요가 있다. (1995, p. 148)

그러므로 요약하자면, 질적 연구는 아동 연구 참가자들이 연구를 진행하는 과정에서 연구 상황에 대해 이해하는 방식을 파악하려고 한다. 그러므로 중요한 의미에서 질적 연구는 참가자들의 목소리를 들을 수 있도록 해 준다. 아동의 관점을 특별하게 다루는 질적 연구방법이 최근에야 도입되기 시작했다는 사실은 어쩌면 놀라운 일이 아닐지도 모른다. 앞에서 논의한 바와 같이, 아동은 관점(혹은 견해)을 가질 수 없고 그럴 자격도 없다는 가정이 오랫동안 유지되어 왔다. 연구에서 아동이 어릴수록 아동의 목소리를 듣게 될 가능성은 분명히 더 낮다. 발달심리학 분야에서 실험방법이 주도적으로 사용되는 것은 연구에서 아동의 관점을 반영하려는 타당한 방법을 고안하는 것의 가치를 쉽게 간과해 왔음을 의미한다. 이를 소개하려는 노력은 이제 유익한 것으로, 특히 아동 및 가족 사회복지 연구 분야에서 그리고 아동기에 관한 새로운 사회학 분야에서 유익하다는 것이 입증되고 있다. 이 기법들 가운데 몇 가지는 8장에서 소개할 것이다.

현장 활동가 연구

실제로 아동을 연구하는 대부분의 사람들은 직업상 아동 및 청소년을 연구해야 할 필요가 있는 현장 활동가이다. 이 같은 유형의 '활동' 연구는 실험실 밖의 병원, 클리닉, 학교, 보육원, 가정, 지역사회 등과 같은 실제 세계의 사람들과 함께 이루어진다. 실제 세계를 연구하는 것은 단지 일반 사람들에 대해서뿐만 아니라 마찬가지로 연구자와 참가자도 일반 사람들의 한 부분이 되어 일어나는 현상을 다룰 수 있다는 많은 장점이 있다. MacKay(Greig, 2001에서 인용)는 다음과 같이 말하고 있다.

연구는 기본적으로 '조사'이다. 그러나 조사는 체계적으로 이루어지고 동시에 기본적으로 과학적인 방법을 채택하는 사람들의 열의로 수행된다. 나는 정말로 '학술/응용'을 구분하는 것보다 더 낫게 '연구자/현장 활동가·연구자'를 구분하지 못한다. 나는 단지 연구란 다양한 수준에서 다양한 형태로 진행되는 것이라고 본다. '현장 활동가 연구'에서 유념해야 할 부분은 실험실이 아닌 여러 변인들이 혼재된 현장에서 진행된다는 점과 종종 양적 패러다임보다는 질적 패러다임을 사용한다는 점, 종종 단일의 기관이나 시설에서 소규모의 표본을 대상으로 진행하는데 이것은 항상 무선통제 시행으로 진행되는 것은 아니라는 점이다. 또한 연구자들보다는 서비스 이용자들에게서 제기되는 질문과 긴급한 일에 답을 해야 하는 경우도 많으며, 연구 자체를 목적으로 진행되지 않는 경우도 있고, 서비스 전달을 위해 더 체계적이고 진보된 접근방법으로 수행되기도 한다. (p. 77)

따라서 현장 활동가 연구에서 사용되는 방법은 주로 질적인 경향을 보이는 동시에 양적이며, 나아가 '과학적'이란 무엇을 의미하는지에 대한 폭넓은 해석을 요한다. 이 주제에 대해서는 6장과 7장에서 더 자세히 다루게 될 것이다.

접근방법의 선택

앞에서 논의된 바와 같이 양적 연구는 수치로(정량화하거나 측정하는) 결과를 나타내며, 일반적으로 통계를 사용한다. 예를 들면, 친숙하지 않고 낯선 상황이 4세 아동의 심장박동률과 타액 분비에 미치는 영향을 측정한다. 질적 연구는 독특한 상황과 현상을 다루고 상세하게 기술하며 나아가 연구대상을 설명하기 위한 관점을 가지고 해석한다. 예를 들면, 한

소년이 놀이 집단에서 보이는 파괴적 행동에 관한 사례 연구에서 부모와 교사 모두를 면접하여 이 소년이 생활하는 보다 폭넓은 사회 환경을 조사하는 경우, 또는 사회 서비스 시설에 의뢰된 한 아동을 세밀하고 밀도 있게 장기간 관찰하는 경우이다. 일반적으로 연구에서 채택되는 것은, 어느 하나 혹은 혼합된 접근을 선택하는 데 있어서 최선의 결정은 연구 문제의 특성, 참가자들, 당신이 찾고 있는 발견의 종류 그리고 당신이 의도하는 것 등에 의해 결정된다. 이 주제에 관해서는 5장에서 자세하게 소개할 것이다. 질적 연구와 양적 연구 간의 관계는 서로 배타적일 수 있지만, 이 두 접근은 실제적으로는 상당히 중복될 가능성을 가지고 있다. 다중 중복이 절충적 연구들에서 나타날 수 있다. 예를 들면, 읽기 능력이 떨어지는 아동의 자아존중감에 관한 실험은 한 명 혹은 두 명의 아동을 대상으로 한 어느 정도의 심층적인 사례 연구를 포함할 수 있다. 또는 행동 문제를 가지고 있는 아동은 단일 사례로 연구할 수 있다. 이 경우에 긴 시간 동안 다양한 사회적 맥락 속에서 면밀한 관찰이 이루어지게 되고, 건강·교육 기록과 그 아동을 알고 있는 전문가들 및 부모의 면접이 추가된 모든 자료를 검토한다. 동시에 이 아동은 표준화되고 '수량화된' 행동장애와 정신연령을 측정하는 질문지나 검사를 사용하여 평가를 받게 될 수도 있다. 투사적 검사를 통해 부모에 대한 애착을 측정하거나 가족 인형을 가지고 하는 놀이에서 이야기 완성하기 기법을 사용하는 것과 같은 해석적 과제도 포함될 수 있다. 또한 아동에 대한 실험적 '개입'방법을 사용하여 처치 전과 후를 평가할 수도 있다.

그럼에도 불구하고 실험적 접근과 비실험적 접근을 구분하는 분명한 경계가 있다. 이와 같은 방식으로 엄격하게 개념화하면 이 접근들은 양극으로 나누어지게 된다. 질적 접근은 주관적이고, 보다 내부 지향적이고, 총체적이고, 자연적이고, 타당하고, 귀납적이고, 탐색적이며, 일반화될 수 없는, 발견 지향적인 비실험적 연구가 된다. 양적 접근은 객관적이고, 보다 외부 지향적이고, 구체적이고, 통제되고, 신뢰롭고, 연역적이고, 결과 지향적이고, 일반화될 수 있으며, 확인할 수 있는 실험적 연구가 된다. 이처럼 연구에 관한 질적 접근과 양적 접근을 구분하는 것은 현실보다는 기술(記述)이나 논의의 목적에 더 적합하다고 할 수 있는데, 그 이유는 심리학자들과 사회학자들 중에는 두 가지가 혼합된 접근을 사용하는 경우가 많기 때문이다. 예를 들면, 이론가들이 늘 실증주의자이거나 '엄격한(hard)' 과학자처럼 행동하거나 사고한다고 가정하는 것은 잘못된 생각이다. 그 대표적인 인물로 Freud를 들 수 있다. 생물학자이자 임상의라는 배경을 가졌고 또 인간의 행동과 발달에 대한 그의 생각은 기본적으로 환원주의자였지만—즉, 모든 행동은 간단한 생물학적 과정으로 설명될 수 있다—이론, 연구 및 현장 활동에 대한 그의 접근은 '비과학적'이라는 호된 비판을 받고 있다(예: Eysenck, 1952). 마찬가지로, 생물학자로서의 배경을 가지고 있었고, 인간의 지식과 그 습득에 관한 분류학에 관심을 가지고 있었으며, 아동들을 대상으로 실제적인 실험을 진행했던 Piaget는 강력한 과학적 방법에 못 미치는 방법을 사용했다는 비판을 받고 있다(예: Donaldson, 1978). 또한 모든 심리학자들은 '엄격한' 과학을 열망한다고 가정하는 것도 잘못된 생각이다. 20세기 초, Piaget와 동시대에 활동했던 Vygotsky는 아동의 행동과 발달에 대한 잘못된 '실증주의적' 접근—예를 들면, 표준화 검사의 적용—을 비난한 바 있다. 그가 주장하는 것은 그러한 접근들이 아동 개인의 동기, 재능, 발달의 잠재력 또는 연구가 이루어지는 상황의 역사적·문화적·사회적 맥락의 중요한 효과를 고려하지 못한다는 것이다.

연구자들은 이제 '과학적'인 질적 연구와 양적 연구를 수행하기 위해 잠재적인 유사성 혹은 공유적인 목표를 다루고 있다. 어떤 과학적 연구는 신뢰도와 타당도라는 문제에 부합하는 엄격한 표준을 적용해야 할 필요가 있다고 하는 표현이 아주 적절해 보인다. 두 접근 모두 다루고자 하는 연구를 이후에도 다른 연구자가 반복할 수 있게 하는 것이 좋다. 이것은 질적 연구에 관해서 논쟁이 되는 주제이지만 이제 합의가 도출되는 중이다. 구체적으로 질적 연구에서 이루어지는 결정과정을 기록함으로써 양적 연구 보고에서 방법론적 세부 사항을 구체적으로 기록하는 것과 유사한 과정을 따르는 것이다(Yin, 2003). 이렇게 함으로써 다른 연구자들이 이후 그 연구를 반복할 수 있게 되기를 넘어서서, 그 방법의 이용과 결론 도출에 대해 더 많이 이해할 수 있게 만든다. 두 경우에 있어서 적절한 증거를 모으는 것이 필수적인데, 이를 통해 어떤 발견에 대한 유의미한 판단을 이룰 수 있게 된다. Harding은 Henwood와 Pidgeon의 글에서 다음과 같은 내용을 인용하고 있다.

> 과학에서 객관성이 '높은' 경우와 '낮은' 경우 간의 차이를 구분하는 것이 중요하다–낮은 객관성은 불가피한 주관성이 과용되거나 분명하지 않을 때 발생한다. 높은 객관성을 이루기 위해 연구자는 지식을 도출하게 된 충분한 해석과정을 공개한다. 지식을 위해 연구자와 사회적 기반을 모호하게 하기보다 밝히고자 하는 연구는 이런 방식으로 더 적절한 지식을 제공하는 데 기여할 수 있다. (Hatch, 1995, p. 118)

그림 3.6과 **실습 3.1**은 아동 대상 연구 수행을 위한 접근을 선택하려는 절차의 틀을 제시하고 있다.

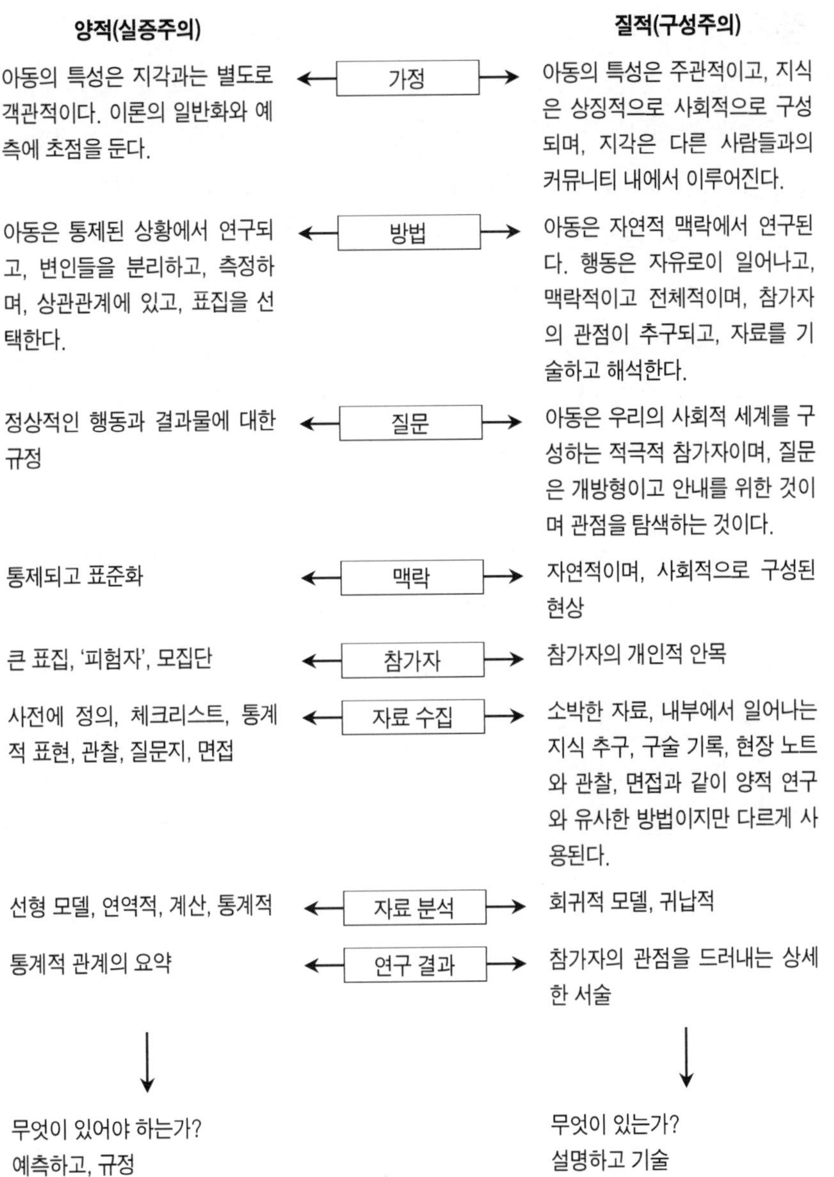

그림 3.6 아동 연구에 관한 양적 틀과 질적 틀 비교

출처: Hatch, J.A. (ed.) (1995) *Qualitative Research in Early Childhood Settings*. © J. Amos Hatch, Praeger Publishers, 1995. 허락하에 게재함.

결론

이 장에서는 초보 연구자들에게 다양하면서도 현존하고 계속 발전하고 있는 연구 안내의 틀 혹은 패러다임을 소개하고자 하였다. 그리고 동시에 이것들에 관한 논쟁 사항을 소개하고자 하였다. 우리는 아동 연구에서 연구 목적의 특성에 따라 질적 혹은 양적 연구의 틀 가운데 어느 하나를 이용하는 것이 가능하다고 믿는다. 더욱이 우리는 아동의 복잡한 특성을 알기 때문에 두 가지 연구의 틀을 이용하는 연구 설계를 고려하는 것을 적극적으로 장려한다. 심리학자들과 사회학자들, 민족지학자들, 교사, 간호사, 사회복지사 등과 같은 현장 활동가·연구자들, 공식적 자료나 기록을 통해 사회 구조의 경향을 연구하는 사람들, 그리고 자기 자신을 연구하는 아동들은 모두 아동의 실제 세계와 아동기를 연구하는 사람들이다. 이제 주의를 돌려 연구 활동을 가장 잘 계획하고 수행하도록 도와주는 여러 가지 방법들에 대해 알아보려 한다.

실습 3.1 질적 또는 양적으로 가기를 결정하기

이 실습은 다양한 연구 문제에 접근하는 하나의 기본적인 이론적 틀을 선택하는 능력을 제시하고자 한다.

다음은 연구자가 염두에 두어야 할 여러 가지 프로젝트이다.

가상의 연구 프로젝트들

1. 읽기 문제를 가진 아동의 자존감에 대해 호기심이 있다.
2. 수술을 받는 아동의 신체상에 대해 관심이 있다.
3. 동생의 출생이 어떻게 취학 전 아동의 행동에 영향을 미치는지 알고 싶다.
4. 해외에서 입양된 취학 전 아동에 대한 영향에 관심이 있다.
5. 아동이 부모의 이혼과 이혼 후 어느 부모와 살거나 만나게 되는 것에 대해 어떻게 느끼는지 알고 싶다.
6. 영국의 다른 문화마다 다른 아동 양육방식에 대해 관심이 있다.

혼자서 혹은 집단으로, 그 연구의 특성을 결정하는 데 있어 다음 질문들을 염두에 두고 위에 언급한 가상의 프로젝트들을 깊이 생각해 보자.

1. 연구의 근간을 이루는 철학적 체계는 무엇인가? 즉, 객관적인가, 직관적/혹은 주관적인가, 복합적인가?
2. 연구의 목적은 무엇인가? 즉, 일상의 현실을 기술하는 것인가, 원인을 밝히거나 설명을 하고자 하는 것인가?
3. 당신이 하고자 하는 연구 문제의 특성은 무엇인가?
4. 연구되는 현상의 특성은 무엇인가?
5. 이 연구에 대해 반대 입장을 고수하는 동료들의 충고는 무엇인가?
6. 당신이 가진 사적인 생각은 무엇인가?
7. 양쪽 다 사용하는 방법이 있는가? 현장에서 복합적 방법들이 풍부한 현실 자료를 탐색해 내기 위해 필요할 것인가?

제 2 부

아동 연구방법: 아동을 대상으로 한 문헌 개관, 연구 설계 및 연구 수행

제 4 장

아동 연구의 평가

이 장의 학습목표

첫째, 증명을 위한 근거와 증명하기 위한 방법을 소개한다.
둘째, 출판된 연구를 평가하기 위한 단계적 지침을 제시한다.

다른 사람들의 연구를 비판적으로 분석할 수 있도록 학습하는 일은 분별력 있는 전문가가 되기 위한 중요한 능력이다. 한편으로, 연구자들은 스스로 자신의 특정 분야에서 이전에 어떤 연구가 진행되어 왔는가에 대해 알아야 할 필요가 있고, 이를 통해 그들은 자신의 연구에서 진행되어야 하는 방법에 관해 충분한 정보를 바탕으로 올바른 판단을 내릴 수 있다. 1장에서 논의했던 것처럼 연구가 그 전문 분야의 전체 지식에 기여하는 것은 중요하다. 연구의 반복은 유용할 수 있지만, 일반적으로 연구는 누적되고 이전의 연구를 발전시켜 새로운 사실이나 관계를 발견하는 것이 바람직하다. 그러므로 연구자는 앞서 연구되어 온 연구 문제를 규명하고, 채택된 연구방법과 접근을 탐색하며, 적어도 이전의 연구자들이 연구를 통해 발견한 것들을 알아보기 위한 비판적 평가 능력이 요구된다. 3장과 5장에서 소개하는 것처럼, 연구를 진행할 때 어떤 적절한 연구 전략을 고안하는가는 중요한 결정이다. 그 영역에서 다른 사람들의 연구를 깊이 있게 분석하는 일은 연구자가 분별력 있고 증거에 기초한 판단을 할 수 있는 지식으로 무장하여 앞으로 연구를 하는 데 튼튼한 기초가 된다.

다른 한편으로, 우수한 연구 실행은 연구를 수행하고 지식의 경계를 확장할 뿐만 아니라, 우리 자신의 연구와 관련 전문 분야에서 무엇이 이루어지고 있는지를 알아차리게 하고, 지식을 우리 자신의 실제 현장에 적용하게 한다. 우리는 전문가로서 늘 최신의 정보를 가질 수 있도록 노력해야 한다. 이러한 목표를 이룰 수 있는 대표적인 방법은 전문 저널과 학술연구 자료를 찾아 읽는 것이다. 하지만 우리는 현장에 무엇을 적용할지에 대해서도 분별력을 가져야 한다. 그 이유는 우리가 읽었던 것을 모두 적용하는 것은 아마도 많은 혼란을 초래할 것이기 때문이다. 종종 새롭게 부각되는 이론들이 저널에 소개되곤 한다. 귀납적인 과정을 통해 생성되는 이런 이론들은 주로 검증된 것이 아니다. 따라서 대량으로 현장에 도입하는 것은 이 단계에서는 시기상조이다(추가적 논의를 위해 3장 참조). 그러나 이론들을 알리는 것은 중요한데, 그 이유는 어떤 특정한 문제에 대한 논의를 자극하고 그 분야에서의 더 많은 연구를 촉발하기 때문이다. 어떤 특정한 주제에 대해 합의된 관점을 도출하고 잠정적인 결론을 내리기 위해서는 그에 관한 증거가 쌓임으로써만 가능해진다.

그러므로 전문 활동가가 자기 분야의 일부분이 아니라 전체적이고 새롭게 제기되는 논쟁점에 대해 이해하는 것은 매우 중요한 일이다. 지난 10년 동안에 있었던 좋은 사례로는 아동에게 적용하는 유행성 이하선염, 홍역, 풍진(MMR) 백신의 효과와 자폐증의 잠재적인 연관성에 대한 논쟁을 들 수 있다. 분명한 점은, 이 문제에 대한 충분한 검토 없이 논쟁의 한쪽 주장만을 접한 전문가는 그것을 부적절하게 현장에 적용하고 전문적 비평을 하게 될지도 모른다는 것이다. 여기서 중요한 점은, 어떤 논쟁에 대한 주장이나 글을 읽는 독자는 어떤 연구의 현황을 이해하고, 그 연구를 비판적으로 평가할 수 있어야 하며, 나아가 그 자료를 적절하게 잘 활용할 수 있어야 한다는 것이다. 이는 학문적 논쟁의 초기 단계에는 현장에서 논쟁의 발달을 따르기보다는 아무것도 하지 않는 것이 나을 수도 있다는 것을 의미한다. '실제로 써먹기에는 아직 이른', 계속 진행되고 있는 어떤 문제에 대한 연구 논쟁의 일부를 취해서 적용성에 대한 이해와 분석 없이 그 부분을 이용하는 것은 현재의 현장에서는 받아들일 수 없는 일이다.

이 장에서는 항상 폭넓은 이론적 혹은 개념적 틀 내에서 연구를 진행해야 할 필요성이 있음을 강조하는 한편, 문헌에 대한 접근과 비평적 평가과정을 알아볼 것이다. 실제적인 초점을 맞추고 미래의 비판적 분석을 위한 사례 연구로 활용할 수 있도록 하기 위해 이 과정의 좋은 보기로 두 개의 주요 비교 연구를 사용할 것이다. 하나는 포괄적으로 질적 연구의 틀에 부합하는 것이고, 다른 하나는 양적 연구의 틀에 부합하는 것이다.

문헌 검색

어떤 특정 분야의 정보를 찾기 위한 검색원의 범위는 넓으며 계속 늘어나고 있다. 어떤 분야에서 얻을 수 있는 연구와 문헌의 양은 엄청나게 많을 수 있기 때문에 당신이 하고자 하는 연구 분야를 좁히는 것이 중요하다. 만일 그렇게 하지 않는다면 당신은 엄청난 양의 정보에 짓눌릴 것이다. 검색을 구체화해 가는 과정은 어려운 작업일 수 있으므로 우선 몇 가지 개괄적인 읽을 자료를 찾아야 하며, 이를 위해 당신은 소위 핵심 단어(keywords)라는 것을 확인할 수 있다. 이와 같이 개괄적으로 자료를 살펴보는 것은 보통 대부분의 대학교에 있는 도서관에서, 그리고 인터넷상의 연구 자료를 검토함으로써 가능하다.

연구의 핵심 어휘를 찾았다면 그 후에는 문헌을 확인하는 데 이용할 수 있는 다양한 검색원을 접할 수 있다. 정보 기술의 이용 증가에 따라 그러한 일을 수행하기가 훨씬 더 수월해졌다. 컴퓨터 데이터베이스, CD-ROM(읽기 전용 콤팩트디스크), 외부의 데이터베이스에 연결된 온라인 입출력 장치, 인터넷 등은 그 과정을 혁신적으로 발전시켜 왔고, 나아가 도서관의 카드와 서적 목록을 옮겨 가면서 자료를 찾던 고된 일은 이제 과거지사가 되었다. 이제 이런 첨단 기술에 익숙해져야 하며, 대부분의 도서관 직원들은 이용자들을 기꺼이 도울 것이다. 이러한 문헌 탐색과정을 도울 몇 가지 좋은 교재도 있다(Ó Dochartaigh, 2002; Taylor, 2003 참조).

참고문헌의 범위가 정해진 후에는 당신의 연구에 적합한 것이 무엇인지를 판단하는 결정이 요구된다. 어떤 정보원(原)은 당신에게 제목만을 제공할 것이고, 다른 어떤 정보는 초록(abstract)을 제공할 것이다. 몇몇 저널은 인터넷으로 검색 가능하기 때문에 이를 통해 당신은 필요로 하는 논문의 전문을 찾아볼 수 있다. 다음 단계는 당신이 다룰 수 있도록 종이로 된 문헌을 찾는 것이다. 이를 통해 당신은 비판적 분석과정을 시작할 수 있다. 이 과정을 통해 당신은 추가적인 검색을 할 수 있는데, 예를 들면 당신이 접근해야 할 필요가 있을지도 모르는 다른 연구물을 참조할 수 있는 핵심적인 연구 논문을 만들 수 있다. 만일 특정한 저널에서 핵심적인 논문을 찾고 이 논문이 논의에 중요하다고 판단되면, 당신은 자주 이 특정 저널을 읽어서 주요 논점을 놓치지 않게 된다. 전문 분야 중에는 이러한 논의가 이루어지는 특정한 관련 저널이 있다. 한편으로 다른 전문 방면에는 특정 분야와 관련된 수백 권의 저널이 있다. 하지만 만일 어떤 특정 저널에서 논의와 논쟁이 이루어지고 있다면 그 저널을 통해 논의를 계속하는 것이 정상적인 방법이라고 할 수 있다.

연구 평가

연구를 분석하는 가장 보편적이고 적절한 방법은 그 연구과정을 하나의 평가 모델로 사용하는 것이다. 그러나 많은 학생들이 연구를 분석할 때 빠지게 되는 함정은 그 연구과정을 바꿀 수 없는 모델로 사용하는 데 있다. 연구는 항상 그 진행과정에서 엄격하고 과학적이어야 한다. 그러나 불가피하게 연구에 대한 다양한 접근이 요구되는데, 이것은 연구자들이 다양한 진행 단계에 대해 강조하는 점이 서로 다르기 때문이다. 연구자 임의대로 하는(carte blanche, 백지수표) 접근방법은 독자에게 혼란을 주기 쉬운데, 이것은 마치 둥근 구멍에 사각 못을 맞추어 넣는 것과 같다. 독자는 그 연구와 연구자에 대해 근거 없는 비판을 할 수도 있다. 다음 절에서는 연구에 대한 평가에 접근하는 방법의 균형적인 관점을 소개한다. 이를 위해 서로 다른 접근을 적용하는 두 연구에 초점을 맞추려고 한다. 이를 통해 유연성과 맥락화의 필요성을 충분히 이해할 수 있게 될 것이다.

분석한 두 연구는 다음과 같다.

Hendriks, T., de Hoog, M., Lequin, M.H., Devos, A.S. and Mer-

kus, P.J.F.M. (2005) 'DNase and atelectasis in non-cystic fibrosis pediatric patients'. *Critical Care*, 9: 351-6.
http://ccforum.com/content/9/4/R351에서 구할 수 있음.

Martin, D., Sweeney, J. and Cooke, J.(2005). 'Views of teenage parents on their support housing needs'. *Community Practitioner*, 78(11): 392-6.

일반적인 고려 사항

평가의 첫 번째 단계는 대개 직관적인 것으로 최소한 한 번에 걸쳐 연구물 전체를 읽고 그것에 대한 당신의 첫인상을 반영하는 과정이 포함된다. 때때로 논문 전체를 해석하는 것은 어려울 수 있기 때문에(일상적인 말로 표현하면 나무들을 보면서 숲은 보지 못할 수 있다는 말처럼) 해당 연구의 세부 사항으로 들어가기 전에 이와 같은 작업을 하는 것은 매우 중요하다. 거기에 얽혀 몰입하다 보면 객관성이 약해질 수 있다.

그렇다면 이 단계에서 당신이 해야 할 일은 무엇일까? 안타깝게도 시원한 해답은 없다. 하지만 한 가지 유용한 비유를 들자면 일종의 여행을 하듯이 연구를 하는 것이다. 좋은 연구는 잘 계획된 여행에 비유될 수 있다. 여행의 목적이 잘 정리되고 나면 어떤 교통수단을 이용해야 할지 알 수 있게 된다. 여행 일정 계획이 세워지고 나면 당신은 일정을 알려 주는 최신 지도를 갖게 되고, 나아가 특정한 시점에 여행의 각 부분을 성취했는지의 여부 혹은 성취 가능성을 점검할 수 있게 된다. 당신은 해야 할 과제를 실행할 수 있고, 또한 그 과정에서 생길 수 있는 잠재적인 문제들이 무엇인지도 알 수 있게 된다. 당신은 그 같은 발생 가능한 사태에 대비하여 여유시간을 마련할 수 있다. 일단 시작했다면 선택한 경로에서 벗어나지 않는 것이 통상적이지만, 만일 당신이 예상치 못했던 일정을 갖게 되거나 혹은 가던 방향을 잃어버렸다면 즉시 당신이 가진 지도에 대해 자문을 받고 가능한 한 빨리 당신의 길을 가야 한다. 절대로 '직관에 의존'해서는 안 되고 대개는 당신이 처음에 설정한 길이라고 믿는 길로 나아가야 한다. 여행을 끝내고 나면 당신은 비슷한 방향으로 여행을 가고자 하는 다른 사람들에게 추천을 하게 될지도 모른다. 그러나 당신이 할 수 있는 추천은 오직 당신이 따랐던, 그리고 직접 경험했던 여행의 부분들에 관련된 것이다. 보지 않았거나 듣지 못했던 것에 대해서 추측으로 말해서는 안 된다.

당신이 고른 연구물을 읽다 보면 그 연구가 '완벽하다'는 느낌을 갖게 될지도 모른다. 좋은 연구는 '물이 흐르는 듯한' 느낌을 주어야 한다. 연구의 접근은 이 분야에서 이루어진 선행연구에서 파생되고, 그 목표는 그 지식 기반을 확장시키는 것이 되며, 사용되는 방법은 정당하고 논리적일 것이고, 자료는 목표와 관련된 것이어야 한다. 당신은 그 자료를 통해 어떤 결론과 제안 사항의 근거를 확인할 수 있어야 한다. 직관은 아주 과학적이거나 엄격한 개념은 아니지만, 연구물을 읽다가 어떤 연구에 대해 불편하거나 불만족스럽게 느껴진다면 추후에 이루어지는 상세한 분석은 대개 당신이 옳았다는 것을 보여 줄 것이다. Hendriks 등에 의해 진행된 연구(2005)를 읽어 본다면 그 연구들이 물 흐르듯이 논리적으로 자연스럽다는 것을 알게 될 것이다. Martin 등에 의해 진행된 연구(2005)는 덜 완전하며, 이 연구를 통해 독자는 답이 없는 많은 의문을 갖게 될 것이다. 예를 들면, 이 연구는 이 연구 팀을 기술하고, 이 연구의 목표와는 관련이 없는 여러 기관의 동반자 관계를 발달시킬 필요성에 대해 크게 강조하고 있다. 독자는 이 연구의 결론에 포함된 진술들이 타당한지에 대해 의문을 갖게 된다.

연구의 전체적인 관점을 이해하고 난 후에는 더 세부적으로 그 연구를 살펴보아야 한다. 다음 절에서는 실제 연구 사례를 이용하여 이 과정을 단계별로 소개하고 있다. 이에 앞서서 세밀히 몰입하기 전에 당신 자신에게 물어보아야 할 몇 가지 질문이 있다. 첫째는 연구자 혹은 연구자들과 관련된 것이다—그들은 누구이고, 그들이 하는 일은 무엇이며, 그들이 이 연구를 수행하고자 하는 이유는 무엇인가? 이렇게 숙고해 보는 것은 그리 이상한 일이 아니다. 당신은 당신 자신의 연구를 위한 기초를 세우려고 혹은 잠재적으로 현장의 변화를 위해 연구물을 살펴보고 있다. 어느 경우든 아마 시간과 비용이 들 것이다. 그러므로 당신은 비슷한 논리를 적용하여 당신의 연구 수행을 도와줄 누군가를 고용할지, 또 그들은 직업상 적절한 자격을 갖추었는지, 그리고 그들이 연구를 수행하려는 동기가 무엇인지를 알아보아야 할 것이다. 이것은 1장에서 논의했듯이, 특히 아동을 포함하는 연구를 진행할 때 중요한 문제이다. 앞에서 소개한 두 연구 모두 직무 타이틀과 연구 팀이 일하는 곳을 제시하였다. Martin 등(2005)의 연구에서 이 팀의 한 구성 단위는 학술 작업을 수행하는 팀이었는데, 이것이 의미하는 바는 그들이 연구 전문가라는 것이다.

두 번째로 고려해야 할 중요한 점은 연구의 제목과 관련된 것으로, 이것이 연구 자체를 정확하게 반영하고 있는지에 관한 것이다. 연구자들의 의무 가운데 하나는 자신들이 노력한 결과를 전달하는 것이다. 이를 위해 연구의 결과물이 출판된다면 접근할 수 있도록 하는 것이다. 과학기술이 매우 중시되고 데이터베이스의 활용이 보편화된 시대에는 문헌에 접근할 수 있는 핵심 어휘의 활용이 매우 중요해졌는데, 이 점에 대해서는 이미 논의한 바 있다. 그러므로 당신은 자신에게 다음과 같은 질문, 즉 연구의 제목은 핵심 어휘를 포함하고 있는지, 그리고 연구의 특성에 대한 통찰을 주는지를 물어보아야 한다. 간단히 말하자면, 명쾌한 제목은 분명해야 하는 것이지만, 만일 당신이 데이터베이스를 탐색하면서 수백 개의 제목들을 살펴보는 경우에는 그리 인상적이지 않을 수 있다. Hendriks 등(2005)의 연구는 핵심 어휘에 DNase(역자 주: 핵산 분해효소의 일종), 무기폐(atelectasis), 소아과의(pediatric)라는 용어를 포함하고 있지만 그 연구가 실제로 무엇에 대한 것인지를 알려 주는 세부적인 내용은 제공하지 않는다. Martin 등(2005)의 연구는 더욱 포괄적이다. 그 제목은 아주 짧지만 무엇에 관한 것인지를 즉시 알 수 있게 되어 있다. 추가적으로 제시된 핵심 어휘—10대 미혼 부모(teenage parents), 무주택(homelessness), 복지주택 지원의 필요성(support housing needs), 연구 능력 증진하기(research capacity building)—는 실제로 그 연구에 접근하는 것을 용이하게 해 준다. 이제 당신이 Martin 등(2005)의 연구를 읽는다고 하자. 하지만 당신은 그 제목이 당신이 읽고자 하는 모든 것을 반영하는지에 대해 의문을 제기할지도 모른다. 그 연구의 상당 부분은 생활주택 지원에 대한 10대 부모들의 견해를 다루기보다는 왜 그들이 생활주택 지원이 필요한가에 대해 기술하고 있다. 제목을 통해 그 논문이 1차 연구물인지를 분명히 알 수는 없다. 사실 많은 학생들에게 중요한 것은 2차 논문과 리뷰, 보고서보다는 원 논문을 분석하는 것이 될 테니 말이다.

서론과 연구 문제

대부분의 다른 글 쓰는 이들과 마찬가지로 연구자들은 보통 자신들이 무엇을 왜 연구하려고 하는지에 대해 소개함으로써 연구의 전체적인 윤곽을 그리게 된다. 이것은 전체 연구를 간략히 요약한 **초록**(abstract)의 다음에 위치할 수도 있고 그렇지 않을 수도 있다. 앞에서 살펴본 두 연구에서

Hendriks 등(2005)의 연구는 서론, 방법, 결과, 결론 등이 포함된 전체적인 내용을 담은 초록을 제시하고 있다. Martin 등(2005)의 연구도 마찬가지로 상세한 내용을 담은 초록을 제시하고 있다.

연구 문제를 소개하는 서론은 아주 중요한데, 뒤이어 소개될 내용이 무엇인지에 관한 것뿐 아니라 독자가 그 뒤의 나머지 부분을 읽을 만한 가치가 있는지를 결정하게 하는 부분이기 때문이다. 조급한 많은 사람들은 초록과 첫 번째 문단만을 읽고 한눈에 들어오지 않는 부분들을 버릴 것이다. 서론을 쓰는 것이 매우 어려운 작업이라는 사실을 누구나 알고 있고, 또 서론이 그다음에 이어질 내용을 정확하게 반영하지는 않는다는 점을 알고 있지만, 그렇게 할 것이다. 초록과 서론은 그 나머지 부분으로 들어가는 출입문으로서, 독자들이 그다음 부분을 읽고 싶은 충동을 느끼게 만들어야 한다.

Hendriks 등(2005)의 연구는 서론의 첫 번째 문단에서 아동들의 무기폐 문제의 맥락 속에서—기계호흡 장치를 한 아동 중 최소한 8%가 폐확장부전으로 진전된다(p. 351)—이루어진 자신들의 연구와 이 분야에서 이루어진 대단위의 선행연구의 부족에 대해 다루고 있다. 이와 같은 방식으로 연구를 소개함으로써 문제의 범위를 명확하게 할 수 있고, 사망률과 입원기간을 감소시키려는 맥락에서 치료법을 밝힐 필요성이 소개되고 있다. 이렇게 하는 것이 중요한 이유는 연구는 중요하면서도 진짜 관심을 두고 있는 '실제의' 문제들을 다루어야 하기 때문이다.

문헌 개관

문헌에 대한 개관은 연구에서 중요한 구성요소이다. 질적인 틀 내에서 시행된 연구에의 접근(관련 문헌이 이후에 연구된 경우)을 제외하고는 일반적으로 문헌 개관은 서론 다음에 위치한다. 그리하여 독자는 이 분야의 연구와 관련하여 전에 어떤 연구가 있었는지 바야흐로 본 연구의 배경을 알게 되는 것이다. 우리는 앞서 연구의 중요성이 기존 전문 지식체에 더해지는 것이라 하였다. 따라서 연구에는 이러한 점이 보여야 한다. 그래서 어떻게 본 연구가 전에 이루어졌던 연구 기반 위에 전문 영역에 기여하게 될지 명확해진다.

어떤 문헌이 포함되어야 하는지에 대한 엄격하고 신속한 규칙은 없다. 그래서 어떤 문헌이 포함되어야 할지는 대개 연구 분야에 따라 달라진다. 예컨대 사용될 문헌의 연대와 관련해서 볼 때, HIV 양성인 아동들에 대한 오늘날의 약리학적 개입 효과를 보는 연구는 아주 최근의 문헌을 언급하는 것이 좋을 것이다. 반면 시설 경험의 장기적인 효과를 보려는 연구는 아동으로서 보호를 받았던 경험이 있는 성인까지를 대상으로 함으로써 여러 해에 걸친 훨씬 광범위한 영역의 과거 문헌까지 거슬러 올라가 참고하게 될 것이다. 주제에 관계없이 문헌들이 오래되었다 해도 '대표적' 문헌과 '중요한 연구물'로 여겨지는 문헌을 참고하는 것이 일반적이다. 각 연구 분야에는 그 분야 고유의 연구 목록이 있다. 예를 들면, 간호학에서는 Hawthorn(1974)의 연구 「간호사님, 나는 우리 엄마를 원해요(Nurse, I want my Mummy)」가 있고, 심리학에서는 Rutter, Graham, Yule 등(1970)에 의해 이루어진 와이트 섬(역자 주: 한국의 제주도와 같은 영국의 아름다운 섬) 연구가 있다.

그러나 모든 문헌은 연구 중에 있는 주제와 분명히 연관이 있어야 하며, 연구자는 특별히 논쟁이 될 수 있는 점에서는 균형 있는 견해를 주어야 한다. 각 문헌의 강점과 약점을 논의한 다음 비교 대조해야 한다. 문헌 개관에서는 연구 문제와 그것을 어떻게 연구할 것인지를 연결해야 한다(좋은 연구는 '흐르는 물과 같은 논리'를 가져야 한다고 앞서 언급했다).

만약 한정된 문헌 개관이 있다면, 특정한 저널이 간행을 준비하는 연구자에게 발행을 제한하거나, 그 분야에서 사전 연구가 부족하여 적절한 양의 문헌을 얻을 수 없기 때문일 것이다. 만약 후자의 경우라면 연구자는 그 점에 대해 그렇다고 알려야 할 것이다.

두 가지 연구로 돌아가면, Hendriks 등(2005)의 문헌 개관은 간단하고 연구 분야에 매우 적절하긴 하지만, 약의 효험에 관한 연구는 3분의 1의 참고문헌이 10년이 지난 것이고, 3분의 1은 5~10년이 지난 것이며, 나머지 3분의 1만이 5년이 채 안 된 것들을 인용한 것이다. 문헌은 비교대조되지 않았지만 간단하게 서술되어 있고, 각 문헌의 강점과 약점도 분석되지 않았다. 두 번째 연구인 Martin 등(2005)은 문헌의 범위에 (그 분야에서 중대한 연구들을 포함하는) 연령을 사용한다. Hendriks 등의 연구는 문헌을 분석하기보다는 기술하여, 독자가 현재의 연구가 어떤 기존 연구를 토대로 이루어진 것인지 판단하기 어렵게 만든다.

연구 문제, 목적, 대상 및 가설

문헌 개관은 분명한 연구의 취지를 목표로 세우고 연구 문제, 목적이나 가설을 연구 종류에 따라 논리적으로 나열한다. 5장에서는 연구 문제의 중요성을, 3장에서는 가설의 쓰임을 양적인 틀 내에서 논의했다. 질적인 틀 내에서 공식적 가설들은 부적절하다. 앞서 논의했듯이 기존의 이론을 검증하기 때문이다. 그리고 질적인 연구는 귀납적인 절차를 이용해 이론을 구축하기 때문이다.

목표, 문제, 목적 및 가설은 연구과정에서 중심이 되는데 이것은 연구를 통해 조사해야 할 것이다. 연구를 평가할 때, 독자는 목표, 문제, 목적 및 가설 등이 적절한지 보고, 연구의 후반부를 평가할 때 논점에서 제외되지 않았는지 재확인해야 한다. 이는 연구의 완성을 이루게 하는 모든 부분이다. Hendriks 등(2005)의 연구에서는 연구목표가 한 번도 정확하게 상술되지 않았고 저자들은 무엇을 검증하고자 하는지 명확하게 짚지 않았다. 독자는 다음의 문장으로 가정할 수밖에 없는데, 본 연구는 폐확장부전의 해결책으로서 전통적인 방식으로 치료하기 힘든 일단의 입원 아동들을 DNase로 치료할 수 있는지를 분석했다가 연구의 목표이고, 그 연구를 전부 다 읽은 후에야 그러한 가정을 할 수 있다. 그 연구는 많은 변인들에 미치는 DNase에 대한 몇 가지 효과도 검증하지만, 독자에게 이들 검증을 위한 가설을 말해 주지는 않는다. Martin 등(2005)의 연구는 세 가지 구체적인 목표를 언급하지만 5쪽짜리 출판물 중 3쪽 중간부분 아래에 잘 숨겨져 있다.

표집

우리의 경험으로는 학생들은 흔히 연구를 할 때 표집과 모집단의 의미에 대해 혼란스러워하지만, 그렇다 하더라도 만약 독자가 자료 분석과 신뢰도, 타당도를 정확하게 판단하려고 하면 그에 대한 이해가 중요하다. 표집은 모집단의 특성을 대표하는 것을 목표로 한다. 표집 전략은 이것을 목표로 달성하도록 설계되어 있다. 만약 표집이 제대로 되지 않았다면 그 목표는 이루어지지 않을 것이다(5장과 6장에 구체적으로 설명되어 있다). 연구자들은 절대적으로 누가 어떻게 자료를 제공했는지, 표집을 어떻게 선택했는지를 밝히고 이를 정당화해야 한다. 양적 틀 안에서는 모집단의 각 구성원이 표집 추출에 포함될 확률을 동일하게 하기 위해 **확률표집**을 하는 것이 이상적이다. 그러나 실제로 이것은 거의 불가능하고 대부분의 많은 연구자들은 편의표집(손쉽게 얻을 수 있는 구성원을 선택하는 방법)을 하거나 편의표집에서 나온 일종의 가(假)무선표집형을 사용한다. 질적 틀 내에서는 표집이 대체로 작고 편리하며 비확률적인 경향이 있기 때문에 모집단의 각 구성원은 동일하지 않을 가능성을 가지고 선택된다. 그러나 질적 연구자들은 선택된 표집의 특성이 모집단과 비슷한 특성을 가지고 있는지 확인하는 전략을 세운다. 질적 표집의 한 유형은 의도적이거나 판단적인데, 연구자가 표집 전략을 통해 확인할 수 없는 참가자를 표집에 필요한 근거를 바탕으로 선택되었다는 것을 판단한다(직접 당신 손으로 당신이 요구하는 지식과 경험을 가졌다고 여겨지는 사람을 뽑는 것).

Hendriks 등(2005)의 연구에서는 표집이 간단하게 구성되었지만 한편으로는 아동들이 동질적인 집단이 아니었기 때문에 복잡하다. 1998년과 2002년 사이 DNase 치료를 받은 무기폐 아동들은 낭포성 섬유증(역자 주: 유전자 이상으로 신체의 여러 기관에 문제를 일으키는 선천성 질병)이 있는 아동들을 제외하고는 다 포함되었다. 저자들은 아동 30명에 대한 자세한 인구통계 정보를 단순하고 명확한 표로 제시했다. 그러나 이 표를 읽는 독자가 보게 되는 것은 다음과 같다. 즉, 연구에 포함된 아동은 태어난 지 14일 된 아동뿐만 아니라 12세 된 아동까지 광범위한 연령 범위이며, 무기폐 증상이 나타나기 전에 특정 질병에 걸린 기간이 2일에서 365일 범위까지 포함되어 있다. 이 변인들에 대한 의미는 연구에서 충분히 탐색되지 않았다(역자 주: 무기폐는 어떤 이유에 의해서 폐의 일부가 쭈그러든 상태로, 질병의 원인이 아니라 증상일 뿐이라서 그 증상이 나타난 아동의 연령이나 그 증상을 일으키는 질병에 걸린 시기도 DNase 처치 효과를 알아보는 데 중요한데, Hendriks 등의 연구에서는 참여한 아동들의 연령 범위도 너무 넓고, 질병에 걸린 기간의 범위도 너무 광범위하게 포함시켰다는 저자의 비판이다).

Marin 등(2005)의 연구는 표집에 대한 간략한 상세 설명과 연구에 모집된 25명의 10대 부모들은 기존의 서비스 네트워크-보건 방문 서비스, 어린 아동 센터, 사회 서비스 네트워크-를 통해 이루어졌다고 명시되어 있다. 포함 기준도 주어졌는데, 예를 들어 18세 이전에 부모가 되었고, 영어를 할 줄 알고, 정보 동의서를 이해하고 줄 수 있으며, 아동 보호 문제가 없어야 했다. 연구에서 명시된 것은, 현장 활동가들에게 참가자들이 관련된 젊은 부모인지를 확인해 줄 것을 요청하고 참가자들을 그 프로젝트에 의뢰할 것을 부탁했다는 것이다. 연구가 진행된 도시에 실제로 있는 10대 부모들의 숫자에 대한 정보가 전혀 없기 때문에, 독자는 문제의 범위도 알지 못한 채로 있게 된다. 또한 독자는 그 25명의 10대 부모가 의뢰된 총 참가자인지, 아니면 더 많은 참가자들이 있고 이들로부터 그 표집이 나온 것인지도 모른다. 그리고 계속 써 내려가기를, 그 표집이 여러 범위의 견해를 파악하기 위한 의도로 선발되었다고 하였다. 만약 그 연구자들이 이것을, 전문가가 포함 기준에 해당하는 사람들을 의뢰했다는 인상을 독자가 받기 전에 명시했다면 유용했을 것이다. 이 연구의 표집에 대한 문제는 더 있다. 저자들은 표집에 대한 기술을 그 논문의 한 쪽 거의 가득 차게 표로 제시하였다. 이 표는 참가자가 언제 면접을 했는지, 성별, 아동들의 나이, 마지막 자녀 출산 시 어머니의 나이, 임신 계획 여부, 어머니가 아버지와 같이 살고 아버지와 접촉을 하며 지내는지에 대한 세부 사항을 제시한 것이다. 그 표집 중 하나의 성별이 빠져 있고 두 사례의 경우 성별이 'M'과 'F'로 되어 있다. 독자는 이 두 경우 커플이 면접을 보았을 것이라 가정한다. 그러나 다른 세 남성이 있었다고 되어 있어서 독자는 그 아동들이 아버지와만 살았는지, 어머니도 같은 세대에 살지만 연구에 참여하지 않았는지, 어떤 상황인지 알 수가 없다. 아버지와 같이 살고 있다는 열에서 세 명의 남자 중 두 명은 '예'라고 기록되어 있고 한 명은 '아니요'라고 기록되어 있는데, 여기서 독자는 이 열이 어머니가 아버지와 함께 살고 있다는 것을 말하는지, 아니면 아동이 아버지와 함께 살고 있다는 것을 말하는 것인지 알 수가 없다. 독자는 다음과 같은 궁금증을 갖게 된다.

- 몇 명의 젊은 부모가 전문가들에 의해 그 프로젝트에 의뢰되었는가?
- 만약 25쌍 이상이라면 어떻게 이들은 전체 의뢰 사례에서 선택되었는가?
- 어떻게 의도적 표집 전략(purposive sampling strategy)이 이루어졌는가?
- 표집된 남성들의 신분은 어떠한가?

윤리적 시사점

9장에서는 아동 연구를 수행할 때의 윤리적 시사점을 충분히 논의하고, 자기 연구의 윤리성을 확실히 하기 위해 연구자가 어떠한 측정을 취해야 하는지 논의할 것이다. 연구를 평가할 때 독자는 연구자가 올바른 윤리 절차, 예를 들어 허가를 얻었는지, 사전 동의를 받았는지 등의 절차를 따랐는지를 평가해야 한다(전체적인 논의는 9장 참조). 우리의 두 연구에서 Hendriks 등(2005)은 연구의 윤리적인 시사점에 대해서는 거의 언급하지 않았고 윤리적인 영향에 대해 어떻게 가능성 있는 윤리 문제를 고심했는지를 언급하지 않았는데, DNase는 의료 재판이 아니라 환자 간호의 부분으로 시행되었기 때문에 병원에서 윤리위원회로부터 공식 인정을 받을 것을 요구하지 않았다고만 썼다. 그러나 앞으로 9장에서 읽게 되겠지만, 영국에서는 분명히 이것이 경우에 해당되지 않을 것이며, (이 연구의 경우에서처럼) 환자들의 기록을 포함한 모든 연구는 윤리적 승인을 필요로 하게 될 것이다. 다른 한편으로, Martin 등(2005)의 연구는 윤리적 승인을 받고 비밀 보장에 있어 부모의 권리를 명백하게 언급하고 있다. 그러나 앞의 논점으로 돌아가 연결해 보면, 독자는 이 연구가 비밀 보장을 유지하였는지, 특히 잠재적인 모집단의 범위를 모르기 때문에 의문이 들 것이다. 예를 들어, 그 표집 중 하나는 9개월의 쌍생아를 17세에 출산한 여자였고, 표집 중 넷은 16세경에 두 아이를 가졌다. 이러한 기술들에 맞는 주택 지원 필요성을 가진 젊은 부모는 수백이 되겠지만, 여기서 문제는 독자가 그것을 모른다는 것이다.

9장에서 보겠지만, 올바른 윤리 원칙을 따르는 것은 연구과정의 중요한 단계이므로 이를 잘 인식하지 못하는 연구자는 그 부분을 생략한 것에 대해 비판을 면치 못할 것이다.

자료 수집

5, 6, 7장에서는 아동으로부터 자료를 수집하는 방법과 연구 기술을 탐색한다. 연구를 평가할 때 그 표집 안에 있는 참가자들이 연구자에게 필요한 정보를 제공하기 위해 무엇을 해야 하는지, 연구자가 어떤 도구를 써서 응답을 수집·측정하였고, 이것이 적절한지 평가하는 일은 중요하다. 자료 수집을 위한 도구(또는 기구)에는 면담 일정, 평가 척도, 질문지와 관찰 일정이 있고 보통 한 연구에는 하나 이상의 도구가 자주 등장하게 될 것이다. 분명 아동에게서 자료를 수집할 때 도구의 선택은 아동의 발달 단계를 포함하여 여러 가지의 요인들에 의해 영향을 받을 것이다.

잠시 우리가 앞서 완수한 주제로 다시 돌아가자면, 연구를 평가할 때 자료 수집을 위한 도구들은 논리적으로 보여야 하며 연구의 목표, 연구 문제와 목적 및 연구 가설을 충족시키는 방향으로 되어야 한다. 복잡한 연구에서는 각 부분의 연구를 따로 놓고 어떻게 그 부분의 자료 수집이 이루어질 것인지를 그려 보면 유용한 연습이 될 것이다. 이는 또한 연구자가 가지고 있는 가정이나 더 이상 쓸모없는 자료를 강조할 것이다. 연구자가 일련의 도구를 사용하여 그 연구에서 분명히 명시된 목적에 관련이 없는 자료를 수집하는 것은 드문 일이 아니다.

연구도구의 신뢰도와 타당도는 연구과정에서 매우 중요한 부분으로 연구자에 의해 언급되어야 하며, 이는 마치 내적 질 보증체계와 같은 것이다(자세한 세부 사항은 5장 참조). 양적 틀 안에서는 신뢰도와 타당도의 문제가 질적 틀을 사용하는 연구와는 다르게 수행된다. 양적 연구에서는 연구자가 객관성을 이루고 편파를 피하는 일에 관심을 기울인다. 그래서 연구방법은 정확히 반복 가능할 수 있고 그 연구 결과는 모집단에 일반화될 수 있다. 질적 연구자는 신뢰도와 타당도를 무시하면 안 되지만, 이들은 다르게 보인다. 연구의 반복 가능은 일반적으로 추구되지는 않고, 신뢰도는 참가자들의 확인을 통해서 이루어진다.

두 연구를 보면 패러다임의 차이가 분명하다. Hendriks 등(2005)의 연구 자료는 아동들에 대한 메모에서 수집되었고 생리적 지표(physiological parameters)는 DNase 처치 2시간 후에 측정된 것이었다. 가슴 엑스레이는 암호화되었고, 자료에 대한 편견을 갖지 않도록 자료가 누구의 것인지 모르게 하였으며, 두 명의 방사선 전문의가 무선적으로 해석하였고, Cohen's kappa(관찰에 대한 일치도 측정)를 사용하여 비교하였다. 반면 Martin 등(2005)은 젊은 사람이 포함된 그 조정 집단에 결과에 대한 피드백을 줌으로써 연구의 타당도를 증가시켰다고만 썼다. 이런 식의 결과 가능성 확인을 '연구 참가자 점검(member checking)'이라고 하는데, 이는 연구자의 해석이 맞는지를 응답자의 이해와 일치하는 정보원(原)으로 점검하는 것이다.

자료 분석 및 결과

연구를 평가할 때 중요한 것은 어떻게 자료가 분석되었는지를 독자가 알아야 한다는 것이다. 그래서 독자는 수집한 자료와 결과 사이의 정확한 연결을 얻게 된다. 이것은 연구자가 백분위나 표와 그래프를 통해 간단하게 설명할 수도 있고, 추론적 통계를 사용해 더 복잡하게 할 수도 있다. 질적 연구에서는 자료 분석을 정해 놓은 범주의 정의, 다양한 수준의 내용 분석, 코딩 등을 통해 한다. 양적 및 질적 틀은 결과에서 야기되는 논의로부터 실제 결과를 분리해 내는 측면에서도 다를 수 있다. 양적 연구는 대개 가치 판단적이 아닌 방식(value-free way)으로 정의되는데, 이는 단순하게 말하자면 나타난 결과를 더 넓은 맥락에서 해석하지 않은 채로 보고하는 것이다. 대개 각 이론적 틀의 맥락 내에서 해석, 이전의 작업과 목표, 문제 또는 가설을 제공하는 별도의 논의가 따른다. 질적 연구에서는 그 결과를 유사한 방식으로 구조화하기도 하지만 항상 그런 것은 아니다. 예를 들면, 앞에서 설명한 것처럼 근거 이론 접근(grounded theory approach)은 특정 조사를 통해 생성된 자료를 기술할 것이며 다른 연구와의 비교를 통해 새로운 범주들을 입증하고자 한다. 자료 분석과 결과를 평가할 때 당신은 정확한 테크닉이 적절히 사용되었는지에 대해 분별 있는 판단을 해야 한다. 예를 들어, 만일 연구자가 특정한 통계 검증을 하였다면 그 검증은 그런 유형의 자료 분석에 적절한가? 만일 모수치 검증을 사용했다면 그 자료가 정상분포를 이루었는지, 표집은 무선적으로 선정되었으며 적절한 크기인지, 사용된 측정치들은 최소한 간격척도인지 등이다(이와 관련된 몇 가지 문제는 5, 6, 7장에서 다룬다). 이러한 질문들이 다루기에 약간은 겁나고 낯설게 느껴지더라도 걱정하지 말라. 여기서 중요한 점은 당신이 물어야 하는 질문들이 있다는 것을 인식해야만 한다는 것이다. 심지어 그러한 질문들이 무엇인지를 밝히는 데 도움이 필요할지라도 그러한 점을 알고는 있어야 한다.

두 연구는 결과를 보고하는 접근방법에서 대비가 된다. Hendriks 등(2005)의 연구에는 별도의 결론 부분 뒤에 별도의 논의 부분이 있다. DNase 처치 사전·사후의 생리적 지표의 차이를 밝히기 위해 Wilcoxon 대응표본 부호순위검정(Wilcoxon matched pairs signed rank sum test)을 사용하여 분석하였다. 이것은 비모수적 분석이며 분석될 자료의 유형에 적합하였다. Martin 등(2005)의 연구에서는 결과와 함께 논의의 요소들을 합쳐서 제시하고 뒤이어 논의와 결론을 합쳐서 제시하였다. 전자의 연구는 기술 통계와 추론적 통계의 범위를 사용하고 자료를 기술하며 분석한 반면에, Martin 등(2005)은 면접과 표적 집단(focus group)의 기록으로부터 축어록 자료를 사용한 주제들과 하위 주제들을 기술하여 의미와 반응을 설명하였다.

결론, 제안 및 제한점

평가의 마지막 측면은 미진한 부분들에 대해 마무리를 짓고 앞으로 나아갈 길에 관한 것이다. 다른 학문들과 마찬가지로 연구는 물론 결론을 내려야 하고, 연구는 새로운 사실이나 관계의 발견에 대한 것이기 때문에 현장에의 적용, 미래 연구 및 다른 제안의 관점으로 정의되어야 한다. 이러한 것들은 연구의 제한점이라는 맥락 내에서 만들어져야 한다. 예를 들어, 어떤 연구가 편의표집을 사용하였다면 모집단에의 일반화가 부적절함을 언급해야 할 것이다. 따라서 앞으로의 연구에서는 다른 표집 전략을 수행해야 한다고 제안할 수 있다.

결론은 '매듭을 짓는 것(closing the loop)', 즉 앞서 제기한 문제를 확인하는 것이고 연구의 완성도를 높이는 것이다. 이 장의 시작 부분에서 연구는 잘 계획된 여행가 같다고 비유하였다. 그러므로 결론은 목적지 도착으로 보는 것이 유용할 것이다. 즉, 그곳에 앉아서 휴식을 취하고, 지금까지의 여행을 되돌아보고, 이제 도착한 곳에서 할 일이 무엇인가 계획을 하며, 다음 여행을 기약하는 것이라고 할 수 있다.

마지막으로 두 연구로 다시 돌아가자면, Hendriks 등(2005)의 연구는 그들이 조사를 통해 찾은 것들을 요약하고, 그들의 연구가 그 분야의 기존의 지식 기반에 어떻게 도움이 되었는지를 언급하며, 그들의 연구 결과가 앞으로의 연구를 위해 제안하고자 하는 것으로 결론을 지었다. Martin 등(2005)의 연구는 재원 부족과 고립 및 지지를 포함한 탐구의 주요 주제를 강조한다. 그리고 실제 이것이 연구의 목표는 아니었으며 자료 수집을 할 때도 그런 점이 드러나지는 않았지만, 연구는 여러 기관이 함께 공조하여 일하는 것이 그 연구에 참가한 젊은이 같은 사람들에게 도움이 될 것이라고 길게 논의하였다. 두 연구는 연구 결과를 일반화할 수 없는 점이 자신들의 연구의 제한점이라고 명확히 인식하였다.

결론

다른 사람들의 연구를 평가하는 것은 두 가지 이유에서 중요하다. 첫째, 당신의 전문 영역 내에서 지식 기반에 대한 정보를 알기 위해서는 어떤 연구가 이루어져 왔고 이루어지고 있는지를 알아야 하며 그 연구를 분석할 수 있어야 한다. 둘째, 만약 자신이 연구를 수행하고자 한다면 당신을 안내해 줄 이전 연구를 총명하게 쓸 줄 알아야 한다. 연구 평가과정은 어려운 것이 아니라 현장에서의 실천과 연구에 대한 지식을 포함해야 한다.

이 장에서는 대조되는 두 개의 연구 논문을 가지고, 간략히 연구 평가에 중요한 부분을 논문을 읽을 때 숙고해야 하는 예로 강조했다.

실습 4.1 정보를 찾는 법

이 실습은 정보에 접근하는 기술을 개선하기 위해 좁은 영역에서 철저히 검색하는 연습을 할 수 있도록 하였다.

이 실천의 과정에서 부딪히는 문제와 도움을 받은 것을 메모해 두고 어디서 누구에게서 도움을 받았는지도 메모하여, 문제의 답을 찾는 데 미래에 도움이 될 수 있는 정보를 정리한다.

아동에 대해 더 많이 알아 두면 좋은 부분에 대해서 생각해 보자. 아무것도 생각나지 않는다면 아이디어를 얻기 위해 **실습 3.1**의 연구 아이디어를 본다. 그러고 나서,

- 도서관에 가서 일반 논문이나 주제와 관련된 책을 보고 거기서 두개의 핵심 어휘를 찾는다.
- 어떤 데이터베이스가 접근 가능한지 알아낸다.
- 사서에게 데이터베이스 중 하나를 사용하는 방법을 보여 달라고 한다.
- 위의 핵심 어휘를 이용해 데이터베이스를 검색한다.
- 어떤 정보원(原)을 도서관에서 구할 수 있는지 알아낸다.

인터넷 접속이 가능하다면 핵심 어휘를 웹에서 검색하여 어떤 정보를 찾을 수 있는지 본다.

실습 4.2 중요한 연구의 비평적 평가

이 실습은 비평적 평가를 체험하게 하는 것이 목표이다.

- 이 장에서 평가한 두 개의 연구를 찾아본다.
- 그리고 다른 연구 하나를 고른다. **실습 3.1**에서 선택한 연구여도 좋다.
- 이 장에서 기술한 과정을 따르고, 어렵다고 생각되는 것들을 메모한다.

제 5 장

아동 연구 설계 및 수행: 질문의 중요성

이 장의 학습목표

첫째, 아동 연구의 설계와 수행에 있어서 질문이 어떤 역할을 하는지를 검토하고, 가설과 연구 질문의 차이를 구분한다.
둘째, 핵심 연구 원칙인 신뢰도와 타당도를 소개한다.
셋째, 아동 연구 수행 시에 신뢰도와 타당도가 높은 질문을 만들어 내기 위한 실용적 가이드를 제시한다.

한 어린아이에게 "수상(Prime Minister)이 뭐지?"라는 질문을 던졌다고 하자. 그 아이는 맞는 답을 말할 수도 있고, '사람들을 결혼시키는 사람'이라는 식의 예상 외 대답을 할 수도 있으며, 혹은 '오븐 안에 넣는 파란 것'과 같은 전혀 연관성이 없는 대답을 할 수도 있다. 이와 같이 아이들의 대답을 예측할 수 없다는 점은 어른들에게 즐거움을 줄 뿐더러 아이들의 생각은 보통과 다르다는 것을 보여 준다. 아동과 질문 사이의 관계는 여러 면에서 특별하다—아동을 대상으로 하는 연구를 설계하면서 당신 자신에게 던져야 하는 질문들, 당신의 연구 질문들 안에 깔려 있을지 모르는 전제들에 의문 갖기, 아동들에 대해 의문 갖기. 예를 들어, 아동과 어머니의 관계, 특히 어머니가 떠날 때 아동이 어떤 감정을 느끼는지를 연구하려 한다고 하자. 그렇다면 어떻게 이 연구를 수행할 것인지 미리 설계되어야 하고, 다음과 같은 질문을 스스로에게 던져야 할 것이다—기본적인 연구 주제는 무엇인가? 무엇을 연구할 것인가? 누구를 대상으로 연구할 것이며 언제 할 것인가? 지금 구상하는 연구방법은 신뢰할 수 있고 타당한가? 등.

연구의 목적과 중요성이 뚜렷하게 연구 주제에 반영되어 있지 않다면 연구 설계가 흔들리기 쉽다. 따라서 왜 이 연구가 중요한지, 또 누가 이 연구 결과에 관심을 가질지를 생각해 보는 것이 유용하다. 기본적인 설계와 목적을 설립한 후에는 그 목적이 어떠한 이론적 또는 대중적 전제를 토대로 설립된 것이 아닌지 자문하는 것이 현명하다. 지금 예로 들고 있는 연구의 주제는 정상적인 발달을 위해서는 안정적인 어머니-아동 관계가 필수적이라는 전제하에 설립된 것일 수 있다. 연구자는 이 전제를 뒷받침하는 증거들의 출처를 검토해야 한다. 연구 결과인가 아니면 임상 증거인가? 일반 상식이나 개인의 신념, 혹은 정치적 또는 직업적 이상에 근거한 것은 아닌가? 마지막으로, 아이들에게 질문할 수 있다. 엄마가 가버렸을 때 아이의 기분을 알아보기 위해 "엄마가 널 병원에 두고 갔을 때 기분이 어땠니?"라고 아이들에게 직접 물을 수도 있다. 초등학생들만을 대상으로 한 것이라 해도 이 질문의 효율성은 아이의 나이와 구술 능력에 따라 달라진다. 비교적 어린아이들은 대처 능력이 더 떨어지고, 연구자들로 하여금 이야기, 인형, 모래와 그림 그리기를 동원하게 만들 것이다.

아동 연구의 설계와 수행에 있어서 질문을 던지는 것은 축적되어야 할 기술이며, 이를 효율적으로 훈련한다면 연구 절차의 모든 단계에서 생길 수 있는 문제점에 대응하는 데 도움이 될 것이다. 이에 관해 다음 절에서 더욱 자세히 다룰 것이다.

연구 설계를 위한 질문

이제 연구 지도교수가 당신에게 '연구 지침서'를 넘겨준 셈인데 어떤가? 흥분, 기대, 그리고 앞으로 다가올 새 도전과 당신의 열정이 깃든 연구 주제를 탐구할 기회에 가슴이 마구 뛰고 있을지도 모르겠다. 아니면 주제를 생각해 내고 새로운 연구 기술을 연마해야 한다는 두려움과 부담감에 가슴이 철렁했을지도 모른다. 가장 뛰어난 연구는 대개 '예감'을 가진 연구자로부터 나오고, 또 그런 예감을 지니고 시작하는 자들은 이 도전에 대해 낙관적이기 마련이다. 그런 예감은 연구자가 평소에 학교, 병원, 가정에서 일을 하면서 한 관찰이나 부모 혹은 자식의 입장으로서 연구자의 실제 경험에서 나올 수 있다. 어떤 곳에서 생긴 예감이든 간에 그것은 연구자가 관심을 가지고 있고, 따라서 연구자에게 흥미와 열정을 불러일으키는 것이다. 연구를 하며 겪는 난관은 연구대상에 완전히 푹 빠져 있는 연구자들만이 이겨 낼 수 있다는 말이 있다. 적절한 질문과 접근방식을 알아내는 것은 흥미로운 연구와 시시한 연구의 차이를 만든다. 또 그만큼 중요한 것은 어째서 그런 질문들을 던져야 하는지를 아는 것이다. 그러므로 연구 질문을 탐구하기 전에 연구자들은 아동에 대해 이런 의문을 갖는 것이 왜 중요한가? 이 질문의 답은 누구를 위해서 무얼 해 줄 수 있는가? 이것은 객관적으로 시험할 수 있는 것인가, 아니면 주관적이거나 설명적인 것인가? 같은 물음을 자문해야 할 것이다.

아동에 대한 질문의 중요성

일반적으로 보면 모든 아동 관련 질문은 그것이 우리 실생활에 중요성을 가질 때에만 중요하다. 게다가 아동 발달 필요 사항을 충족시키기 위한 개인과 단체의 협력을 강조하는 최근 정책 덕분에 아동 연구계의 분위기는 전에 없이 좋다. 지난 세대에 걸쳐 일어난 캠코더나 녹음기 등의 기술적 발달은 확장된 연구의 기회를 가져다주었다. 미묘한 관계나 순간적인 손동작과 같은 행동들을 카메라로 잡아내어 컴퓨터로 여러 번에 걸쳐 분석할 수 있게 됨으로써 연구의 힘이 더욱 커졌다. **그림 5.1**과 같은 고품질 비디오 자료는 자연스럽고 자유로운 환경 또는 설계된 실험실에서의 아동 행동과 관계의 세세한 조사를 가능케 한다. 이제 연구자들은 전에 할 수 없었던 연구들을 보다 많이, 빨리, 잘할 수 있게 되었다. 이러한 아동 연구계의 분위기를 보면 이와 같은 연구를 하는 것은 어쩌면 당연한 일이다. 그 외에도 아동에 대한 연구를 할 좋은 이유가 많은데, 아동은 성장이 빨라 발달 변화과정과 개입의 성과를 단시간 내에 관찰하기 용이하다는 점, 아동에게서 알아낸 것을 성인에게도 적용할 수 있다는 점, 아동 연구가 의사들의 지식을 넓히고 진료를 발전시킬 수 있다는 점, 아동의 특성과 발달에 대한 이론들이 아동 연구 결과로 보충되거나 반증되곤 한다는 점이 그것이다. 더욱 최근에는 아동의 관점을 묻고 참여 연구자로서 연구에 적극 참여시킴으로써 아동의 목소리를 직접 듣고 그들의 영향력을 신장시키는 연구방법이 발전하였다. 연구, 이론, 실행, 이 셋의 관련성은 2장에서 더 자세히 다루었다. 그 질문은 연구자에게 개인적인 의미가 있는

그림 5.1 상세한 행동 분석을 가능하게 하는 연구의 동영상 장면

것일 수 있다. 과연 연구 질문의 존재의 이유(raison d'être)가 바로 연구자의 어린 시절 질병, 학대, 입양, 정서행동장애, 학교생활, 혹은 관계의 어려움에서 시작된 경우가 있다. 마지막으로 그리고 가장 중요한 것은 연구 질문이 아동 본인들에게 중요한 것인지, 그리고 그들의 삶을 더 낫게 할 수 있는지이다. 사실 연구 질문이란 지금까지 언급한 모든 방면에 있어 중요한 것이어야 한다.

연구 질문이 질문답지 못한 경우

아동 연구를 하고 싶어 하는 사람들은 다양한 직업 배경을 가지고 있다. 그중 아동 건강, 사회적 보육과 교육이 대표적인 예이다. 관련 학문인 심리학, 생물학, 사회학은 제각각의 분야에서 선호하는 연구 질문의 방식이 있다. 예를 들면, 애착관계의 특성을 볼 때 생물학자는 "어머니와 아동을 분리시킬 때 타액 내의 스트레스 지표가 상승하는가?"라는 질문을 할 것이다. 한편 발달심리학자는 "불안정한 애착관계를 가진 아동은 안정적 애착관계를 아진 아동에 비해 심리사회적 기능이 떨어지는가?"라는 질문을 할 것이고, 사회복지사는 "양부모와 불안정한 애착관계를 맺고 있는 아동의 사회적 경력은 어떠한가?"라고 물을 수 있을 것이다. 물론 다 의미 있는 연구 질문이지만 이들 사이에 중요한 차이가 있다. 처음 두 질문은 구체적인 검사 문항과 장비를 이용하는 객관적 검사나 실험을 요한다. 연구에서는 이와 같이 두 변인의 관계를 제시하는 질문을 가설이라 한다. 애착의 안정도와 아동의 정서이해 평가 검사의 수행은 변인의 예이다. 가설이 제시하는 변인 간의 관계는 이론에 기반을 두고 있기에(이 예에서는 애착 이론), 그 관계에 대한 예측을 하고 통제된 실험을 통해 시험해 볼 수 있는 것이다. 일반적으로 예측이란 어떤 것(독립변인)의 변화가 다른 것(종속변인)에 영향을 미친다는 식의 명제이다. 따라서 애착의 안정도가 변화할 때 그것이 정서이해 평가의 수행에 영향을 준다고 예측한다. 이런 종류의 연구 목적은 단순히 아동 행동을 기술하는 것이 아니라 그 행동들의 이유를 찾아내는 데에 있고, 그 결과는 여러 아동들을 평가하여 얻어진 만큼 큰 의미를 지닌다.

사회복지사들이 제시하는 질문은 조금 다른 해석을 요한다. 이 경우의 관심사는 고유의 성장 배경을 가진 개인으로서의 아동이다. 가설을 세우기보다는 질문을 하는 것이 주가 될 것이며, 그 질문들은 주관적이고 이 아동에게 어떤 일이 일어나고 있는지를 묘사하는 데 중점을 둘 것이다. 질문은 "이 아이의 사회적 배경은 어떠한가?"와 같이 아주 일반적일 수도 있지만 특정 이론을 사용하고자 하는 의도가 담겨 있을 수도 있다("애착 이론은 이 특정 아동의 이해를 어떻게 도울 수 있으며 우리는 어떻게 이 아동을 도와줄 수 있는가?"). 연구의 목적이 설명을 구하는 것인가 아니면 이해를 구하는 것인가는 이 두 접근방식의 주요 차이점이다.

표 5.1은 연구 가설과 연구 질문의 차이점을 서술한 것이고, **글상자 5.1**에는 연구 문제의 전개를 제시하였다.

글상자 5.1 연구 문제의 전개

줄리는 교사 훈련 코스를 밟고 있으며 유치반에서 일하기를 희망한다. 경험 있는 수업 보조자로서 그녀는 유치원의 가장 어린 아이들이 나이가 많은 아이들보다 소란한 행동을 더 한다는 것을 알아챘다. 게다가 그녀는 최소 4세의 아이부터 학교를 다닐 수 있게 하는 최근 법안에 대해 우려하던 차였다. 그녀는 텔레비전 토론 방송과 국내 신문을 읽고 있다. 그녀는 이렇게 아주 어린, 그리고 발달적으로 가장 결정적 시기에 있는 아이들이 이번 법안으로 인해 장기적 발달에 어떤 영향을 받을지를 아무도 상관치 않는다는 것에 불만을 가지고 있다. 그녀는 이것이 좋은 연구 주제라고 생각해 여러 가지 연구 질문을 생각해 내어 슈퍼바이저와 상의하려 한다.

줄리는 먼저 자신이 설정한 가정과 기존 권위자들에 의해 설정된 가정들을 의심해 보아야 한다. 그녀의 관점은 나이가 어린 아이들은 어떤 면에서 취약하다는 가정에 기반한다. 그렇다면 이것이 모든 저연령 아이들에게 해당될까, 아니면 어떤 특정 저연령 아이들은 나이가 많은 유치원생들만큼 잘 적응할 수 있을까? 이 시점에서 그녀가 가진 것은 제한된 개인적 경험에 기반한 의견과 아동이 발달과정에서 결정적 단계를 거친다는 이론에 기반한 믿음뿐이다. 그녀는 이 의견과 믿음에 질문을 던지고, 자신의 견해를 뒷받침할 수 있는 '과학적' 근거를 마련해야 한다. 줄리는 여러 연구 학술지를 참고하여 현재까지 알려진 아주 어린 아이들의 조직적 학교생활에의 적응 능력에 대해 알아본다. 그녀는 지금까지 이에 관한 체계적인 연구가 시행되지 않았으며 '과학적' 근거 역시 없음을 알아냈다. 이것이 그녀의 연구의 이론적 근거이고 중요성이다. 아주 어린 아이들의 발달을 저해할 가능성이 있는 정책 변화가 그것을 합리화할 만한 조사 없이 일어나고 있다. 이것은 그녀가 더 깊이 연구할 주제를 찾아냈다는 뜻이지만, 또한 그녀의 연구가 기존의 과학적 연구 성과에 근거를 더한다기보다는 탐색 조사를 해야 한다는 것이기도 하다. 그 둘의 차이는 "유치원 취학이 아주 어린 아이들의 행동에 영향이 있는가, 있다면 무엇인가?"와 같은 일반적인 질문을 하는 것과 "유치원의 아주 어린 아이들은 나이가 더 많은 아이들에 비해 더 많은 행동적/정서적 문제를 나타낼 것이다."와 같은 아주 구체적인 가설을 예측하는 차이이다.

연구 설계: 기본적인 질문

일단 연구 질문이나 가설을 세우고 중요성을 입증받으면, 연구자는 누구를 대상으로 언제 정확히 무엇을 할 것인지 따위를 포함한 기본 설계를 해

표 5.1 가설이나 탐색적 질문의 형태로 표현된 연구 질문의 예

가설의 형태(설명을 구함)	질문의 형태(이해를 구함)
어떤 육아방식이 아동의 정서적/행동적 문제를 일으키는가?	아동과 부모의 관계에 대해 그들 스스로는 어떻게 생각하고 느끼는가?
어떤 사회적/환경적 변인이 아동 학대 여부와 관련이 있는가?	부모와 아동은 아동 학대의 경험을 어떻게 정의하는가?
아동의 나이, 성별, 성격과 같은 특성과 가족 불화는 어떤 관계가 있는가?	불화가 있는 가정의 아동들은 갈등과 이혼에 대해 어떻게 지각하는가?
결정 요인, 예측, 통계적 관계에 중점을 둔다. 이런 질문들은 아동의 행동과 발달 현상이 왜 일어나는지 찾으려 한다.	기술(記述)과 연구 참가자 관점의 해석에 중점을 둔다. 이런 질문들은 아동의 세계 속에서 무엇이 일어나고 있는지를 이해하려 하고, 아동이 연구를 안내한다.

출처: Hatch (ed.) (1995) *Qualitative Research in Early Childhood Settings.* © J. Amos Hatch, Praeger Publishers, 1995. 허락하에 게재함.

야 한다.

누구를? 연구의 목적, 연구 질문이나 가설을 봤을 때 누가 연구대상이 되어야 할까? 영아, 유아, 미취학 아동, 취학 대상의 아동, 청소년, 어머니와 아동을 묶은 쌍 단위, 가족 전체, 아니면 다양한 연령대의 아동들? 어떤 특수한 집단이나 여러 분야의 전문 직업 종사자들(사회복지사, 아이를 맡아 보는 사람, 중재자, 간호사, 교사, 의사, 정신과 의사, 서비스 관리자)의 참여를 필요로 하는 연구일지도 모른다. 남자 아이만을 대상으로 할 것인가, 아니면 여자 아이도 포함할 것인가? 어머니보다 아버지의 역할이 중요한 연구인가, 아니면 부모 둘 다 똑같이 중요한가? 또 하나의 중요한 문제는 몇 명의 대상자를 쓰느냐이다. 고작 10명의 아동들에게 성격 검사를 하고 그 결과를 학교 성적과 비교한다면 연구자는 그 결론에 큰 자신을 갖지 못할 것이다. 그렇지만 1,000명의 아동들을 대상으로 같은 검사를 한다면 훨씬 더 믿을 만한 결과를 얻을 수 있을 것이다. 또 하나 명심할 점은 연구 표집이 일반 모집단을 대표할 수 있는지를 확인하는 것이다. 이 예에서는 다양한 능력과 문화적 배경을 가진 아동들을 표집에 포함시키는 것이 되겠다. 위의 예는 일반화와 예측을 목적으로 하는 가설을 시험하는 데 알맞다. 하지만 연구의 목적이 어떤 특정 아동이나 관계에 대한 관찰이라면 연구 표집이 클 필요는 없다.

무엇을? 연구대상자들에게/과 무엇을 할 것인가? 연구 참가자들을 어떤 특정 처치나 조건에 놓고 그에 따라 어떤 결과가 나타나는지를 보는 것이 연구의 목적일 수 있다. 아동들이 자존감을 높이는 세미나를 치른 후 성취 검사에서 더 좋은 성적을 올리는지 검증하는 것이 연구의 목적이라면 **실험적** 설계가 사용되어야 한다. 단순히 아동들의 자존감과 성취 검사 간의 관련성을 관찰/측정하는 것이 목적이라면 **상관적** 설계가 필요하다. 또 한편으로, 읽기장애를 가진 특정 아동에 집중해 아동과 교사 각각의 의견과 다른 학교/의료/사회적 기록, 그리고 이 아동에게 어떤 교사의 방침이 효과가 있거나 없었는지를 종합해 그 아동의 읽기 능력에 대한 심도 있는 분석을 하는 것이 목적이라면 **사례 연구** 설계를 해야 한다. 지금 소개된 것들 외의 설계방식은 6, 7장에서 자세히 설명한다. 이를 뒷받침하는 이론적 틀은 3장에서 다루었다.

언제? 연구 참가자들을 한 번만 평가해도 되는가 아니면 여러 번에 걸쳐 해야 하는가? 현재의 자존감과 평가 성적을 관련짓는 연구라면 한 번으로 충분하다. 개입 전후의 평가 성적 변화를 보는 연구라면 적어도 두 번의(개입 전과 개입 후) 평가를 해야 한다. 아동의 발달과정 경로를 보는 연구라면 유년기 전체의 발달과정을 계속적으로 평가해야 할 것이다. 장기적인 결과가 영향을 주는 결정적 단계로 알려진 생후 18개월 때의 평가를 미취학기, 초등 학생기, 청소년기, 그리고 그 이후 시기의 여러 가지 수치/평가 결과와 관련지어 볼 수 있기 때문이다. 특정 아동/여러 아동들을 장기적으로 관찰하는 이런 연구방식을 **종단적 설계**라고 한다. 비슷하게 이보다 좀 덜 시간이 걸리는 방식은 각기 다른 연령대의 아동들에게 같은 평가를 해 보는 것이다. 초등학생들의 자존감과 성취 평가 결과를 청소년들의 결과와 비교하는 것이다. 이 방식은 효율적이지만 개개인의 발달 경로를 파악할 수는 없으며, **횡단적 설계**라 불린다.

기본적인 아동 연구 설계 유형이 **표 5.2**에 나와 있다. 이 설계 유형들은 보통 큰 표집 사용 시에 이용되나 대부분은 개인 사례 연구에도 적용

표 5.2 기본적인 아동 연구 설계의 유형 정리

설계	특징	목적	장단점
횡단적 연구	다양한 연령층의 아동들을 동시에 평가	연령별로 표준적인 발달 규준을 기술하기 위함	빠르고 효율적이며 경제적이다. 개인의 발달에 대해서는 알 수 없다.
종단적 연구	같은 아동들이 성장하는 과정을 주기적으로 평가	특정 집단이나 개인 아동의 발달 변화를 알기 위함	발달의 연속성을 이해한다. 과정 중 참가자가 탈락될 수 있으며 참가자들이 평가에 대해 알고 임하게 된다.
상관 연구	동시에 수행한 여러 가지의 아동 평가 결과들 사이의 상관관계를 평가	두 명 이상 아동의 평가 점수들의 상관관계와 그에 대한 설명을 알기 위함	수행이 간단하다. 인과관계와 다른 변인들에 대한 결론을 얻을 수 없다.
실험 연구	실험자가 독립변인이나 개입을 통제	아동의 행동과 발달을 설명하는 가설을 검증하기 위함	아동 발달에서의 인과관계를 뒷받침하는 증거를 얻을 수 있다.

가능하다. 한 특정 아동에 대해 종단적으로 연구하거나, 실험적 개입을 가한 후 학교 성적, 사회적 원만도, 건강, 애착 안정도, 자존감 등과 같은 여러 평가들 간의 관계를 연구할 수도 있다.

신뢰도와 타당도의 문제

이번에는 장애가 있거나 사고로 인해 불구가 되었거나 외형이 변형된 아동의 자존감을 평가하는 연구를 한다고 가정해 보자. 그리고 현존하는 측정방법 중에는 연구자의 관심사인 특정 이슈에 알맞게 구체적인 것이 없어서 연구자가 새로운 측정방법을 만들어 내었다고 하자. 이 새롭게 만들어진 측정도구가 얼마나 정확한지, 또 연구자가 평가하고자 의도한 것을 제대로 평가해 내는지 어떻게 알 수 있는가? 모든 평가도구에 있어 그것이 얼마나 잘 평가해 내는 척도가 되는지 어떻게 알 수 있는가? 어떤 평가도구의 정확도에 대해 자신할 수 있기 위해서는 그 도구의 **신뢰도**와 **타당도**를 알아야 한다.

신뢰도

신뢰도가 높은 평가도구라면 알고자 하는 행동이나 구성개념－이 예에서는 자존감－에 대해 일정한 측정 결과가 나와야 한다. 같은 아동들에게 여러 번에 걸쳐 같은 자존감 평가 문항지를 주고 답하게 했는데 그 결과가 때에 따라 높기도 하고 낮기도 하다면, 이 평가가 정말 자존감을 측정하는 것인지 그리고 자존감이라는 개념이 그 자체로서 변하지 않는 일정한 것인지 알 수 없을 것이다. 매주 월요일 아침마다 한 아동의 IQ 테스트를 했는데 그 결과가 매번 크게 다르다면, 그 IQ 측정도구가 그 아동의

아동	혼자 놀기의 빈도	
	관찰자 A	관찰자 B
1	5	5
2	2	2
3	6	6

그림 5.2 관찰자 간 검증의 예

실제 지능을 파악하는 데 도움이 되지 않는다고 할 수 있는 것과 같이 말이다. 신뢰도를 보장하는 또 하나의 방법으로는 **관찰자 간 신뢰도**가 있다. 이것은 두 명의 평가자가 어떤 도구를 이용해 측정한 점수나 관찰된 행동 코드에 합의하는지를 보는 절차이다. 결과에 대한 두 독립적인 '관찰자들' 간의 상관관계/합의도가 높을수록 그 행동 코드나 도구의 신뢰도가 높다. 만약 관찰을 통해 아동이 혼자 노는 정도를 평가하는 것이 목적이라면 **그림 5.2**와 같이 관찰자 간 신뢰도 검증을 할 것이다.

이 경우에는 두 관찰자 간의 평가가 완전히 일치하고 있는 듯 보인다. 하지만 인간의 행동이란 언제나 어느 정도의 주관성과 비일관성(무선오차)이 따르기에, 보통은 (완벽하지는 않은) 그저 준수한 정도의 상관관계/합의도도 용인된다. 여러 가지의 행동을 평가하는 경우나 많은 수의 참가자가 있을 경우에는 알맞은 통계 검증을 거쳐야 한다(6장 참조). 또 하나의 신뢰도로는 **내적 일치도**가 있다. 신체상(body image)을 측정하는 평가 문항지에 10개의 문항이 있다고 할 때, 자존감에서 높은 점수를 받는 아동이 다른 문항들에서도 비슷하게 높은 점수를 받을 것이라 예측할 수 있다. 평가도구 속의 모든 문항들이 비슷한 결과로 나올 때 내적으로 일치된다고 한다. 연구도구의 신뢰도를 성립하는 것은 길고 복잡한 일이기에, 초보 연구자들은 이미 신뢰도를 인정받은 기존의 도구를 사용하는 것이 권장된다.

타당도

연구자로서 당신은 자신의 자료에 대해 많은 질문을 던져야 할 것이다. 자존감지수나 행동지수를 얻었다면 "나의 자료는 앞뒤가 맞는가? 내가 측정하고자 한 것을 측정했는가?"와 같은 질문을 던져야 한다. 만약 자존감이 낮은 아동을 대하는 전략에 대해 어떤 전문직 집단을 면담했는데, 그들이 자신들의 경험에 대해 길게 서술했지만 그들이 실제로는 그러한 전략을 실행에 옮길 기회가 사실상 적다면, 원칙적으로 당신의 방법은 원래 측정하고자 한 것을 측정하지 못한 것이다. 그 방식은 **안면타당도**가 없는 것이다. 자신감이 많은 아동 집단을 대상으로 당신의 자존감 측정 문항을 주었는데 그 결과가 하나같이 낮았다면, 당신의 측정도구의 안면타당도와 그것의 자존감 측정 유용성을 의심해 보아야 할 것이다. 연구실에서 이루어지는 실험 연구가 연구실 밖의 실제 사회와 아동이 맺고 있는 진정한 관계의 특성을 제대로 잡아내지 못한다는 주장이 있다. 이와 같은 연구는 생태적 타당도가 낮다고 하며, 이런 경우에는 연구자들이 연구 결과를 실생활에 대입시켜 해석해야 한다. 대신 통제된 실험 연구는 오염변인들을 체계적으로 통제하기 때문에 높은 내적 타당도를 갖는다. **그림 5.3**에서 보듯이 꽤 많은 수의 아동-가족 심리학 연구는 준자연적(quasi-naturalistic) 환경 속에서 이루어진다. **그림 5.3**은 실제 가정을 본떠 만들었으며, 관찰/녹화 설비를 설치한 연구실 설정을 보여 준다. 이런 식의 연구 환경은 어떤 장단점이 있을까?

생태적 타당도는 가정, 학교, 놀이터, 병원, 동네와 같은 자연적인 환경에서 부모, 또래, 전문가와 같은 아동에게 친숙한 사람들을 연구에 활용하는 자연적 연구를 늘림으로써 향상될 수 있다. 연구자들이 선생님, 간호사, 혹은 돌봐 주는 사람의 역할을 함으로써 직접 '참가자'가 되는 경우도 있다.

연구방법의 신뢰도와 타당도란 절대 완벽해질 수 없는 것인지도 모른다. 아무리 신뢰도가 높은 도구라도 타당도가 낮을 수 있다. 타당도를 평가하는 것이 신뢰도의 경우보다 어려운 것은 사실이지만, 같은 개념을 측정하게 되어 있는 다양한 도구와 방식을 사용하여 비슷한 결과를 얻도록 하고 그 다양한 결과치들이 의미 있는 연관관계를 갖는지 분석함으로써 연구의 타당도를 높이는 것이 가능하다. 이 방식은 연역적 모델—이론으로부터 나오며 가설 검증을 하는 모델—을 사용하는 연구자들이 가장 많이 쓴다. **삼각측량법**(triangulation)은 귀납적 모델—탐구적·주관적 질문과 연구 참여자들의 관점을 수용하는 모델—을 사용하는 연구자들이 쓴다(연역적 모델과 귀납적 모델에 관해서는 3장에서 자세히 설명했다). 삼각측량법은 연구자들로 하여금 참여자들이 보이는 변동하는 현실을 어느 정도 잡아내도록 해 준다. 사례 연구 삼각측량법이란 어떤 현상을 다수의(보통 세 개) 관점을 통해 해석하는 것이다. 어려운 환경의 아동들을 대하는 기관에서 사용하는 한계 기준(agency threshold)에 대해 연구할 때도 이와 비슷한 면담을 현장 직원, 서비스 관리인과 부모에게 할 수 있다. 삼각측량법은 다수의 연구자들을 영입하거나 아니면 이와 같은 방법을 여러 가지 섞어서 사용할 때도 해당된다.

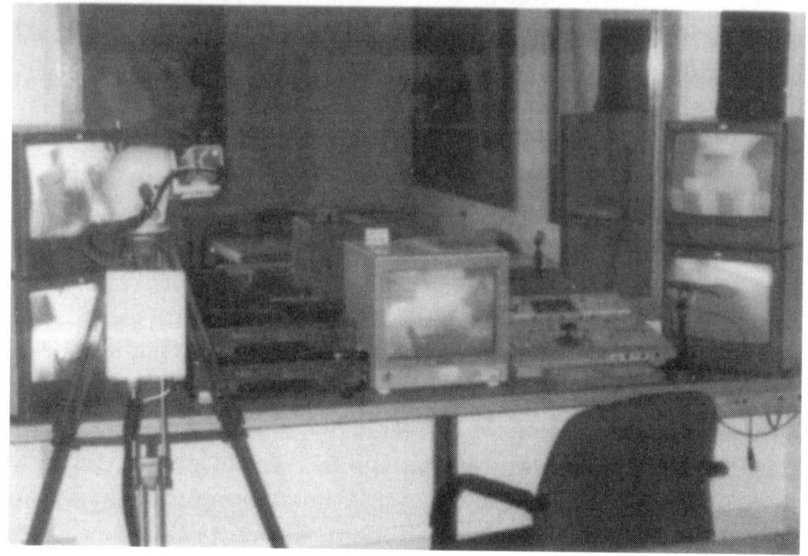

그림 5.3 관찰경(觀察鏡)과 녹화 장치를 둔 가정 세팅 실험실

가정에 대한 질문

연구자 역시 한때는 아이였는데, "아이로서 사는 것은 어떤 것인가? 이 아이는 어떻게 생각하고 느끼는가? 내가 그것을 어떻게 알아낼 수 있는가?"와 같은 질문을 진지하게 해야 한다는 것은 어쩌면 아이러니한 일이다. 어른들에게 어린 시절의 느낌과 생각은 적어도 직접적인 의미에서는 이미 사라지고 없고 남은 것은 제각각의 신뢰도와 타당도를 지닌 추억뿐이다. 하지만 위와 같은 질문들을 연구자가 답하려 애쓰지 않는다면 아동에 대한 연구 자체는 의미가 없는 것이 된다. 가장 좋은 출발점은 우리가 보통 가지고 있는 아동과 유년기에 대한 가정들을 의심해 보는 것이다. 아이나 부모로서 겪었던 연구자 자신의 개인적 경험, 직업적 훈련, 정체성과 경험, 문화적 관점, 그리고 현 사회의 유행과 경향 등은 연구자의 유년기에 대한 관점에 영향을 준다. 간호사나 사회복지사처럼 돌봄 직업을 가진 사람들은 자연스럽게 아동을 보살펴야 할 대상으로 본다. 아동을 평가하고 보호해야 하며, 아동의 미래에 대한 결정을 내려야 할 것이다. 이는 매우 값진 일이지만, 한편으로는 아동의 자주성과 아동 자신이 가진 관점을 침해한다는 단점이 있다. 아동은 스스로 자신의 느낌, 필요, 미래에 대해 논할 능력이 없다는 가정이 오랫동안 지속되어 왔다. 이 가정은 분명 거론되어 온 연구 질문들에 영향을 끼쳤고 아동들과 직접 소통하여 그들의 관점을 알아내는 연구방식의 발달을 지연시켰다. 분명 심리학계의 학자들은 아동에 대한 가정을 가지고 있었다. Hill 등(1996)은 아동을 '연구의 대상'으로 보는 심리학자들의 관점을 설명한다. 이것은 심리학자들이 아동의 관점과 주관적인 의견, 그리고 그 관점과 의견을 알아내기 위한 연구방법에 대한 고려를 소홀히 했다는 뜻이다. 실제 심리학적 연구는 아동들에게(to children) 이루어졌지 아동들과 함께(with children) 이루어진 것이 아니다. 어른들에 의해 이론과 가설이 세워졌고, 표준화된 평가나 통제된 실험들이 아동을 대상으로 이루어졌으며, 그 결과는 통계적으로 분석되었다. 이와 같은 심리학 연구는 아동을 연구하는 기술을 크게 향상시켰고(6장 참조), 어떤 연구 질문들은 지금 설명하듯 계속해서 이런 통제된 방식으로 탐구해 나가야 할 것이다. 직업상 가지게 되는 가정도 아동에 대한 관점에 영향을 줄 수 있다. 교사들은 아동을 학습과 발달의 대상으로 보기 쉽다. 게다가 역사적·문화적 경향도 한몫을 한다. 예를 들어, '아동 중심'의 1960년대에 교사 훈련을 받은 선생님이라면 아동을 지식 발달의 주체로 볼 것이며, 적절한 환경과 생물학적인 준비만을 필요로 한다고 생각할 것이다. 20세기 초에 만연한, 아동은 읽기, 쓰기, 산수의 수동적 수용자라는 관점과 비교해 보라. 연구자들은 자신의 직업적 정체성과 가정들이 어떻게 자신의 연구 질문과 방식에 영향을 미치는지 비판적으로 생각해 보아야 한다. 아동이란 당신의 직업적 편리 그 이상의 존재이기 때문이다.

Schaffer(1998)는 아동과 아동 발달에 대한 우리의 관점에 영향을 주는 구체적인 예를 제시한다. 자녀 양육방식, 직장인 엄마, 부모와의 분리, 이혼, 그리고 능숙한 보모로서의 아버지와 같은 것들은 모두 시대의 흐름과 문화의 차이에 따라 각기 다른 정도로 강조되어 온 아동 발달 관련 이슈이다. Schaffer는 또한 기존의 사회 통념에 의해 형성된 아동에 관한 믿음들의 위험성도 경고한다. 이러한 통념들은 대개 개인적인 의견, 추측, 민간 문화, 임상 사례나 자녀 양육 경험의 조합에서 나온다. 과연 이것은 Darwin, Freud, Piaget와 같은 가장 저명한 발달 이론가들에게도 어느 정도 적용된다!

아동 및 아동기에 대하여 성인에게 질문하기

어떤 연구들에서는 아동을 대변하는 성인에게 질문을 하는 것이 필요할 때도 있다. 아동이 너무 어리거나 말을 할 수 없는 경우에 그러기 쉽다. 특정 질문을 직접 아동에게 하는 것이 비윤리적라고 판단된 경우나 연구자가 대상 아동-부모나 아동-양육자 관계, 혹은 아동에 대한 부모나 양육자의 관점에 특별히 관심을 가진 경우일 때도 그렇다. 또 하나의 접근 방식은 부모의 유년기 경험을 평가하고, 그것을 지금 부모가 어떻게 자녀를 보며 어떤 식으로 이해하는지와 연관 지어 보는 것이다. 이 모든 접근은 아동 대상 연구를 하는 모두에게 중요하게 관련된다. 주 연구 질문의 중점이 무엇이든 간에 아동을 잘 아는 성인이나 부모를 대상으로 한 설문지나 면담은 연구에 새로운 차원을 더해 준다. 아동을 돌보거나 아동을 위한 일을 하는 부모와 성인을 면담하는 기술은 7장과 8장에서 자세히 다룬다.

아동에게 질문하기

처음으로 아동에게 질문을 하려는 초보 연구자는 그 과정에 관한 많은 미신을 접하게 될 것이다. 보통 그중에는 아동의 능력에 대한 가정이 포함되어 있다. 어린 아동들에게 직접적인 질문을 하거나 이야기를 해서는 안 된다는 미신이 흔히 있고, 또 아동과 단둘이 대면하거나 어느 정도의 시간 동안 보아서는 안 된다는 믿음도 있다. 미신도 있지만 아동의 나이를 고려했을 때 꼭 신경 써야 할 중요한 부분들도 있다. 아주 어린 아동이나 유치원생은 취학 대상 아동이나 청소년에 비해 의사소통 능력이 떨어진다. 다른 한편으로 그들은 연구자들이 보통 인식하지 못하는 부분에서 놀라운 능력을 나타내기도 한다. 논의의 쟁점이 되는 것은 주로 아동의 인지 능력, 즉 아동의 말의 타당성이나 또 그 말에 대한 연구자의 해석이다.

특정 측정도구들은 신뢰도가 중요할 수 있지만 아동과 대화할 때 중요한 것은 타당도이다. 아동 응답의 정확도는 그들의 발달적 능력(질문을 제시하기 위해 만들어진 과제가 요구하는 바를 수용할 수 있는 능력, 일대일 면담이나 집단 면담을 참아 낼 수 있는 능력, 면담의 취지에 대한 이해 등)에 크게 달려 있다. 질문을 하는 장소—클리닉, 교실, 놀이터, 가정집—에도 사회적 맥락이 따르고 그것이 아동 응답의 타당도에 직접적인 영향을 줄 수 있다. 맥락을 현명하게 고르고, 질문의 설계와 소도구들에 대한 아동의 발달적·개인적 능력을 이해하며, 아동에게 연구를 왜 하는지 또 어떻게 할지를 설명하는 데 연구자는 많은 노력을 기울여야 한다. 연구자는 친근하게 아동을 안심시켜 주는 태도를 보이고 아동이 낯선 환경과 연구에 쓰일 설비나 장난감 등에 익숙해질 수 있도록 충분한 시간을 주어야 한다. 이제 연구자가 아동에게 던질 만한 질문을 살펴보자.

누구? 무엇? 어디서? 아주 어린 아동들은 사람, 물건, 장소를 알아보고 말로 표현하거나 손으로 가리킬 수 있다. 그들은 자기 자신을 남과 구분할 줄 안다. 그러나 아주 어린 아동들은 분류를 잘못하기 쉽다. 모든 성인 남성을 '아빠'라고 지칭하는 것이 그런 경우이다.

왜? 언제? 어떻게? 2세 아동은 간단한 인과관계를 추론해 내고 대상영속성을 이해할 수 있기는 하지만, "왜?", "언제?", "어떻게?"와 같이 설명을 요구하는 질문에 계속적으로 답할 수 있게 되는 것은 취학 시기에 들어서이다.

과거, 현재, 미래 유치원생들은 현재와 과거의 경험에 대해 말할 수 있지만 그들의 시간 개념은 아직 완전히 발달하지 않았다. 기억의 순서와 과거형으로 말하는 것이 그들에겐 쉽지 않다. 만 4세쯤에는 과거형과 미래형을 구사할 수 있게 되지만, 아직 그들의 시간 개념은 반복되는 일상(식사시간이나 TV 프로그램 등)과 연결되어 있다. 시간 개념은 학교에 들어갈 때가 되면서 향상되고 시계와 달력을 읽을 수 있게 된다.

기억에 의존하는 질문 관련된 이슈로는 아동의 기억 능력이 있다. 성인과 같이 아동의 기억도 사건의 정황이나 관련된 감정적 자극에 영향을 받는다. 초등학교를 졸업하기 전의 아동은 성인과 비교할 수 없다. 따라서 어린 아동들은 기억을 할 때 도움이 필요하고, 아동에게 낯익은 장난감을 사용하여 과거의 사건을 재연해 보라고 하는 것이 도움이 될 수 있다. 이를 통해 연구자는 아동이 누구/무엇에 대해 말하는지 알 수 있다.

민감한 질문 아동에게 외상적 사건에 대해 물을 때, 사실과 환상을 구별하는 아동의 능력과 아동의 말과 행동을 해석하는 연구자의 능력이 중요하다. 꽤 어린 아이들조차 거짓 이야기를 만들어 내지는 않는다. 만 3세 아동은 소품을 이용한 가짜 놀이와 진실의 차이점을 알고, 만 4세 아동은 참말과 거짓말의 차이와 거짓말을 하면 안 된다는 것을 안다.

지식과 믿음에 근거하여 보고하기 개방형 질문이나 말을 사용할 때, 유아원과 초기 단계의 아동들은 질문의 의미를 모르면서 질문자에게 동의하는 경우가 많다. 그들은 지어낼 수 있는 능력이 있고 산만하거나 직설적일 수 있다.

청소년에게 질문하기 청소년을 대할 때는 그들이 적절히 반응하는 능력을 과대평가 혹은 과소평가하거나 성별과 인종변인이 답변에 미치는 영향에 신경을 쓰지 않는 데에서 문제가 생길 수 있다. 청소년 연구는 대개 청소년기의 여러 단계들〔초기(만 10~14세), 중기(만 15~17세), 말기(만 18~20세)〕을 충분히 구분하지 않고 있고, 그래서 그것이 연구 성과의 통합적 이해를 위태롭게 하는 매개변인이 될 수가 있다. 예를 들면, 청소년기 초반에는 사춘기적 갈등이 특히 더 두드러진다(Dashiff, 2001). 실제로 청소년들에게 질문하는 것은 위에서 말한 모든 이슈의 영향을 받는다. 클리닉, 집이나 학교에서 수행되는 연구는 모두 청소년의 평소 생활 일정(휴일, 약속, 시험, 시험에 관련된 스트레스와 시험공부 시간, 방해받지 않을 사적 공간의 부재, 결석, 엉망진창인 수업 교실, 청소년과 일할 시간과 관련된 전문가들과의 공조)으로 인해 방해를 받을 가능성이 크다. 이런 우발적인 부분들을 가능한 한 조정하는 것이 당연히 좋을 것이다. 건강, 사회복지, 교육계의 연구에서는 청소년들이 그들의 답변이 그들에게 힘을 행사할 수 있는 사람 손안에 들어가고 그로 인해 돌봄, 지지, 이해에 나쁜 영향을 줄 것을 걱정할 수 있다. 그러므로 청소년 연구를 계획할 때는 응답의 프라이버시를 지켜 주려고 노력해야 할 것이다.

일반적으로 아동에게 질문을 할 때의 좋은 모델은 다음을 갖추고 있다 — 명확하고 불분명함이 없는 지시문의 준비와 사용, 기억력과 시각적 자료와 같이 관심 능력에 맞는 창의적인 도구의 사용, 신중하게 결정한 맥락, 일대일이나 집단 면담 때의 인상 관리, 능숙한 면담 기술, 답변을 특정 방향으로 이끄는 질문을 피함, 비교를 위해 다른 이의 관점을 들어 보기, 유머 감각.

아동 반응의 해석

아동들의 응답을 해석하는 데에서의 어려움은 사회적/인지적 요인에서 기인한다. 아동들 또한 사회적 존재로서 연구자들과 관계하고 사건들의 의미를 재구성한다는 것은 그들이 어른만큼이나 사회적 요구에 민감하다는 뜻이다. 아동들의 자기보고는 남의 암시에 넘어가거나 거절을 피하려 할 수 있으므로 맥락뿐 아니라 그 면접자의 지위도 영향을 끼친다. 학교에서 면담한 아동들은 이미 교사들과 상하적인 관계에 있기 때문에 그런 맥락 속에서 미리 정해져 있는 답변이 있다. Donaldson이 말했듯이, 아동들의 학습 능력은 그들이 사회적 맥락에서 보이는 모습 탓에 과소평가되어 왔다. 예를 들어, 대개의 아동은 상하관계 속에서 같은 질문이 재차 반복되어 주어지면 자신의 첫 번째 응답이 틀렸다고 간주한다. 가정집에서 면담을 한다면 아동이 조심스러운 주제에 대해서는 말을 쉽게 하지 않을 수 있다. 예를 들면, 아동이 집에서 안전하다고 느끼는가? 고통스러운 경험을 털어놓으려면 아동이 불안을 느껴서 말을 하지 않거나 아니면 그런 경험을 부정하거나 변덕을 부릴 수 있다. 소중한 사람들을 잃는 것, 자신이나 남에게 가해질 벌, 거절 따위를 두려워하는 일이 흔하다. 하지만 그래도 일반적으로 아동 스스로에게 중요한 사건은 이렇게 왜곡되는 일이 덜하다. 일대일로 질문을 받는지 또래 집단과 함께 질문을 받는지에 따라 아동은 대답을 다르게 할 수 있다. 그 두 방법은 각기 장단점이 있고, 어떤 방식을 이용할지는 그 아동 개인이나 주제 이슈에 따라 정해질 것이다. 어린 아동들은 작은 집단이나 두 명이 같이 있을 때 더욱 쉽게 몰두한다. 집단은 새로운 아이디어를 낼 때, 개인별로 추후 조사할 점들을 파악할 때, 그리고 자신감을 북돋아 주는 데에 좋고, 재미를 더해 주기도 한다. 그러나 집단의 성비(性比)는 참여도에 영향을 줄 수 있고, 질문의 특성 또한 중요하다. 그 질문이 집단 안의 몇에게 특히 의미가 있는 경우에 더욱 그렇다(예를 들면, 한 명의 위탁 아동이 포함된 학생 집단에게 가족에 관해 묻는 것). 어떤 아동은 집단의 대화를 독차지해 버릴 수도 있다. 특정 질문을 더 파고 들어가고자 할 때나 민감한 질문이 있을 경우에는 일대일 면담이 낫다.

인지 요인에 대한 해석의 어려움은 성취도를 통해 비추어 본 아동의 능력이 과대평가 혹은 과소평가되는 데에서 온다. 표준화된 평가도구들도 개개인의 실제 능력을 제대로 측정하지 못할 수 있다. 아동에게 질문을 한다는 것은 항상 언어, 생각, 기억의 인지적 능력의 사용을 보는 것이다. 과제가 구두로 행해진다면 구술 기술이 중요하다. 과제가 활자로 주어진다면 읽고 쓰는 기술이 중요하다. 그러므로 구두로건 활자로건 과제에 사용된 언어가 얼마나 복잡하게 쓰였는지, 아동에게 주어진 요구가 어느 정도인지를 감안해야 할 것이다. 7, 8, 9장에서는 이런 문제점들과 문제점들을 극복하기 위한 다양한 연구 설계, 그리고 연구에서의 아동을 연구에 관련되게 하는 데 대한 윤리와 아동의 해석을 다룬다.

아동의 그림

그림 그리기는 재미있다. 대부분의 아동들은 좋아하고, 그림은 처음 아동을 알아 가는 시기에 아동을 사로잡을 수 있는 좋은 시작이다. 하지만 그림은 신뢰도가 높은 인지 발달의 척도도 된다는 증거들이 있다. 성인 남성과 여성이 우발적으로 그린 그림의 내용(어느 신체 부위를 그렸는지, 어느 위치에 그렸는지)으로 개념 형성 능력을 파악할 수 있고, 이것은 발달 평가 축으로 표준화되어 있다—예를 들면, Goodenough-Harris 그림검사(Goodenough and Harris, 1963). 아동의 그림으로도 아동의 속마음을 알아낼 수 있다고 한다. 아동의 그림에서는 선의 질 변용, 형태의 변장, 그리고 흔치 않은 표시나 부호가 그 단서이다. 가장 쉽고 많이 사용되는 아동 그림 과제 중 하나는 '사람, 나무, 집 그리기'이다. 이는 **그림 5.4**

그림 5.4 방임된 아동과 보통 아동의 '사람/나무/집 그리기' 과제 비교

에 그림을 그린 두 아이의 사례 설명과 함께 나타나 있다. 왼편에 있는 것은 아동 A의 그림이다. A는 7세 남자 아이로 신체적 학대를 당했다. A의 부모는 정신질환 병력이 있다. A는 학교에서 놀림과 괴롭힘을 당한다. 오른편은 아동 B의 그림이다. B는 행복하고 평범한 7세 남자 아이이다. 이 그림들을 보면 아동 A의 그림이 크기, 세부 사항, 상상력이 얼마나 떨

어지는지를 한눈에 알 수 있다.

그림에서 다른 많은 지표들을 찾아낼 수 있다. 선을 그릴 때 필압의 강도나 과도하게 어두운 색칠을 하는 것, 작은 모양/도형과 경직된 그림 그리기 과정은 불안을 나타내고, 신체 부분의 성적 표현이나 신체 부분의 음영, 슬프거나 무표정한 인물을 그리는 것은 학대받는 아이들에게서 쉽게 발견된다. 몸에 심하게 긁힌 부분이 있거나 몸 위에 반복적으로 선을 덧그리는 것, 찢겨진 손 그림은 신체적 학대의 지표일 수 있다. 물론 그림은 잘못 해석되기가 쉽고 아동의 뛰어난 운동 능력과 개념 발달에 의해 모호해질 수 있다. 그러므로 이런 그림들은 훈련받은 전문가들만 사용하고, 다른 출처의 정보들과 함께 비교하며 사용해야 한다. 아동과 그림을 대할 때는 열린 탐구적인 태도로 임하는 것이 중요하다. 아동에게 질문하고 그 대답을 해석하는 지침은 **글상자 5.2**에서 참고한다.

아동의 관점과 어린 연구자(아동 연구자)의 참여

아동이 가진 관점이나 의견을 듣는 것은 아동 발달 연구에서 가장 도외시되어 온 부분이다. 아동은 연구에 제대로 기여할 수 없고, 아동이 자신의 생각이나 욕구를 표현한다는 것은 아동에게 부담스러운 일이기 때문에 그런 것을 묻는 것 자체가 비윤리적이라고 오랫동안 믿어져 왔다. 그러나 영국과 웨일스의 아동법 1989와 최근의 아동법 2004와 같은 여러 나라의 법들은 아동의 신체적·정서적·교육적 필요를 평가할 때, 아동의 의지와 기분을 먼저 물어야 한다는 법적 요구 사항을 명시하고 있다. 이런 법 조항은 아동을 매일 상대하는 정책 결정자, 단체, 교육자들에게 직접적 영향을 주었을 뿐 아니라 연구자들, 특히 현장에서 일하는 연구자들로 하여

글상자 5.2 질문과 응답 해석의 타당도 높이기

타당도 높이기: 질문

- 여러 생각을 동시에 유지하기 어려운 유치원생들에게는 사건이나 이슈를 통괄적으로 말하기보다는 짧게 끊어 단순하게 만들어 준다. 단순한 예/아니요 질문으로 시작하고, 그 후 주관식 질문을 던진다. 낯익은 장난감을 사용해 인물들을 명확히 하고 사건을 묘사한다.
- 취학 아동들은 점차적으로 더욱 복잡한 문장을 이해하게 될 것이다.
- 아동은 때로 부모가 알기론 없었던 사건에 대해 이야기한다. 사실과 환상을 구분하는 능력과 부인의 가능성을 고려해서, 불분명한 결론에 다다를 수 있다는 것을 알아 둔다.
- 어떤 두려움이 아동이 말하는 바에 영향을 주는지 물어본다.
- 개인차를 염두에 둔다. 학습장애가 있거나, 정보를 천천히 오랜 시간에 걸쳐 드러내는 것을 선호하는 아동이 있을 수 있다.

타당도 높이기: 해석

다음의 경우에 아동의 말은 타당도가 높을 가능성이 크다.

- 아동이 나이에 맞는 언어를 구사할 때
- 아동이 나이에 비해 세세한 것을 묘사할 때
- 아동이 적절한 감정적 행동을 보일 때
- 어린 아동이 감정적 느낌을 말로 표현하기보다 행동으로 표현할 때
- 아동의 말이 때에 따라 변하지 않을 때
- 외상을 털어놓는 경우 망설임이 보일 때

출처: Reder, P. and Lucey, C. (1995) *Assessment of Parenting*. © Routledge, 1995. Taylor & Francis Ltd의 허락하에 게재함.

금 아동의 나이와 이해에 대한 아동 자신의 관점을 알아내는 기술을 개발하고 그것의 신뢰도와 타당도를 향상시키는 것에 관한 흥미를 불러일으켰다. 이 주제는 8장에서 깊게 다룬다.

아동을 연구의 세계에서 공동 연구자나 연구자가 되도록 지지할 수 있고 그래야 한다는 깨달음은 특히 진보적인 발전이다. 아동의 관점을 통해 연구 의제를 수정하거나, 아동들로 하여금 연구의 일부를 직접 수행케 하여 내부자로서 자신의 지식과 위치를 이용함으로써 우리 해석의 타당도를 입증받거나, 아니면 그들 자신이 설계한 연구를 위주로 하게 하거나 하는 것이 그 깨달음으로부터 올 수 있다. 아동들의 상위 인지 능력(생각에 관해 생각하는 것)을 향상시키는 것과 생각하는 방법을 가르치는 것은 이미 교사들에게는 친숙한 영역이며, 나이에 상관없이 아동들에게 어떤 과목이라도 가르치는 것이 가능하고 의미 있다는 것은 이미 알려져 있다. 여기서 말하는 관점은 연구가 교육 커리큘럼에 포함될 수 있고 그래야 한다는 것이며, 사실 다른 과목들의 여러 프로젝트를 통해 이미 간접적으로 포함시키고 있다는 것은 의심할 여지가 없다. 이와 같은 분야를 다루는 교과서들도 등장하고 있다(예: Kirby, 1999; Kellett, 2005). 이와 같은 발전을 완전히 다루는 것은 이 책의 목적을 넘어서지만, 여기서는 우리가 부분적으로 개입하는 상황과 관련하여 아동을 공동 연구자로 쓰는 게 적절한지를 판단할 수 있는 질문을 소개하는 것이 도움이 될 것이다. Kirby (1999)에 따르면 어린 연구자(아동 연구자)들을 개입시키는 것이 적절한지를 알아보기 위한 질문이 있다. 주 질문은 훌륭한 현장 활동가의 연구 설계에 필수적이며, 당신이 다음과 같이 답을 한다면 아동을 연구에 개입시켜야 할 것이다.

- 주제가 가치 있는 것인가? 예

- 어떤 유형의 정보를 필요로 하는가(경험, 지각, 지식)? 예
- 요구에 대한 평가가 충족되지 않은 요구를 규명하였는가? 예
- 그 주제는 정책이나 서비스 전달에 대한 사정을 제공하고 시행의 좋고 나쁨을 가리는가? 예
- 그 정보는 어떻게 쓰일 것인가? 어린 연구자들에게 권한을 주기 위해서
- 다른 방식의 정보 수집이 더 적절한가? 아니요

적절하게 아동을 공동 연구자로 개입시키는 것은 다음과 같은 이점이 있다—아동 연구자와 아동 참가자 간에는 상하관계의 문제가 덜하고, 자료를 얻고 해석하는 데에 대한 내부자로서의 지식을 얻을 수 있으며, 또래에게 좋은 역할 모델을 제공한다. 다른 한편으로, 미숙한 연구자들은 민감한 이슈를 세심하지 못하게 처리하거나, 대행자나 주관자와 협상하는 데 자신감이 부족하거나, 치우친 답변, 사회적 바람직성과 같이 잘 알려진 외부 요인을 집어내는 능력이 부족하거나, 질문지나 면담에서 낮은 응답도를 보일 수 있다.

실습 5.1 '연구 아이디어' 연습

이 실습은 당신이 이미 지니고 있는 연구 질문/가설과 설계방식을 제시하는 능력이 있는지를 보여 주는 데 목적을 둔다.

이 실습은 혼자 해 보아도 좋고, 아니면 지도자가 학생들을 관심사를 나누는 집단(예: 교육, 건강/간호, 사회복지)으로 지정해 주어도 좋다. 그 집단에서 아래의 연구 '아이디어들'을 다음과 관련하여 토론해 본다.

- 연구의 유형(질적, 탐구적, 실험적 등)
- 연구 문제의 정의

- 질문의 중요성과 그 답변의 실용적 적용
- 써 볼 만한 연구 질문이나 가설
- 연구대상자들의 특성
- 사용 적절한 평가, 자료, 장치
- 연구를 할 때 부닥칠 문제
- 참가 아동에게 연구자 역할을 줄 것인지

연구 아이디어

1. 읽기 문제가 있는 아동의 자존감이 궁금하다.
2. 수술을 받는 아동의 신체상을 염려한다.
3. 동생의 출생이 유치원생에게 어떤 영향을 주는지 궁금하다.
4. 또래들을 괴롭히는 아동의 경험에 관심이 있다.
5. 아동이 부모의 이혼과 그에 따른 부모와의 접촉 협정에 대해 어떻게 느끼는지 알고 싶다.
6. 영국의 다양한 하위문화 속의 자녀 양육방법에 관심이 있다.
7. 시설의 보호를 받는 아동이 돌봄을 받는 자신의 경험에 대해 어떻게 느끼는지 궁금하다.

제 6 장

아동 연구에 관한 양적 연구 설계 및 수행

이 장의 학습목표

첫째, 양적 연구의 주요 개념을 제시한다.
둘째, 자료 분석에 많이 쓰이는 통계적 절차를 소개한다.
셋째, 아동의 평가 점수를 해석할 때의 핵심 이슈에 대해 논한다.
넷째, 양적 연구 설계에 쓰이는 주요 방법을 정리한다.

1. 한 초등학교에서 두 교사가 같은 학년의 반을 하나씩 맡고 있다. 그중 한 교사는 "올해 우리 반은 정말 끔찍해. 학생들이 학교와 공부에 대해 아주 부정적인 태도를 갖고 있고, 교실에선 서로 티격태격하고 게으른 데다 의욕이 없어."라고 말한다. 다른 교사는 "우리 반은 정반대야. 아이들이 정말 착하고 협동도 잘하고 열심인 데다 긍정적인 태도

를 가졌어."라고 말한다. 그들의 느낌이 얼마나 타당한지를 알아보기 위해 그들은 이것을 검증해 보고 긍정적인 변화를 계획하며 그 변화가 정말 발전으로 이어졌는지를 보려 한다. 이들은 어떻게 할 것인가?

2. 한 사회복지사가 말한다. "내가 담당한 사례의 대부분은 아주 처리하기 어려운 아동 보호 사례나 긴급 의뢰 건이야. 3, 4년 전만 해도 사례의 종류가 다양하고 이렇게 심각하진 않았는데." 그녀는 자기 부서에 의뢰되는 아동들의 패턴이 바뀌고 있는지 연구를 하여 수요의 변화에 따라 일 처리방식을 맞추려 한다.
3. 한 아동 병원의 간호사는 "A 병동이 B 병동보다 나은 것 같아. 그곳의 아이들이 더 적응을 잘하고 차도가 빠른 것 같아 보여. 내 생각에 A 병동 내부가 더 환하기 때문인 것 같아. 하루 종일 햇볕이 들거든."이라고 말한다. "B 병동이 병세가 오래가는 심각한 환자들을 더 받아서 그런 거 아니야?"라고 동료가 답한다. 또 다른 동료가 끼어들어 이렇게 말한다. "그렇지만 A 병동 환자들은 대부분 페어웨이스의 부자 동네 사람들이고 B 병동 환자들은 여러 모로 문제가 많은 블랙뷰 거주지 사람들이라는 점도 기억해야 해." 병동의 질을 높이기 위해 그들은 이 가설들을 검증해 보기로 한다. 어떻게 할 것인가?

이와 같은 질문들은 아동과 함께 일하는 모든 세팅에서 되풀이될 수 있다. 이러한 질문들은 현장 활동가들이 자신의 영역에서 일어나는 일에 대한 관심, 서비스 공급의 질 향상이라는 임무를 위해 중요한 부분이다. 이는 모두 양적 연구의 문제이다. 궁극적으로 양이나 수를 이용해 답할 수 있는 질문들이다. 이것들은 양과 정도의 비교, '더욱'이나 '덜'과 같은 개념과 관련이 있다. 이것들은 실험방법, 가설 검증, 확률 평가와 같은 전통적인 연구방식을 필요로 한다.

양적 연구방식은 경험이 없는 초짜 연구자들에게는 (그리고 때로는 숙련된 연구자들에게조차도) 정말로 아수라장이나 다름없다. 이 장은 그러한 연구방법의 매뉴얼을 보여 주고자 하는 것은 아니므로, 여기서는 아동과 청소년을 대상으로 한 작업을 할 때 꼭 던져야 할 주요 질문을 제시하여, 그런 질문들을 다룰 때 유용한 몇 가지 전략을 정리하고 실제 예를 들고자 한다. 이 장에서는 양적 연구방법과 자료 분석을 소개하고, 아동들의 평가 점수를 이해하고 해석하는 데 대해 설명하며, 관찰/면접/질문지와 조사 같은 주요 방법들을 다룬다. 이 책의 끝에 이 장을 위해 사용한 몇 가지 주요 교재를 소개하였으니 추가로 읽어 보기를 권한다.

양적 연구를 하고자 하는 사람에게 해 줄 수 있는 가장 좋은 조언은 바로 조언을 받으라는 것이다. 당신이 제안한 표집의 크기나 자료 수집 및 분석 등에 대해 기술적인 조언을 해 줄 수 있는 양적 연구의 전문가를 찾아 그의 제안을 프로젝트 초반부터 수용하는 것이 가장 좋다. 이것은 초보 연구자에게만 해당되는 말이 아니다. 대학의 숙련된 연구자들도 자료 다루는 문제에 대해서 다른 사람의 의견을 묻는 경우가 매우 빈번하다 (학과마다 꼭 한 명씩은 자기 전 침대에서 재미로 다변량 통계분석을 읽는 사람이 있기 마련이다!). 학과에 접근할 여지가 없는 사람들은 아동과 일하는 많은 상황에서 비슷한 도움을 받을 수 있다. 예를 들면, 모든 보건국은 윤리위원회의 연구 제안서 검토를 고문하고, 업무 감사를 책임지며, 연간 통계적 보고서를 준비하는 일을 맡아 하는 통계학자나 연구자가 있을 것이다. 비슷하게 복지관, 교육관, 최고집행자 등의 지역 부서에서도 전국 아동 평가 결과나 인구 변화를 분석하는 직책의 사람들이 있다. 이런 사람들은 대개 적절한 방법에 대해 직원들에게 조언을 해 줄 수 있다.

양적인 방법: 핵심 개념의 개관

이 장의 도입부에 소개된 세 가지 사례는 양적 연구방법의 기초가 되는 핵심 개념을 빼놓고는 해결할 수 없다. 그 개념이란 확률 및 유의도, 측정 수준, 표집방법, 연구 설계 유형, 핵심적인 통계 개념인 중심경향 측정치, 표준편차, 백분위, 효과 크기, 정상분포이다. 이것들은 이미 연구 경험이 있는 사람들에게는 친숙한 개념일 것이다.

확률과 유의도

어떤 두 집단의 아동들 간의 차이나 두 가지 다른 개입방법의 효과를 비교하는 모든 가설들은 증명되는 것이 아니라 일정한 확률 수준에서 지지되거나 기각되는 것이다. 일종 오류(Type I error)−차이가 없는데 차이가 있다고 결론 내리는 오류−와 이종 오류(Type II error)−실제로 있는 차이를 잡아내지 못하는 오류−는 피해야 한다. 일반적으로 사용되는 기준은 최소 95%의 신뢰도를 놓고 차이가 있는지를 결정하는 것이다. 여기에는 아직 5%의 결론 오류의 여지가 남아 있다. 이 5%(100 중 5, 혹은 0.05)의 오류 확률은 p−이 경우에 $p=0.05$, 혹은 '5% 유의도'−라고 나타낸다. 유사하게 우리는 오류의 확률이 1% 이하(100 중 1, 혹은 0.01)이거나 0.1% 이하(1,000 중 1, 혹은 0.001)일 때 더 그 결과를 신뢰할 수 있을 것이다. 이 수치들은 각각 $p<0.01$, 혹은 '1% 유의도', 그리고 $p<0.001$, 혹은 '0.1% 유의도'라고 나타낸다. 이 세 가지의 유의도 수준−5%, 1%, 0.1%−은 연구 학술지에서 가장 자주 사용되는 것들이고, 줄여서는 결과표 안의 수치 옆에 각각 별표(*) 한 개, 두 개, 세 개를 찍어서 나타낸다. 예를 들면, 16.54**는 이 점수가 1% 유의도를 가진다는 뜻이다.

측정 수준

어떻게 유의도를 검증하느냐를 정하기 전에 자료가 어떤 측정 수준을 가지고 있는지를 먼저 알아야 한다. 이 용어는 측정되는 것과 측정하는 척도에 사용되는 숫자 사이의 관계를 말해 준다. 네 가지 **측정 수준**은 **명목척도, 서열척도, 간격척도, 비율척도**이다. 명목 수준이란, 데이터를 기술할 때 사용된 숫자들이 아무런 수적인 의미를 갖지 않고 다만 어느 범주에 소속됨을 나타낼 때를 말한다. 예를 들면, 아동들이 어떻게 통학하는지를 알아보기 위해 걸어서 통학하는 아동들에게 1번을, 차를 타는 아동들에게 2번을, 자전거를 타는 아동들에게 3번을, 학교 통학 버스를 타는 아동들에게 4번을 붙이는 등으로 하는 것이다. 이 번호들은 서로 간에 수적 관계가 전혀 없다. 이것들은 다만 범주/분류일 뿐이며 명목 자료를 나타낸다.

서열 자료는 숫자들이 연관되어 있기는 하지만 그 관계가 숫자의 순서에 그칠 때를 말한다. 만약 10명의 아동들이 시험을 치거나 달리기 시합을 했다면 1부터 10까지의 등수를 매겨서 누가 1등, 2등, 10등인지를 나타낼 수 있다. 이것은 명목보다는 높은 수준으로 보다 큰 의미를 지녔지만, 그래도 아직은 1부터 10까지 숫자들 사이의 관계에 대해 한정된 정보만을 준다. 5가 7보다 빠르고 7이 10보다 빠르다는 것밖에는 알 수 없다. 모든 아동들이 전반적으로 높은 점수를 얻었거나 빠르게 달렸을 수도 있고, 어쩌면 모두 그 반대였을 수도 있다. 2등을 한 아이는 3등보다 두 배 더 잘했지만 3등은 4등을 겨우 제쳤을지도 모른다. 다시 말해, 서열 자료는 순위에 대해서 말해 주지만 그 차이의 정도에 대해서는 알 수 없다.

간격 자료는 연구자들에게 훨씬 더 유용하고, 많은 통계적 검증은 이 종류의 자료 사용에 의지한다. 간격척도는 계속적이며 0점을 가지고 있고, 측정 눈금의 간격이 일정하여 측정되는 것의 일정한 양을 나타낸다.

예를 들면, 물리적 측정에 있어 화씨온도나 섭씨온도는 간격척도이다. 이는 진정한 0점을 가지고 있지는 않기 때문에 50도가 25도의 두 배를 의미하지는 않는다. 그렇지만 측정 간격들은 일정하다. 8도에서 9도가 되는 변화의 증가량은 78도에서 79가 될 때의 증가량과 일치한다. 아동들과 일하며 접하는 IQ 검사와 같은 평가 점수는 간격척도를 사용한다. 이런 평가들은 진정한 0점이 없기 때문에 IQ 140이 IQ 70의 두 배라는 것은 말이 되지 않지만, 측정 눈금이 처음부터 끝까지 일정하다는 관점을 기반으로 만들어진 것이다.

비율 자료는 절대 0점을 가진 간격 자료이다. 유치원생들이 얼마나 색을 잘 구분하는지를 알아보기 위해 우리는 컴퓨터 스크린에 여러 가지 색깔을 띄워 놓고 얼마나 빨리 색깔의 이름과 색을 맞히는지 알아볼 수 있다. 이 반응 속도 시험은 비율 자료를 준다. 반응 속도를 초 단위로 측정한다면, 2초의 속도는 4초보다 두 배 빠르고 20초는 10초보다 두 배 느리다고 할 수 있기 때문이다.

표집방법

통계적 검증을 통해 분석할 수 있는 좋은 자료를 얻는 것은 측정 수준 외에 표집의 특성에도 달려 있다. 여기서 중요한 물음은 '얼마나 많이?'이다. 10명가량의 아동들이 표집의 전부라면 양적 분석을 하기에는 역부족일 것이다(만약 각각의 아동들로부터 오랜 시간에 걸쳐 데이터를 수집해 왔다면 그건 또 다른 이야기이다). 작은 수의 표집은 대표성이 없다는 위험이 있고, 큰 표집에 비해 개별의 자료가 큰 비율을 차지하는 만큼 단 하나의 극단적인 점수가 자료 전체를 왜곡시킬 수 있다. 그러므로 양적 연구를 할 때는 가능하다면 충분한 수의 아동들을 표집에 넣는 것이 좋다.

실험 연구를 할 때조차 작은 표집을 사용할 수 있는 경우가 있다. 하지만 양적 연구에서는 지나치게 작은 표집은 집단 간에 꽤 큰 수치적 차이를 가져야만 통계적 분석에서 결과를 낼 수 있다. 연구를 시작하기 전에 계획하는 연구에 맞는 표집의 크기에 관한 조언을 구하는 것이 좋다.

무선표집(random sampling)을 한다는 것은 연구의 대상인 모집단 구성원 전체가 연구 참가자로 뽑힐 동등한 가능성이 있다는 것이다. 컴퓨터를 사용해 무작위로 숫자들을 뽑아 내거나, 통계학 책들 속의 난수표를 이용하거나, 아니면 그 집단이 비교적 작을 경우—예를 들면 '이 보육원에 있는 모든 아이들'과 같은—제비뽑기를 해서 무선표집을 할 수 있다. **체계적 표집**(systematic sampling)을 통해 비슷한 결과를 얻을 수 있는데, 이는 n이라는 아무 숫자를 정해서 명단의 매 n번째에 해당하는 아동을 뽑는 것이다. 예를 들어 120명의 회원이 있는 청소년 클럽을 연구할 때, 4의 배수 번째 이름을 명단에서 고르는 방법으로 30명의 표집을 결정할 수 있다. 하지만 이 방법들은 집단 구성원 내의 다른 집단들(성별 등)을 다 대표하는 표집을 얻기에 힘들 수 있다. 이 문제는 **층화표집**(stratified sampling)을 통해 해결될 수 있는데, 이는 각 하위 집단별로 알맞은 수를 무작위로 고르는 것이다. 이것은 이 클럽의 성비와 표집의 성비를 같게 맞추려면 **비율적**(proportionate) 방법을 이용하고, 클럽 전체의 성비와는 관계없이 같은 수의 남성과 여성을 표집해서 남녀 간의 차이를 연구하고 싶다면 **비비율적**(disproportionate) 방법을 이용하는 것이다.

연구자들은 이렇게 대표성이 높은 표집을 갖기가 어려울 때가 많고, 그럴 경우에는 다른 종류의 표집을 한다. 흡연 아동들의 특성에 관심이 있다면 **군집표집**(cluster sample)을 택하게 될 수도 있는데, 이는 어떤 학교나 학년 안의 모든 흡연자들을 모으는 것으로 이들이 모두 일반적인 흡연자일 것이라는 전제하에 이루어진다. 표집 속의 아동들이 단순히 기회

표집(opportunity sample)일 경우도 빈번하다. 이는 당신이 우연히 같이 일하고 있던 아동들에게 각각 “연구 프로젝트에 참여해 주겠니?”라고 물어 표집하는 식으로 얻는 것이다. 또 하나 자주 쓰이는 방법은 눈덩이표집(snowball sampling)인데, 이는 첫 아동을 면접한 후 그 아동에게 “이 연구에 참여할 만한 친구들이 있니?”라고 묻는 것이다. 이런 방법들의 어려움은 표집의 대표성을 확립하는 것이다. 군집표집이나 기회표집이 전부 아주 가난하거나 아주 부유한 동네에서 왔다면? 그것은 연구하고자 하는 문제에 중요한 요인일 수도 있다. 아니면 아동들의 흥미를 연구하는데 당신의 눈덩이표집이 학교 체스 클럽의 회원 전체로 구성되어 버린다면? 연구에 필요한 만큼 충분한 수의 표집을 하되 편중이 없도록 대표성을 확립하는 것을 목표로 해야 한다.

연구 설계의 유형

양적 연구에서는 실험 설계 유형이 자주 쓰인다–이는 하나의 변인을 조작하고 다른 변인에 그것이 어떤 영향을 미치는지를 보는 설계이다. 변인이란 변화하거나 변동될 수 있는 요인을 말한다. 예를 들어, 아동에게 긍정적인 발언을 해 주었을 때 아동의 행동이 개선되는지를 검증하려 한다고 하자. 이때 ‘긍정적 발언의 수’ 변인을 조작해서 이것이 ‘개선된 행동’이라는 결과물에 영향을 주는지를 볼 수 있다. ‘가장 순수한’ 형태의 실험 설계는 하나의 통제 집단과 하나 이상의 실험 집단을 갖춘 무선통제된 검증(randomized controlled trial, RCT)이다. 통제 집단은 평소와 완전히 같게 취급되고, 실험 집단은 개입, 처치, 접근의 변화 등 변인의 조작을 받는다. 앞의 예에서 실험 집단은 전보다 많은 긍정적 발언을 듣게 될 것이고, 통제 집단은 평소와 같은 양을 들을 것이다. 이 실험이 RCT의 조건을 충족하려면 각각의 집단에 지정되는 아동들이 무작위로 선별되어야 한다. 이것은 실생활의 아동 환경에서와 같은 간단한 방법으로 할 수 있다. 예를 들어, 당신이 집단회기를 이끄는 사회복지사이고 경범죄를 저지른 청소년들을 대상으로 한 새로운 시민 교육 프로그램을 짰다고 하자. 당신은 16명의 사례 중 8명을 골라 하나의 집단을 만들 수 있을 것이다. 그러고는 그 16명의 사례들을 성별, 나이, 범죄 종류 등의 중요한 특성별로 짝지어 서로 비슷한 사람 둘씩을 쌍으로 묶는다. 그들의 이름을 봉투에 넣고 이 연구와 상관없는 동료에게 매 쌍마다 봉투 한 개씩을 고르게 해 실험 집단을 결정하면 된다.

하지만 이렇게 무작위 선별방식을 사용해 집단을 만드는 호사를 누리기가 힘들다. 교육, 복지, 건강, 혹은 자원봉사 단체와 같은 평범한 아동 관련 환경에서 일하는 사람이라면, 어떤 아동들이 당신이 하고자 하는 새로운 시도를 겪게 될 것이며 누구는 하지 못할 것임을 무작위로 선별하는 데에 다양한 실용적/윤리적 문제에 부딪힐 것이다. 이런 경우 **준실험설계**(quasi-experimental design)가 사용된다. 이것은 집단을 지정하는 것이 무작위가 아니라는 점에서 RCT와 다르다. 그럼에도 가능하면 그 집단들이 잘 짝지어지도록 조치를 취하는 것이다. MacKay(2006)의 다섯 연구 중 하나는 읽기장애가 있는 중학생이 특수교육 방법으로 더 빠르게 향상되는지를 보는 것이 목적이었다. 학습 지원 임원은 주어진 시간표와 다른 제한점 때문에 의뢰된 학생들을 각기 다른 집단에 무작위로 배정할 여건이 되지 않았다. 대신, 특수교육을 받도록 지정된 12명의 학생들은 그들과 비슷한 특성을 지닌, 다만 보통교육을 받는 다른 12명의 학생들과 짝지어졌다. 이 짝짓기는 프로젝트 시작 당시 비슷한 읽기 능력을 가진 같은 연령의 학생들을 찾고, 이 두 집단의 읽기 능력에 대한 담당 교원의 의견을 참고하는 과정을 통해 이루어졌다.

무작위 할당이든 아니든 통제 집단을 두는 것 자체가 아동 연구를 하는 많은 사람들에게 어려워 RCT나 준실험 설계는 가능치 않은 경우가 많다. 예를 들어, 같은 처치나 접근을 필요로 하는 한 집단의 아동만을 연구 대상으로 구할 수밖에 없는 경우가 있다. 당신이 방문 간호사이고 가장 취약한 아동들을 위한 새로운 개입 효과나 서비스의 전달 향상 정도를 평가하려 한다고 하자. 이 새로운 개입을 당신의 담당 사례 중 누구는 받을 것이고 누구는 못 받는다고 정하는 것은 윤리적으로 어려울 것이다. 새로운 방식은 유익할 거라 여겨지고, 따라서 모두 누릴 수 있어야 한다고 생각되기 때문이다. 그러나 결과물 평가를 통한 양적 연구는 할 수 있다. 이는 '점수의 득실'에 바탕을 둔 것으로, 처치를 받기 전 아동들의 여러 가지 관련 요인을 측정하고, 또 처치 후에 다시 측정하는 것으로, 이것의 실시는 경우에 따라서는 여러 단계에 걸쳐 할 수도 있다.

이런 류의 결과물 평가는 실험/준실험적 연구 설계에서만큼 강력하지 못하다. 다음과 같은 명확한 문제들이 제기되기 때문이다—처치 없이도 아동들이 같은 향상을 보였을 것인가? 연구하는 과정에서 시간의 흐름이 아동들을 성숙하게 하고 또 결과를 향상시킨 것은 아닌가? 통제 집단 없이는 이와 같은 질문들에 답하기 어렵다. 그럼에도 불구하고 결과물 평가 연구는 자주 쓰이며 많은 경우에 유일하게 여건에 맞는 연구 유형이 된다. 이 연구로 좋은 결과를 얻는 방법들도 있다. 첫째로, 일반적인 규칙은 향상도가 클수록, 기간이 짧고 측정이 더 직접적일수록, 그 결과가 개입에 의한 것일 가능성이 크다는 것이다. 당신이 변화를 이루고자 했던 분야에서 아동들이 단기간에 치솟는 성과를 이루었다면 그것은 당신의 개입의 성공 탓으로 돌릴 수 있을 것이다. 둘째, 표준화된 평가를 사용했다면 (예시는 곧 들겠다) 그 표준 평가 점수들을 효과 크기(아래 참조)와 같은 통계적 절차를 이용해 변화를 분석해 볼 수도 있다. 이는 관찰된 변화가 기대했던 것인지 아닌지를 판단하게 한다.

결과물 평가방식의 한 가지 장점은 그것을 **단일 사례 설계**에 적용시킬 수 있다는 것이다. 많은 아동 현장 활동가들은 연구를 할 아동 집단을 찾는 일이 그 크기와 관계없이 힘들지만, 한 아동과는 심도 있게 접촉할 수 있는 경우가 있다. 여러 상담사, 치료사, 사회복지와 관련된 도우미들이 이에 해당된다. 단 한 명의 아동만을 연구했다 하더라도 사전 사후 점수의 변화를 봄으로써 전통적인 양적 연구방식을 사용할 수 있다. **글상자 6.1**에 단일 사례 설계의 한 예로 아스퍼거증후군 환자에게 인지행동치료 프로그램을 사용한 사례(Greig and MacKay, 2005)가 나와 있다.

이제까지 설명한 모든 연구 설계는 한 변인(**독립변인**, 예: 긍정적인 발언의 수)의 의도적인 조작으로 다른 변인(**종속변인**, 예: 행동)의 변화를 이끌어 내려는 것이다. 어떤 양적 설계는 변인을 조작하는 대신에 다른 집단들이 어떻게 다른지, 어떻게 서로 상관관계가 있는지를 관찰한다. 이런 류의 설계를 통괄하는 명칭은 따로 없지만 보통 **상관** 연구라 불린다. 이것은 다른 변인들 사이에 어떤 관계가 있는지를 조사한다. 예를 들어, 학업 성적이 높은 아동들은 성적이 낮은 아동들에 비해 동기가 높은가를 연구해 볼 수 있다. 만약 정말 그렇다고 결론이 난다 해도 그것은 어느 변인이 원인이 되는지는 알 수 없다. 여기서 알 수 있는 것은 이 변인들이 얼마나 상관이 있느냐일 뿐이다.

핵심적인 통계 개념

아직 숙련된 연구자가 아닌 사람들에게는 여기서 소개되는 몇 가지의 핵심 통계 개념이 생소할 것이다. 이것들은 전부 아동의 검사 점수를 해석하는 데 필수적이다(평가 해석에 관해서는 이 장에서 따로 다룬다).

글상자 6.1 단일 사례 설계에서의 양적 측정

Greig와 MacKay는 *The Homunculi*라는 이름의 아스퍼거증후군을 가진 청소년들에 대한 CBT의 적용 가능성을 알아보기 위해 혁신적인 설계를 하였고, 한 13세 소년에게 파일럿 연구를 하였다. 이 프로그램은 원래 우울증과 같은 기분장애에 초점을 맞추고 있지만, 여기서는 사회적 장애와 같은 다른 특성에도 적용되도록 설계되었다. 이 소년은 개입 전후에 여러 가지 표준화된 측정치로 평가되었고, 사전 사후의 점수 비교로 프로그램의 효과를 검증할 수 있었다.

감정적 상태 결과(Brière 외상척도)

	전	후	평균	효과의 크기
불안	19	5	6	3.7
우울	21	6	7	3.8
분노	15	10	9	1.0
스트레스	25	8	8	3.2

사회적 유능성 결과(Spence 질문지)

	전	후	평균	효과의 크기
부모 보고	0	5	15	1.60
학생 보고	0	4	16	1.26

출처: Greig, A. and MacKay, T. (2005) 'Asperger's syndrome and cognitive behaviour therapy: new applications for educational psychologists.' *Educational and Child Psychology*, 22(4): 4–15.

중심경향 측정치

첫 번째 개념은 중심경향 측정치이다. 아동들의 검사 점수가 어떤 범위에 걸쳐 분포되어 있는 것을 보면 그 점수들의 평균치가 궁금해지는 법이다.

평균치는 그 집단 전체에 대해서도 말해 주지만 개별 아동의 점수가 높은지 낮은지도 알려 준다. 가장 흔히 사용되며 가장 유용한 중심경향 측정치는 **평균치**(M), 즉 평균 점수이다. 이는 모든 점수들을 더하고 아동의 수로 나누어 구할 수 있다. 평균치의 장점은 가장 섬세하고 정확한 중심경향 측정치라는 점, 가장 강력한 자료 분석용 통계 검증에 사용된다는 점, 또 계산기로 간단히 구할 수 있다는 점이다. 이것의 주 단점은 집단 전체를 대표하지 못하는 극단치, 즉 '나쁜' 점수에 의해 쉽게 왜곡된다는 점이다. 예를 들어, 일곱 명의 아동들이 단순한 퍼즐을 푸는 데 얼마나 걸리는지를 알아보려 한다고 하자. 그들이 각각 4초, 5초, 7초, 10초, 10초, 11초, 135초를 소요했다면 평균은 이 집단 전체에 대한 유용한 설명이 되지 못한다. 평균은 26초이겠지만 이것은 그 집단의 진짜 성과와는 상관없는 숫자이며, 이는 한 개의 나쁜 점수, 즉 전체 모양을 왜곡케 하는 '극단값(outlier)' 때문이다.

다른 두 중심경향 측정치에서는 이런 식의 왜곡이 일어나지 않는다. **중앙치**(median)는 점수 범위의 가장 가운데에 위치한 수치이다. 위의 예에서 중앙치는 10초가 되고, 평균치보다 더 대표성이 있는 수치이다. 그러나 대개의 경우 중앙치는 평균치보다는 덜 유용한데, 데이터 세트의 다른 점수들을 고려하지 않기 때문이다. 이것은 간격 수준에는 미치지 못하지만 순위를 정할 수는 있는 서열 수준의 자료에 적절한 측정치이다.

최빈치(mode)는 데이터 세트에서 가장 많이 발견되는 수치를 일컫는다. 앞의 예에서 최빈치는 10이 된다. 이것은 아주 전형적인 상을 그리는데 유용하고 극한에 있는 수치에 의해 좌지우지되지 않는다. 이 수치는 평균치보다 실제 상황을 그려 내기에 용이하다. 가구당 평균 자녀의 수는 2.4일지 몰라도 이것이 전형적일 수는 없지 않은가! 하지만 많지 않은 수의 수치들을 볼 때의 최빈치는 작은 수치의 변화에 민감하게 반응하며 유용성이 떨어지게 된다. 예를 들어, 앞의 퍼즐 실험의 첫 두 수치가 둘 다 4초였다면 최빈치는 둘이 되었을 것이고(4초와 10초), 데이터의 묘사에 그다지 도움이 되지 않았을 것이다. 중앙치과 같이 최빈치도 데이터 세트의 다른 수치들을 고려하지 않는다. 하지만 명목 수준의 데이터를 가지고 사용할 수 있는 것은 최빈치뿐이다. 앞서 말했던 아동들 중 가장 많은 수가 걸어서 통학하고 소수만이 자동차나 다른 교통수단을 이용한다면 최빈치는 걸어서 통학하는 집단이 될 것이다.

표준편차

평균치 등의 중심경향 수치를 아는 것은 각 수치가 평균에 비교해 높은지 낮은지를 판단할 수 있게 해 주지만, 그 수치의 진짜 의미를 다 알게 해 주지는 않는다. 아동 100명의 혈액 온도를 잰다면 37℃쯤의 평균을 얻을 것이고, 그중 3분의 2 정도는 36.5~37.5℃일 것이다. 만약 이 중 33℃나 40℃의 수치를 발견한다면 우리는 뜨거운 물병이나 얼음 팩을 가져오고 의사를 부를 것이다. 다른 한편으로, 만약 이 100명의 아동들이 한 발로 서서 얼마나 버틸 수 있는지를 잰다면 다시 평균은 37초 정도가 될 것이지만, 3분의 2에 해당하는 아동들의 수치의 폭은 6초에서 1분 이상이 될 수도 있다. 그러므로 평균이 37℃로 같다 해도 어떤 것을 측정했는지에 따라 6이라는 수치는 지극히 정상일 수도 있고, 아니면 피험자의 사망을 나타내는 수치일 수도 있다.

평균의 주변에 분포된 수치들이 얼마나 중요한지, 그리고 이들 수치를 간과하는 것이 데이터의 의미에 대해 얼마나 심각한 오계산을 야기하는지 여기서 나타난다. 예를 들어, 만 11세 아동이 만 10세 수준의 읽기 능력을 가져 뒤처진다는 것은 그다지 의미가 없다. 정확하게 11세인 아동들 대부분이 10세 9개월과 11세 3개월 사이의 읽기 능력을 가지고 있다면 10세 수준의 읽기 수준이 정말 좋지 않은 것일 것이다. 하지만 11세 아동의 3분의 2가 9.5세에서 12.5세 사이의 읽기 능력을 지녔다면(이것은 실제로 사실인 수치이다) 10세 수준이라는 점수는 전적으로 정상이다. 그 점수가 의미하는 바를 가장 잘 해석하는 측정치는 **표준편차**(standard deviation, SD)이다.

이와 같은 수치들의 통계학적 원리나 계산 공식을 설명하는 것은 이 책에서 할 수 있는 일이 아니며, 그와 같은 내용은 Coolican(2004)의 책과 같은 기초통계 교재에서 다룬다. 하지만 표준편차와 같은 측정치가 무엇을 의미하는지를 알아 두는 것이 중요하다. 수치들이 정상적으로 분포되어 있을 때(즉, 수치들이 아주 높은 점수나 아주 낮은 점수가 많아 한쪽으로 **편중되지** 않은 상태), 표준편차는 특정 범위 안에 몇 개의 점수들이 포함되는지를 말해 준다. 가장 중요한 것은 점수의 3분의 2에 해당하는 수치들이 평균과 1 표준편차 사이에 분포되어 있다는 것이다. 자세히 보자면 다음과 같은 가정이 기대된다.

> 사례의 68%가 평균에서 1 표준편차 사이의 범위에 포함된다(각 방향에 34.13%씩).
> 사례의 95%가 평균에서 2 표준편차 사이의 범위에 포함된다(각 방향에 47.72%씩).
> 사례의 97%가 평균에서 3 표준편차 사이의 범위에 포함된다(각 방향에 49.87%씩).

예를 들어, IQ 검사는 표준적으로 평균이 100, 1 표준편차가 15가 되도록 만들어진다. 그러므로 모집단의 약 3분의 2는 85와 115 사이의 점수를 받을 것이고, 전체의 5%만이 70 이하 혹은 130 이상의 점수를 받을 것이다. 체온의 경우 표준편차는 섭씨 0.4도 정도로 매우 낮고, 그래서 온도

계의 눈금이 크게 움직이지 않아도 '열이 난다'고—즉, 그 점수가 평균을 비정상적으로 벗어났다고—하는 것이다. 이것은 검사 점수를 해석하는 데 매우 중요하며 뒤에서 자세히 다룰 것이다.

백분위

또 하나의 아주 유용한 측정도구는 **백분위/백분위 순위**(percentile rank)이다. 이는 얼마나 많은 아동들이 특정 점수 이하의 점수를 받는지를 나타낸다. 점수가 10번째 백분위라는 것은 인구의 10%만이 그 수준 이하의 점수를 받았다는 뜻이다. 점수가 90번째 백분위라는 것은 90%의 사람들이 그 점수 이하를 받았다는 뜻이다. 달리 말하면 90번째 백분위는 상위 10%에 해당하는 점수를 가리킨다.

효과 크기

만약 개입을 하여 변화를 가져오려는 연구를 한다면 궁극적으로 '효과가 있었나?'라는 의문을 가지게 될 것이다. 앞서 말했듯이 양적 연구에서는 변화를 야기한 것이 다른 우연적인 변동이 아닌 연구의 개입 때문이었을 가능성이 얼마나 되는지를 확률과 유의도를 통해 답하려 한다. 그러나 어떤 경우에는 전통적인 5% 유의도의 검증을 통과한 효과도 실제적인 중요성을 띠지 못하기도 한다. 유의도는 수치들 간에 통계적인 차이가 있다는 것을 말해 주지만 그 차이의 정도에 대해서는 알 수 없다. 여기서 우리는 다른 모든 현장 활동가들처럼 '우리 프로젝트가 과연 의미 있고 가치 있는 변화를 가져온 것인가?'라는 의문에 다다른다. 여기서 묻는 것은 '차이를 측정해 낼 수 있는가?'가 아니라 이 연구 결과의 기여로 인해서 '무언가가 정말 달라진 것인가?'이다. 예를 들어, 아주 큰 표집이 있을 때는 아주 작은 변화도 통계적으로는 유의할 수 있으나 실제로는 그다지 중요하지 않을 수 있다.

효과 크기(effect size, EF)의 중요성이 여기서 나온다. 이는 변화의 양을 나타내는 표준화된 측정치이다. 효과 크기를 측정하는 방법은 여러 가지가 있으나 가장 흔히 쓰이는 것은 표준편차의 변화를 이용한 측정방법이다. 예를 들어, 평균이 100이고 표준편차가 10인 검사 점수를 향상시키기 위한 프로그램을 실행한 결과 점수가 5점 올랐다면 효과 크기는 1 표준편차의 반인 0.5가 된다. 점수가 10점 올랐다면 효과 크기는 1.0이 될 것이다. **글상자 6.1**의 효과 크기 수치는 한 청소년의 점수가 표준편차를 기준으로 어떻게 변화했는지를 보여 주는 예이다. 이 효과 크기 측정은 변화량의 의미를 해석하는 척도(0.2=작은 효과, 0.5=중간 효과, 0.8=큰 효과)를 제공해 준 Cohen(1988)의 공이다.

정상분포

많은 아동들의 키, 몸무게, 지능, 읽기 능력, 학교 출석률, 1일 TV 시청시간 등 어떤 종류의 검사/측정 점수를 가지고도 그래프를 그려 나타낼 수 있다. 위의 예들을 포함한 많은 경우에, 그려진 그래프는 종 모양(bell-shape)의 **정상분포 곡선**에 가까운 모양일 것이다. 이 곡선은 좌우 대칭이며 평균치, 중앙치, 최빈치가 중앙선 위에 위치한다. **그림 6.1**은 정상분포 곡선에 표준편차, 백분위 등 검사 결과 해석과 관련한 절에서 나온 수치들을 표시한 그림이다.

자료 분석

양적 연구에서는 수집된 원자료를 표준 통계 절차를 거쳐 분석해야 한다. 이 책은 통계 매뉴얼이 아니므로 자료 분석에 필요한 방법을 다루지는 않

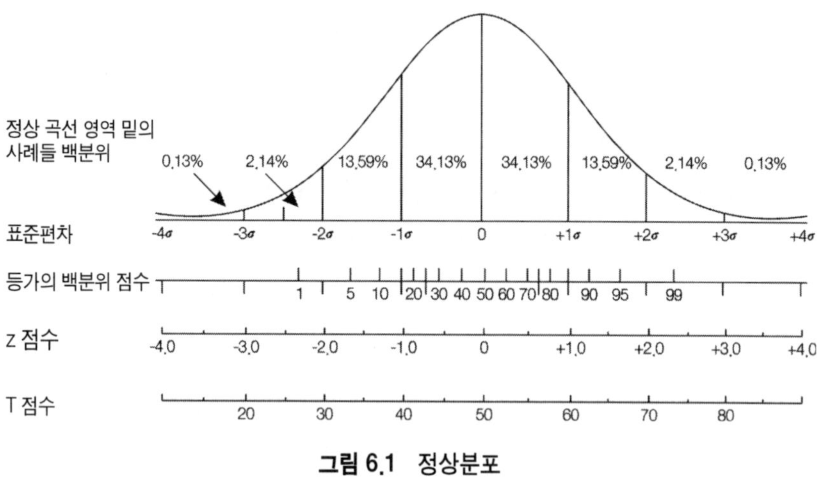

그림 6.1 정상분포

는다. 그 내용은 앞에서 추천한 Coolican의 책과 같은 많은 교재들이 다루고 있다. 통계적 이론의 이해가 자료 분석에 중요하기는 하지만(그래서 전문가에게 조언을 구하는 것이 중요하다), SPSS와 같은 통계 소프트웨어의 등장으로 이제는 연구자들이 직접 공식을 풀어 계산을 할 필요가 없어졌다. SPSS를 이용할 수 없는 사람들은 대개 컴퓨터 구입 시 함께 제공되는 마이크로소프트 오피스의 엑셀 소프트웨어를 사용해서 자료를 분석할 수 있다(엑셀 프로그램에서 '도구' 메뉴 아래 자료 분석 기능이 없는 경우, '도움말'을 통해 기능을 불러낼 수 있다). 이 기능은 무작위 숫자들을 만들어 내고, 상관관계를 계산하며, *t* 검증이나 변량분석과 같은 기본적 통계 검증을 수행한다. 엑셀의 공식을 이용하면 평균, 표준편차, 카이스퀘어(chi-square)와 같은 비모수치 검증도 계산할 수 있다.

소개 차원에서 세 가지의 통계 절차를 설명할 것이다. 이것들은 다양한 연구 프로젝트의 자료 분석의 출발점을 제시해 주지만, 통계 절차의 경험이 없는 사람은 경험자의 조언을 참고해야 할 것이다. 그 세 절차란 상관관계, *t* 검증, 카이스퀘어이다.

상관관계

일상 언어에서의 상관관계란 두 개의 것이 '함께 가고' 체계적으로 연관되어 있다는 것을 뜻한다. 신문의 아동 범죄 보도와 학교의 무단 결석률을 눈여겨보고 있었다면 그 둘 사이의 상관관계를 알아챘을지도 모른다. 어쩌면 무단 결석률이 증가할 때 그 지역의 아동이 일으키는 범죄 건수도 늘어났을 수 있다. 이것은 정적 상관관계이다. 다른 한편으로, 무단 결석률이 증가하면 범죄율이 감소하는 것을 관찰했을지도 모른다. 이것은 부적 상관관계이다. 물론 무단 결석률과 범죄율이 어떤 때는 함께 변화하기도 하고 어떤 때는 그렇지 않기도 함으로써 여기에 아무런 상관관계가 없다는 것을 보일 수도 있다.

그 관계는 **그림 6.2**와 같이 표시될 수도 있다. 여기서 두 관찰 사이의 직접적인 선형관계를 볼 수 있다. 둘 사이에 완전 상관관계가 있다면 완전히 그래프상에 일직선을 그릴 것이다.

상관관계는 *r*라고 표시한다. 이것은 1이라는 척도로 측정되는데, 1은 완전한 정적 상관관계, 0은 상관관계의 부재, −1은 완전한 부적 상관관계를 뜻한다. **그림 6.3**은 정도가 다른 상관관계와 그것의 상관계수(*r* coefficient) 및 상관점수를 보여 준다.

상관관계는 관찰 자료와 관찰 도식/코드의 신뢰도과 타당도를 분석하는 데 유용하기에 짚고 넘어갈 만하다(5장 참조). 이것은 둘 이상의 변인들 간에 체계적인 관계성이 존재하는지를 검증한다. 상관점수, 즉 상관계수를 통해 무엇을 알 수 있으며 무엇은 알 수 없는가? 먼저, 여러 개의 요인들이 동시적으로 영향을 줄 가능성이 크기 때문에, 상관관계를 가지고 X가 Y를 야기한다거나 Y가 X를 야기한다고 말할 수 없다. 어떤 한 마을에서 무단 결석률과 아동 범죄율 사이의 정적 상관관계가 발견되었다

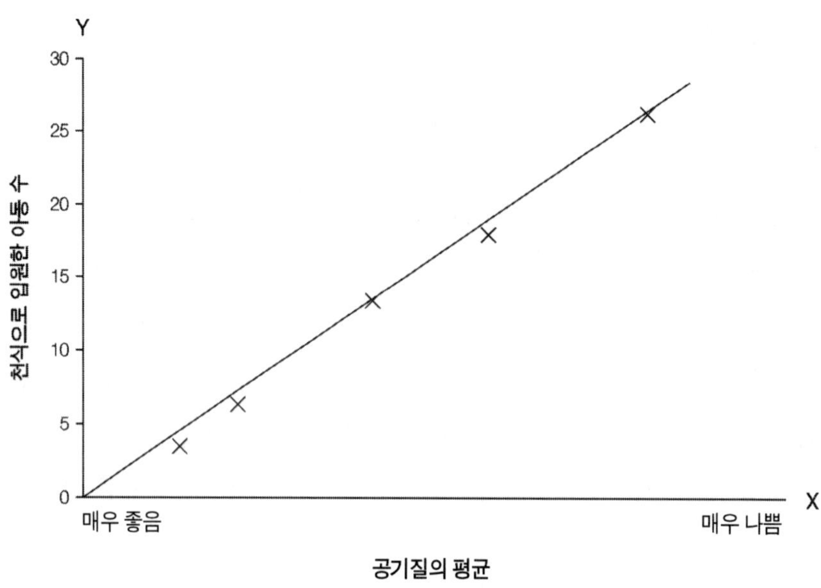

그림 6.2 공기의 질과 아동 천식 환자의 응급실 입원 수 간의 상관관계(가상)

고 해서 '무단 결석이 범죄의 원인이다.'라고 할 수는 없는 것이다. 마찬가지로, 아동들의 폭력적인 TV 프로그램 시청과 공격적인 행동 사이의 정적 상관관계를 가지고 '폭력적 TV 프로그램 시청은 아동이 공격적으로 행동하게 만든다.'라고 할 수는 없다. 왜냐하면 거꾸로 '공격적인 성향의 아동이 폭력적인 TV 프로그램을 즐겨 본다.'라고 할 수도 있기 때문이다.

X-Y 관계는 관찰되지 않은 제3의 변인과 관련되어 있을 수도 있다. 초등학생의 성취도와 머리 둘레 수치 사이의 정적 상관관계는 나이에 의해 오염되었을 가능성이 높다. 마지막으로, 기억력과 나이의 관계에서 알 수 있듯이 변인들이 체계적으로 관련되어 있지만 그 관계가 선형적인 상관관계가 아닐 수도 있다. 이것은 자료가 직선 대신 곡선을 이루는 '곡선형'이기 때문인데, 많은 기억 기능들이 유년기 때는 나이를 먹을수록 향상되다가 노년기에는 다시 하락하기 때문이다.

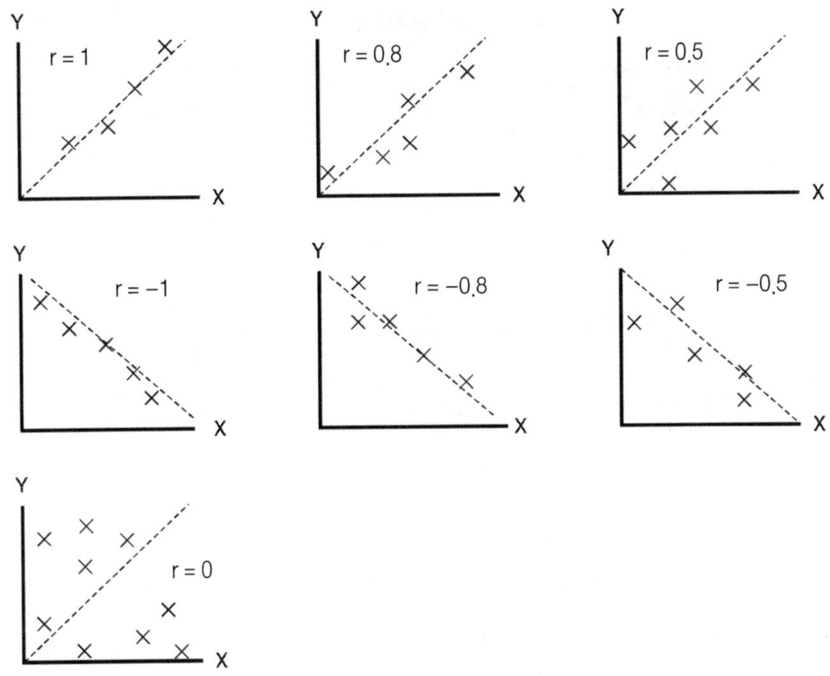

그림 6.3 가설적 상관관계

어떤 상관관계 연구들은 종단 연구 설계의 상관관계 패턴을 관찰함으로써 내적타당도를 높이려 한다. 한 변인이 다른 변인의 원인이 된다면, 그 첫 번째 변인(예: 부모 간의 갈등 목격)은 두 번째 변인(예: 공격적 행동)이, 즉 처음으로 공격적 행동이 관찰되었을 때보다 시간이 흐른 후에 더 강하게 연관되어 있어야 한다는 것이 깔려 있는 전제이다. 어떻게 보면 이것은 원인이 그 결과에 이르기에 시간이 좀 걸린다는 말이다. 하지만 상관관계는 합의방법(method of agreement)일 뿐이므로 이것은 설명에의 가능성을 높여 주는 데에 그친다. **그림 6.4**는 가상의 종단적(교차지연) 상관관계 연구이다. 중요한 자료들은 대각선상에 나와 있다.

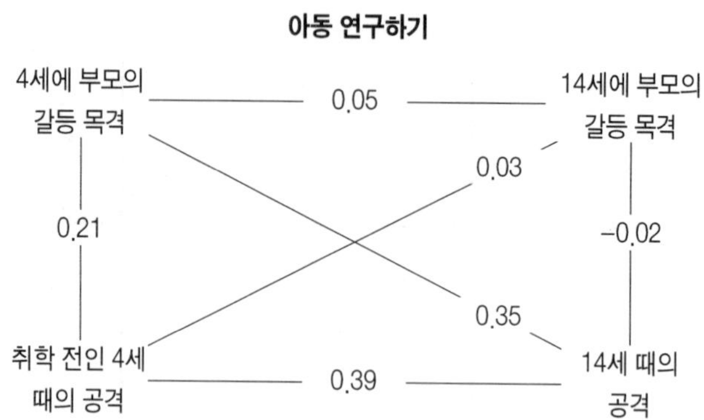

그림 6.4 가설적 교차 지연 상관관계(cross-lagged correlation) 자료

t 검증

t 검증은 두 집단의 결과 간에 차이가 있는지를 비교하는 가장 간단한 방법 중 하나이다. 앞에서 사용한 유치원생의 색깔 구분 반응 속도의 예를 이용하자. 특수한 색깔 인식 프로그램을 실험 집단에게만 가르치고 통제 집단에게는 가르치지 않았다고 하자. 두 집단 다 사전 사후 검사를 받는다. 이 점수들은 '독립표본 *t* 검증(*t* test for unrelated data)'을 이용해 분석해야 할 것이다. 이 경우 두 집단의 점수들은 독립적이고 관계가 없다. 또한 모든 아동들을 검사하고, 그 후에 모두에게 프로그램을 가르친 다음에 다시 검사를 하는 방법도 있다. 이 경우 두 데이터 세트가 서로 연관된 점수들(같은 아동의 두 점수)로 이루어졌기 때문에, '대응표본 *t* 검증(*t* test for related data)'을 사용해야 한다.

엑셀에서 독립표본 *t* 검증은 자료 분석도구의 '*t* test−paired two sample' 기능으로, 대응표본 *t* 검증은 '*t* test two sample' 기능으로 수행할 수 있다. 후자를 선택하면 '동일 변량 가정(assuming equal variances)'용 검증과 '비동일 변량 가정(assuming unequal variances)'용 검증의 두 가

지 중 고르도록 되어 있다. 이 선택에서 우리는 *t* 검증의 적절한 사용을 위해 자료가 갖추어야 할 조건들에 대해 생각하게 되고, "*t* 검증의 자료 가정은 무엇인가?"라는 질문을 던져야 한다.

다른 강력한 통계 검증방법들과 같이, *t* 검증은 표집이 정상분포의 모집단에서 수집되었다고 가정한다. 점수에 명확한 문제(한쪽으로 편포된 경우 등)가 있는지는 쉽게 확인할 수 있다. 예를 들어, 어떤 시험이 너무 어려웠다면 많은 아동들이 0에 가까운 낮은 점수를 받았을 것이고(**바닥 효과**), 반대로 너무 쉬웠다면 많은 아동들이 최고 점수에 가까운 점수를 받았을 것이며(**천장 효과**), 이것이 분포를 왜곡시킬 것이다. 또한 자료는 간격 수준 이상이어야 한다. 마지막으로, 독립표본 *t* 검증의 경우 두 집단의 표집 크기에 큰 차이가 있다면 그 두 개 수치의 **분산치**가 커서는 안 된다. 분산치란 수치들이 얼마나 퍼져 있는지를 나타내는 측정치이다(수학적으로는 표준편차의 제곱이다).

이와 같은 세세한 부분 때문에 조언의 필요성과 탄탄한 통계 지식이 강조되는 것이다. 하지만 *t* 검증은 매우 '강력(robust)'하다. 이것은 *t* 검증은 매우 유연하고 전제가 어느 정도 깨진다고 해서 정확한 결과를 얻지 못하게 되는 것은 아니라는 뜻이다.

카이스퀘어 검증

아무리 *t* 검증과 같은 분석도구가 강력하다고 해도, 수집된 자료가 검증의 자격 조건을 못 따르는 경우도 많다. 많은 유용한 데이터 세트들이 가장 낮은 측정 수준인 명목 수준의 자료를 수집한다. 예를 들어, 교복 착용의 의무화, 대학 진학 여부, 투표 가능 연령을 16세로 낮추는 것에 대한 아동들의 의견을 조사할 수 있다. 실제 관찰된 수치들이 무작위일 때의 예상치를 벗어나는지를 검증하는 간단한 검증방법으로 카이스퀘어 검증(chi-square test, χ^2)이 있다 . 이것은 관찰 빈도와 기대 빈도를 비교하는 것에 기반한다.

교복의 예에서 50명 중 20명의 학생들이 찬성, 30명이 반대한다면 그 수치들이 바로 관찰 빈도이다. 무작위 선택으로 책정되는 기대 빈도는 25 찬성 25 반대이다. 이것으로 다음과 같이 네 개의 칸(cell)을 가진 표를 만들 수 있다.

	교복 찬성	교복 반대
관찰 빈도	20	30
기대 빈도	25	25

다른 두 집단 간의 의견들을 비교하는 예를 흔하게 볼 수 있으므로, 같은 질문을 높은 사회경제적 지위(SES)를 지닌 아동들과 낮은 사회경제적 지위를 지닌 아동들에게 물어 그 답이 서로 다른지를 본다고 하자. 이것을 2×2 카이스퀘어 검증이라 하고, 그 표는 이제 다음과 같다.

	높은 SES(관찰된)	낮은 SES(관찰된)
교복 찬성	15	5
교복 반대	10	20

	높은 SES(기대된)	낮은 SES(기대된)
교복 찬성	10	10
교복 반대	15	15

위의 예에는 25명의 아동이 높은, 25명의 아동이 낮은 SES에 속한다. 총 20명이 교복에 찬성했으므로 이들이 각각의 집단을 동등하게 대표하

여 각각 10명씩 찬성했을 것이라고 예상했다. 30명은 반대했으므로 각 집단에서 15명씩이 반대했을 것이라고 예상했다.

여기서는 이와 같은 검증방식의 공식이나 원리까지 다루지 않지만, 엑셀의 카이스퀘어 공식을 이용하면 결과를 간단히 구할 수 있다. '도움말' 메뉴에서 '카이스퀘어(chi square)'를 검색하고 CHITEST를 선택하면 사용 예를 볼 수 있다. 공식을 제대로 입력했다면 첫 번째 표의 내용은 유의도는 없으나($p = 0.157$), 자료가 사회경제적 지위로 분류되자 높은 SES의 아이들이 낮은 SES의 아이들보다 교복에 더 찬성한다는 결과가 나온다($p = 0.004$, 혹은 그냥 $p < 0.01$라고 표기한다).

명목 수준의 자료도 사용할 수 있도록 유연하고 간단하며 효과적이라는 매력이 있지만, 카이스퀘어 검증은 중요한 한계점을 가지고 있다. 이는 빈도(각 범주의 실제 원수치)에만 쓰일 수 있고 퍼센트, 평균, 비율 등에는 사용할 수 없다. 또한 아주 낮은 빈도를 가진 범주가 있다면 사용할 수 없다. 20% 이상의 칸에 5 이하의 수치가 들어 있으면 안 된다는 것이 일반적인 규칙이다. 따라서 앞의 예처럼 단순한 네 칸짜리 카이스퀘어의 경우, 가장 낮은 칸이 적어도 5의 빈도를 가져야 한다.

물론 양적 연구에는 이보다 세련된 분석 절차가 많고, 일반적으로 자료의 조건이 허용하는 한 가장 강력한 검증방법을 사용할 것을 추천한다.

아동 검사 점수의 이해

앞의 양적 개념에 대한 개관은 아동의 검사 점수를 해석하는 데 필수적인 기본 사항들을 제시한다. 아동 연구를 하는 많은 이들이 지능이나 학업 평가와 같은 표준화된 검사 결과를 포함한 배경 정보를 수집한다. 연구자가 직접 아동을 평가해서 얻고 싶은 정보도 있을 것이다. 검사를 만드는 것은 여러 핵심 원리에 따르고 이 원리들은 점수나 지수가 나오는 모든 종류의 검사－지능, 성격, 불안, 우울, 적성, 성취, 혹은 키나 몸무게든－에 적용된다. 표준화된 검사는 전문적인 영역이며, 많은 검사들은 자격이나 경험을 갖춘 전문가들만이 사용할 수 있게 되어 있다. 하지만 이런 검사의 결과는 연구자들을 포함한 많은 다른 현장 활동가들에게도 공개되어 있고, 따라서 그들의 의미를 이해하는 것이 중요하다.

검사 점수의 이해는 지능 검사를 통해 가장 쉽게 설명할 수 있다. IQ의 개념이나 지능지수는 대중에게 잘 알려져 있으므로 이런 검사들은 대부분의 사람들에게 친숙하다. 지능 검사는 종종 오용되며 그로 인해 논란을 일으키기도 했다. 그리고 이 검사들은 양극의 점수(예: 아주 낮은 점수)가 나오는 경우를 제외한 대부분의 사람들에게는 한정된 정보를 준다. 하지만 일반적인 능력이 연구 결과에 영향을 미치는 연구를 하는 아동 연구자들에게는 이런 검사들이 유용한 배경 자료가 될 수 있다. 예를 들어, MacKay(1999)는 무선적으로 통제된 검증으로 읽기에 대한 태도를 조사하기 위해 각 여덟 명의 집단 세 개를 뽑아야 했고, 지능 검사 결과를 통해 참가자들을 한 차례 걸러 냈다. 그때 사용된 검사는 **글상자 6.2**에 묘사된 두 검사 중 하나인 Raven's Coloured Progressive Matrices였다. 일반 학습장애와 같이 지능과 관련된 요인과 직접 관계가 있는 읽기에 어려움을 느끼는 아동이 아닌, 보통 지능을 가졌으나 읽기에 어려움을 느끼는 아동들을 조사하는 것이 연구의 목적이었던 만큼 극단적인 점수를 가진 아동들은 연구대상에서 제외되었다.

비슷한 류의 표준화된 점수들과 같이, 지능지수에서는 원점수가 지능에 관해 의미 있는 정보를 주지 않는다는 데서 출발했다. 예를 들어, 아주 총명한 4세 아동과 심한 학습장애를 가진 15세는 둘 다 '정신연령'이 6

세일 수 있고, 따라서 비슷한 원점수를 받을 것이다. 이것은 현재 시점의 수행을 보여 주지만 이를 통해 진짜 능력을 제대로 알 수는 없다. 각 연령대별 모집단 점수의 분포를 찾아서 그것을 표준화된 점수로 환산한다면 그 환산 점수는 나이에 상관없이 같은 방식으로 해석이 가능할 것이다. 앞서 말했듯이 지능 검사의 결과는 보통 평균 100, 표준편차 15이다.

이러한 표준화된 점수들이 개개 점수의 의미를 알게 해 주는 것이다. **그림 6.1**을 다시 보며 **글상자 6.2**에 나타난 두 검사 결과와 연결지으면 이것을 쉽게 알 수 있다. 70이라는 점수(평균 = 100이고 표준편차 = 15일 때)는 평균점으로부터 2 표준편차만큼 작고, 두 번째와 세 번째 백분위 사이에 위치해 있다. 이것을 −2.0의 *z* 점수로 나타내기도 한다(*z* 점수는 일정 점수와 평균점의 차이를 표준편차를 단위로 삼아 나타낸 것이다). 영국능력척도(British Ability Scales)와 같이 자주 쓰이는 검사들은 T 점수를 사용하기 때문에 이것도 참고하는 것이 좋다. **그림 6.1**을 보면 T 점수는 원점수를 평균 50, 표준편차 10을 가진 분포로 환산한 것임을 알 수 있다. 그래서 T 점수를 다른 점수들과 비교하는 것이 가능한 것이다. 이와 같은 기준치를 만드는 것이 어쩌면 의미 없어 보일 수 있지만 사실은 분명한 논리에 기반한 것이다. 이것은 편의를 위해 정상분포가 평균치 5 표준편차 아래부터 5 표준편차 위까지 펼쳐져 있다고 가정한다. 그러므로 T 점수는 정상분포의 전체 범위 0부터 100까지의 백분위를 나타내게 된다. 그래서 분포의 정중앙, 50%에 해당하는 평균점을 50으로 설정한 것이다.

낮은 검사 점수의 해석

70이라는 지능 검사 결과를 보면 검사 해석의 또 다른 중요한 점을 고려

글상자 6.2 아동의 지능 검사 점수 해석하기

다음 두 아동 검사는 세계적으로 가장 자주 쓰이는 것이다.

The Wechsler Intelligence Scale for Children, Fourth Revision (WISC-IV) (Wechsler, 2004)
이것은 네 영역에 걸쳐 아동의 능력을 측정하는 일반 지능 검사이며, 영역별로 여러 개의 소검사가 있다—언어 이해력(예: 어휘, 단어 유추), 지각 추론(예: 토막 짜기, 그림 완성하기), 작동기억(예: 숫자 외우기), 처리 속도(예: 기호 쓰기). 이 각 영역들에 표준화된 점수를 매긴 후 그것을 다 더해 전체척도 IQ를 만든다(모두 평균은 100, 표준편차는 15이다).

해석　다음의 표는 WISC-IV의 점수를 공식적으로 기술하는 방법이지만, 이런 유형의 표준점수를 사용하는 다른 검사를 해석하는 데도 유용하다(혹은 정상분포 곡선에 따라 대등한 지점을 보아도 좋다).

130 이상	매우 우수
120~129	우수
110~119	평균 이상
90~109	평균
80~89	평균 이하
70~79	경계선
69 이하	극히 낮음

Raven's Coloured Progressive Matrices (CPM) (Raven et al., 1998)
Raven의 CPM은 5~12세 아동의 생산적인 사고 능력을 측정하는 비언어 지능 검사이다(능력이 떨어지는 대상 연령 이상의 아동과 성인에게도 실시한다). 이것은 간략한 책 형태로 되어 있으며 12개 항목씩 세 세트, 총 36개의 항목으로 이루어져 있고, 아동은 큰 그림에서 빠져 있는 한 조각의 그림을 보기에서 찾아내야 한다. 이 항목들은 다른 도형들 중 같은 모양을 찾는 등으로 시작하여 지능 발달의 단계에 맞춰 진행된다. 대상 연령 이상의 아동과 성인을 위한 더 높은 수준의 검사인 *Standard Progressive Matrices*(Raven et al., 2000)도 있다. 각각은 독립된 어휘 검사와 같이 실시되기도 한다.

해석 아래는 CPM 점수에 대한 공식 기술이다. 표준화된 측정치로는 백분위가 쓰이고, 그로써 정상분포를 통해 다른 표준화된 점수들과 비교할 수 있다.

1등급 백분위 95 이상–'지적으로 우수한'
2등급 백분위 75 이상–'분명한 평균 이상'
(백분위 90 이상은 2^+ 등급으로 분류)
3등급 백분위 25와 75 사이–'지적으로 평균'
(백분위 50 이상은 3^+ 등급, 이하는 3^- 등급으로 분류)
4등급 백분위 25 이하–'분명한 평균 이하'
5등급 백분위 5 이하–'지적으로 결손'

하게 된다. 평균보다 2 표준편차만큼 낮은 점수, 즉 거의 최하위 2%에 다다르는 이 점수는 보통 '진단 분할점(cut-off)'이라 불리며 이의 쓰임새에 대해 더욱 알아볼 필요가 있다. IQ에 있어서 이는 '정신지체'로 분류되는 수치라고 여겨져 왔다. 정신행동장애(자폐범주성장애나 주의력결핍 과잉행동장애 등 포함)의 국제 분류법에 의하면 인지 기능이나 초기 언어 발달 등에 있어서 '임상적으로 유의미한' 결함을 의미하는 표현으로 많이 쓴다. '임상적 유의도'란 평균보다 2 표준편차 이상 낮은 수치로 주로 쓴다. (높은 불안증이나 우울증의 증세처럼 관심 증세가 높은 점수로 표현되는 경우에 유의한 점수들은 평균보다 2 표준편차 이상 높은 수치를 이용한다.) **글상자 6.2**에서 웩슬러 척도의 최신 버전이 이제 '정신지체 수준' 대신 '매우 낮음'이라는 눈금을 사용한다는 것을 볼 수 있는데, 이는 IQ가 70 이하라고 해서 무조건 학습장애가 있는 것은 아님을 인정하나 그 수치는 역시 면밀한 조사를 요하는 중요한 기준이라는 것을 명시하는 것이다.

글상자 6.2의 웩슬러 척도에 주어진, '매우 우수'에서 시작해 '극히 낮음'으로 기술하는 것은 다른 검사 점수의 의미를 해석할 때도 유용하다. 당신의 검사 결과가 표준화된 척도로 표현되어 있지 않을 때는 그것을 여기 설명한 다른 표준화된 점수들과 연관시킬 수 있는 정보로 찾아야 할 것이다. 한 아동이 읽기 능력 검사에서 27점을 받았다는 것은 실상 아무 의미가 없고, 그것이 8세 읽기 능력 수준에 해당한다고 해도 크게 의미가 있지는 않다. 이 아동이 6세, 7세, 또는 8세라면 이 점수는 분명 좋은 점수일 테지만, 지금 주어진 정보만으로는 그 아동을 제대로 평가할 수 없다. 아동의 나이에 맞는 정상분포의 평균, 표준편차 등과 비교를 해야만 이 점수를 제대로 해석할 수 있다.

다음 절에서는 양적 연구에 사용되는 주요 방법(관찰, 면접/면담, 질문지, 조사방법)을 설명한다. 관찰과 면접은 질적 연구에서도 많이 사용된다.

그림 6.5

관찰

어떤 의미에서 관찰은 모든 연구의 한 부분이다. 연구의 목적이 한 개인, 관계, 특정 사회 집단이나 문화에 대한 이해를 향상시키려는 것이라면 그러한 지식은 관찰로부터 시작된다. 관찰이란 아동들을 개인적으로, 관계 안에서, 맥락 속에서 보고, 그들이 무엇을 보고 느끼고 생각하고 어떤 행동을 하는지를 묻는 것이다. 관찰 기술은 다양한 연구 접근방식의 기초가 된다. 알아 두어야 할 다양한 관찰 기술이 있으며, 대상 아동의 연령, 개념적 능력 수준, 관찰자와의 관계, 그리고 연구의 목적에 따라 어떤 기술을 사용해야 할지가 결정된다. 이 기술들은 크게 **참여 관찰**과 **비참여 관찰**로 나뉜다. 참여 관찰에서는 관찰자가 연구대상 집단 속으로 들어간다. 아동 연구와 관련된 자료를 어른들의 환경에서 찾는, 이를테면 사회복지사가 아동 복지 기관들로의 의뢰가 어떻게 처리되는지 알아보거나, 대학생이 학교에서 일하면서 교사들이 어떻게 커리큘럼의 질을 정의하는지를 알아내는 등의 경우가 이에 해당된다. 관찰자들이 참여는 하지만 다른 참가자들에게 자신의 관찰 역할을 알리지 않는 것은 **밝히지 않는 관찰**(undisclosed observation)이라고 한다. 비참여 관찰에서는 관찰자가 그저 보기만 한다. 심리학자가 한쪽은 유리창인 거울 뒤에 숨어 어머니와 유아의 자유놀이 상호작용을 관찰하고 관찰한 행동들을 코딩하는 것 등이 이에 해당된다.

관찰 기술은 어떤 식으로든 의사소통 능력이 없는 어린 아동들을 연구할 때 특히 유용하다. 게다가 아동들을 실험적 조작의 피험자로 하기보다는 집, 학교, 동네 같은 자연스러운 환경에서 연구하는 것이 좋은 이유는 여러 가지이다. 아동들은 낯선 사람이나 낯선 환경에 특히 민감하다는 것이 그중 하나이다. 또 그들은 사전 동의에 있어 약자라는 것도 또 하나의 이유이다(9장 참조).

표집방법 — 무엇을 관찰하고 어떻게 기록할 것인지 — 은 관찰에 있어 중요한 결정이다. 선택의 여지가 많다. 예를 들어, 연구하고자 하는 행동에 대해 우리는 다음을 사용할 수 있다.

- 두드러진 활동 표집(predominant activity sampling): 기간 중에 일어난 일들을 가장 잘 대표할 수 있는 한 행동만 기록한다.
- 단위 표집 또는 원-제로 표집(unit sampling or one-zero sampling): 주어진 시간 안에 행동이 일어났을 경우 그 빈도를 기록하지 않고 한 번으로 쳐서 기록한다.
- 순간 표집(instantaneous sampling): 주어진 시간 동안 미리 지정된 시점에 기록한다.
- 자연 표집(natural sampling): 주어진 시간 안에 일어난 모든 관련 사건들과 그 지속 기간을 기록한다.

이 각각의 절차가 어떻게 시행되는지는 **그림 6.6**에 나타나 있다. 당신이 알아볼 수 있게 코딩체계를 직접 써도 되고 기존의 것을 사용해도 무방하다. Robson(2002)은 유용한 방법들을 제시한다. 여기에 나오는 부호는 Sylvia, Roy 및 Painter(1980)가 각각의 아동들을 따라다니며 기록한 것으로 '개개의 동물들을 따라다니는' 동물 행동학적 방법의 수정본이다. 목표 아동(target child, TC), 다른 아동(child, C), 성인(adult, A), 사회적 맥락〔예: SOL=solitary(단독), SG=small group(소집단), LG=large group(대집단)〕, 일어나는 사건〔예: PA=physical aggression(신체적 공격), HA=hostile aggression(적대적 공격), VA=verbal aggression(언어적 공격)〕에는 약식 부호를 사용한다.

글상자 6.3은 단위 표집의 예를 더 보여 준다.

시간	적극적 과제 참여	소극적 과제 참여	과제 미참여, 조용함	과제 미참여, 산만함
10.00	✔			
10.01	✔			
10.02	✔			
10.03		✔		
10.04		✔		
10.05				✔

(a)

Sheridan(1975)의 아동 발달 규준(4.5세)	예	아니요	비고
1. 애정과 신뢰를 보임	✔		친구의 손을 잡고 귓속말을 함
2. 집안일 돕는 것을 좋아함	✔		즉각 저항 없이 세수를 하고 컵을 깨끗하게 해 놓으려 함
3. 주변을 정돈해 놓으려 함		✔	장난감을 어지르고는 치우라고 하자 도망가 버림
4. 상징적 놀이	✔		상상의 친구와 차를 마심
5. 상징적 놀이에 참여	✔		친구들끼리 역할을 서로 정해 결혼식 놀이를 함
6. 장난감을 나누어 가지고 놂	✔		

(b)

시간	활동	언어	사회적
9.00	틀에 올라가고 있는 친구에게 TC가 다가간다.	TC → C 내가 너보다 높이 올라갈 수 있어. C → TC 못할 걸.	짝
9.01	TC가 C를 틀에서 밀어낸다.	TC(웃는다)	짝
9.02	C가 TC를 틀에서 밀어낸다.	C → TC 여긴 내가 먼저 왔어. 그렇지만 너 여기 있어도 돼.	짝

(c)

시작 시간	종료 시간	사건(부호 표기) (가능한 경우 공격성 전후 상황 메모)	언어	사회적
9.15	9.18	(PA)+(HA) TC가 C의 머리카락을 세게 잡아당기자 운다.	TC → C 너 진짜 싫어.	짝
9.19	9.20	(VA) TC가 C에게 시비를 건다.	TC → C 넌 못생긴 겁쟁이야.	짝
9.21	9.22	(PA) TC가 C를 바닥으로 민다.		짝

(d)

그림 6.6 관찰에 사용되는 표집방법: (a) 코드가 정해진 체크리스트를 사용하여 두드러진 활동 표집, (b) 4.5세 아동을 대상으로 사회발달척도 규준을 사용한 단위 표집, (c) 순간 표집, (d) 자연 표집

글상자 6.3 두 목욕방식의 불안 감소 가능성에 대한 비교 연구에서의 관찰도구

아동 인식 부호:
날짜:

행동 단서:
환자/아동 관찰 시 아래와 같은 행동을 분류하시오.

신체 활동(선택 1)

심한 불안	목적이 있는 활동 혹은 무활동 상태가 유지됨
약간의 불안	목적이 없는 몇 가지 동작과, 고통이나 수술에 대해 말할 때 활동 증가
불안 없음	목적이 있고 적절한 제스처

얼굴 표정(선택 1)

심한 불안	찡그리고 입가가 내려가 있는 상태 유지
약간의 불안	가끔 불안한 표정
불안 없음	만족스럽고 기분 좋은 표정

발화(선택 1)

심한 불안	한숨, 어색한 웃음, "몰라요", 절망스러움, 공황, 두려움
약간의 불안	분노, 우울, 불편, 긴장, 두려움
불안 없음	불안과 관련 없는 어휘의 사용: 행복, 낙관적, 안정적

대화(선택 1)

심한 불안	많은 걱정과 불만을 표현하며 면접에 집중하지 못함
약간의 불안	가끔 걱정과 불만을 표현함
불안 없음	불만족의 표현이 없거나 만족을 표현함

출처: Barsevick, A. and Llewellyn, J. (1982), 'A comparison of the anxiety-reducing potential of two bathing techniques.' *Nursing Research*, 31(1): 2-7. 허락하에 게재함.

자연적인 환경에서 아동을 관찰하는 것은 '진짜 세상'의 느낌을 줄 것이다. 자료 수집은 아동의 상태를 침투하지 않게 교묘해야 하고, 숨겨 놓은 비디오카메라나 녹음기, 잘 구성된 간단한 기록지나 스톱워치의 도움을 받는 경우도 있다. 잘 설계된 관찰 연구는 연구자가 이와 같은 실제 사건이 일어나는 당시에 기록도 할 수 있도록 한다. 이런 직접 경험은 연구자로 하여금 복잡한 사람들과 상황들을 이해하고 이론에도 기여할 수 있게 해 준다. 하지만 관찰방법은 단일 인물들/단순한 세팅에서부터 대집단/복잡한 세팅에 이르기까지 잘 적용하기가 힘들어 비교/대조하기 힘들다.

면접(면담)

아동과 청소년을 직접 대상으로 했든 성인을 대상으로 했든 면접은 연구에 아주 널리 쓰이는 방법이다. 아동의 관점을 직접 듣기 위한 방법으로서의 면접은 많은 가능성을 제시하며, 이것은 8장에서 깊게 다룬다. 우리가 현재 아동에 대해 알고 있는 것들은 상당 부분이 아동을 잘 아는 성인들—부모, 교사, 보육자, 사례 연구자, 방문 간호사와 몇 가지의 경우에는 또래들 등—을 대상으로 한 잘 설계된 면접으로부터 나온 것이다. 정책이나 현장에서 아동들에게 영향을 줄 수 있는 중요한 문제들 역시 면접을 통해 검증될 수 있다. 협조적인 참가자들은 면접하는 것을 좋아하기도 하고, 상호작용이 가능한 절차를 통해 연구자는 감정에 대한 비언어적 단서 등에 대해 다른 방법으로는 잡아내기 힘든 정보를 얻을 수 있다. 비교적 자유로운 상호작용은 연구자가 중요한 감정적 이슈를 부드러운 촉진을 통해 알아낼 수 있게 해 주고, 참여자에게 정말 중요한 문제가 무엇인지를 알 수 있게 해 준다.

면접방식의 다양함은 구조 수준에 따라 달라진다. 미리 짜 놓은 질문이 얼마나 되느냐에 따라 구조화, 반구조화, 비구조화로 나뉜다. 구조화 면접은 직접 사람이 읽어 주는 질문지로, 연구자가 질문을 읽어 주고 답변을 적는다. 반대로 비구조화 면접은 최대한 많은 내용이 피면접자에게서 나오고, 대화의 흐름에 따라 면접이 흘러간다. 이런 경우 면접자는 그저 배경 지식을 갖춘 추임새 역할을 맡아 면접이 흘러가도록 이끌지만 대화의 발달에는 관여치 않는다. 가장 흔히 볼 수 있는 형식은 반구조화 면접인데, 이는 관심 분야에 관한 질문을 가지고 시작하지만, 일정한 틀 안에서 피면접자가 자신의 고유 생각을 펼치게 한다.

면접의 구조 수준을 선택하는 일은 면접의 목적에 따라 결정해야 할 것이다. 사실적 정보나 미리 정해진 주제에 대한 관점을 얻고자 하는 것이 목적이라면 구조가 더 필요할 것이다. 피면접자에게 중요하고 의미 있는 주제에 대해서 알고, 그들의 진정한 경험을 듣고자 한다면 구조를 줄여야 할 것이다. 또한 새로운 분야에 대한 탐색적 연구를 시작하려 한다면 비구조화 면접이 유용할 것이다. 그리하여 얻은 배경 지식을 토대로 앞으로의 구조화된 접근을 발전시킬 수 있을 것이다. Bailley 등(1995)이 청소년들이 불법 마약에 대해 어떤 정보/인식을 가지고 있는지를 연구한 것이 그 예이다. 이 연구는 세 개의 긴 비구조화 면접으로 시작해 청소년들이 구사하는 마약 관련 언어와 그들에게 중요한 것 등을 알아냈다. 그렇게 얻은 자료를 토대로 20명을 대상으로 할 구조화 면접을 만들었다.

각각의 면접 형태는 장단점이 있다. 보다 구조화된 면접은 각각의 대상자들에게 같은 질문은 같은 방식으로 하게 된다. 그리함으로써 보다 비교가 가능해지고 더 양적 연구방식에 맞는 자료를 얻게 된다. 하지만 이 방법은 비구조화 방식에 비해 융통성이 떨어지고, 연구자가 이미 어떤 질문들이 중요한지를 알고 있어 그에 대한 대답만을 구하면 된다는 가정을

표 6.1 면접 설계 및 수행방법

설계	수행
• 아이디어를 종이에 적은 후, 주제별로 사생활 침입의 문제가 될 소지가 있는 것들의 목록을 만든다. • 개방형 질문을 생각해 본다. 무엇? 언제? 어떻게? • 질문들이 명료하고 모호하지 않으며 짧은지 확인한다. • 쉬운 질문부터 시작해 어려운 질문으로 끝나는 순서를 배열한다. • 유도 질문이나 전문 용어, 감정적인 언어, 부정문을 피한다. • 긍정적인 이슈와 질문으로 끝마친다. • 파일럿 면접을 해 본다. • 다시 쓴다.	• 연구의 목적, 비밀 보장과 응답을 거부할 권리를 말해 주고, 어느 시점에라도 연구를 중단할 수 있음을 알려 준다. • 사생활 보장을 고려한 면접 장소를 정한다. • 현장 세팅에 익숙하고 맞게 자신을 훈련한다. • 관심을 갖고 피면접자의 응답에 판단적이 되지 않도록 한다. • 면접 내용을 녹음하고, 원래 목적에서 벗어나지 않도록 하나 피면접자에게 조금의 여유를 준다. • 유용한 기술: 기대를 품은 침묵/눈짓, 격려하는 말투, 피면접자의 말을 음미하고 그 말로 되돌아가며 기술적으로 촉진하기

하고 있다. 여러 모로 반구조화 면접은 두 접근방법의 장점을 가질 수 있을 것이다.

면접은 시간이 걸리고 상세한 분석을 요하지만 잘한 면접은 그럴 가치가 있다. **표 6.1**에 면접을 설계하고 수행하는 방법을 제시하였다.

질문지

질문지는 다수를 대상으로 신속히 설계/수행될 수 있고(우편으로도 가능하다) 쉽게 분석할 수 있다는 점에서 자주 사용되는 연구도구이다. 이는 학교 출석률이나 병원 통원 기록과 같은 사실적 자료를 수집하기도 하고 의견을 수집하는 데도 좋은 도구이다. 이런 간편함이 연구자들로 하여금 질문지를 널리 사용케 한 것일 테지만, 질문지의 잘못된 설계로 무의미하고 분석 불가한 자료들을 수집하는 경우도 많다. **글상자 6.4**에서 직접 질문지를 만들 때 참고할 조언을 볼 수 있다.

글상자 6.4 질문지 제대로 만들기

질문지는 연구자들이 가장 자주 쓰는 방법이며, 실패하는 경우도 가장 많은 방법이다. 안 좋은 질문지는 아무리 애를 쓴다 해도 프로젝트 전체를 망칠 것이다. 그것은 주로 이렇게 끝난다—'제가 생각해 냈어야 했지만 생각 못한 질문이 있다면 이곳에 답변을 기재해 주세요.' 다수의 이런 질문지들은 대개 초안 상태 그대로이다. 초안인 질문지가 갈 곳이란 쓰레기통뿐이다. 이 충고를 무시한다면 당신의 프로젝트가 대신 쓰레기통으로 가게 될 것이다. 다음은 질문지를 쓰는 데 유용한 기초 규칙이다.

- 어떤 애매함의 여지도 두어서는 안 된다. 응답자는 아는 것이 전혀 없다고 가정한다. 용어들을 정확하게 설명하고 정의한다.
- 얻고자 하는 정보를 정확하고 완전하게 명시한다. 최근에 등교 거부하는 사람들을 많이 만났느냐고 묻는 질문은 아무 의미도 없다. 알고 싶은 바를 세세히 명시한다—시간, 나이, 날짜 등. '작년'은 지난 1년을 일컫는 것인가, 아니면 지난 회기를 일컫는 것인가? 질문지는 연습이 아니고, 두 번째 기회는 오지 않을 것이다.
- 나중에 자료를 양적으로 변환할 수 있도록 질문을 쓴다. 셀 수 없는 것은 존재하는 것도 아니라는 말은 진실이 아닐지 모르나, 질문지에 관한 한은 대개 진실이다.
- 머리에 떠오르는 모든 질문을 질문지에 넣고서 뭔가 흥미로운 것이 걸리

겠지라고 기대하지 말라. 그건 순서가 반대로 된 것이다. 관심 있는 변인들과 그 질문들을 어떤 식으로 써야 원하는 정보를 얻을 것인지를 먼저 정한다.

- 응답자에게 불가능한 과제를 주지 말라. 예를 들어, 지난 5년간 직장에서 정신과 의사에게 의뢰한 유아의 수를 그 이전 5년과 비교해서 응답해 줄 수 있는 사람은 아무도 없다.
- 쓸데없이 개인 정보를 묻지 말라. 그것이 중요하지 않다면 아동의 이름이나 다른 개인 정보를 묻는 질문지는 응답률이 낮을 것이다.
- 몇 명의 동료에게일지라도 꼭 시험 질문지를 돌려 본다. 큰 오점을 쉽게 발견해 낼 것이다.
- 응답률을 최대화하기 위해 어떻게 해야 하는지를 생각해 본다. 예를 들면, 질문지 반송 희망 날짜를 표기하고, 질문지를 보낸 며칠 후에는 응답을 상기시키는 내용을 보내며, 또 가능하면 전화를 걸어 본다. 동료나 다른 전문직 종사자들을 상대로 하는 질문지라면 낮은 응답률은 응답자가 아닌 연구자의 탓이다.

출처: MacKay, T. (1987) 'Planning research in child guidance'. *SALGEP Quarterly*, 6(1): 3-11.

아동의 태도 연구

질문지는 아동의 태도를 알기에 좋은 방법이고, 당신의 관심사를 정확히 다룰 수 있다. 그런 질문지로는 **그림 6.7**에 나타나 있는 '학교에 대한 생각'이 있다. 이것은 학교와 학교 공부에 대한 아동의 태도를 평가하고 아동이 보는 부모의 태도 또한 알기 위해 설계되었다. 세 개의 문항은 특히 읽기에 대한 태도와 아동이 느끼는 스스로의 읽기 능력에 관한 것이다. 두 개를 제외한 모든 문항은 방향성을 지닌다(즉, 학교나 교육에 대한 태

학교에 대한 생각

(Briggs and MacKay, 1993)

우리는 아동들이 학교에 대해 어떻게 생각하고 있는지 알려고 합니다.
각 질문의 한 가지 보기에 체크해 주세요. 여기에는 맞고 틀린 답이 없습니다. 그냥 어떻게 생각하는지를 알고 싶을 뿐입니다.

1. 나는 학교에 가는 게 좋다.	그렇다	중간	아니다
2. 나는 쉬는 시간이 가장 좋다.	그렇다	중간	아니다
3. 학교는 중요한 것이라고 생각한다.	그렇다	중간	아니다
4. 학교에서 자주 말썽을 부린다.	그렇다	중간	아니다
5. 부모님은 선생님들의 말씀이 보통 옳다고 생각한다.	그렇다	중간	아니다
6. 집에 책이 많다는 건 좋은 일이다.	그렇다	중간	아니다
7. 나는 잘 읽지 못한다.	그렇다	중간	아니다
8. 숙제는 중요하다.	그렇다	중간	아니다
9. 우리 학교는 좋은 학교이다.	그렇다	중간	아니다
10. 나는 다른 아이들과 어울리는 게 서투르다.	그렇다	중간	아니다
11. 내 친구들은 학교 가는 게 시간 낭비라고 생각한다.	그렇다	중간	아니다
12. 부모님은 학교가 중요하다고 생각한다.	그렇다	중간	아니다
13. 학교에 안 가도 되면 좋겠다.	그렇다	중간	아니다
14. 학교에서 문제가 생기면 부모님은 보통 내 편을 들어 주신다.	그렇다	중간	아니다
15. 난 제일 잘하는 과목이 없다.	그렇다	중간	아니다
16. 나는 읽는 걸 별로 좋아하지 않는다.	그렇다	중간	아니다

그림 6.7 아동에게 사용된 간단한 태도 질문지

출처: MacKay, T. (1995). 'Reading failure in an area of multiple social disadvantage: response of a psychological service to a school's priorities. In: The Scottish Office Education Department, *Matching Service Delivery to Client Needs: Quality Assurance in Psychological Services*. Edinburgh: The Scottish Office Education Department pp. 210–33.

도 또는 인식이 긍정적인지 부정적인지를 묻는다). 나머지 둘은 중립적이다("나는 쉬는 시간이 가장 좋다."와 "나는 제일 잘하는 과목이 없다."). 14개의 각 문항에 0, 1, 2의 점수를 주도록 되어 있다.

MacKay와 Watson(1999)이 그랬듯이 아동의 태도를 묻는 것, 특히 질문지를 사용하여 묻는 것은 큰 문제에 이를 수 있다. 그들은 앞의 질문지를 '어린아이들의 학교에 대한 생각'으로 적용하려 했다. "나는 학교에 가는 게 좋다."라는 문구를 "물고기 프레디는 학교에 가는 걸 좋아해. 너도 학교 가는 게 좋니?"라는 문구로 대체했다. 소집단별로 교사가 이 문항들을 5세 아동들에게 읽어 주었다. 각 문항마다 그림이 하나씩 있었다(이 경우에는 물고기 프레디의 그림). 아동들은 "이쪽은 '네'라고 쓰여 있고, 저쪽은 '아니요'라고 쓰여 있어."라는 설명을 듣고, 자신의 선택에 동그라미를 그리라는 지시를 받았다.

결과는 끔찍했다! 새로운 질문지나 방식을 사용할 때 하듯이 연구자들은 어떻게 되어 가는지를 보러 갔다. 그들이 교실에 들어섰을 때, 교사는 "새앙쥐 미니는 학교에 안 갔으면 좋겠대. 너도 학교에 안 갔으면 하니?"라고 읽어 주고 있었다. 그렇게 질문을 하는 동시에 그녀는 무의식적으로 고개를 젓고 있었고, 아이들은 입을 모아 "아니요오오~"라고 답하며 '정답'에 동그라미를 쳤다! 학술지에의 발표에는 세부 사항을 생략한 채 "질문지의 내용은 의미 있는 통계 분석을 하기에 적합하지 않았다."라고만 나와 있다.

질문지나 다른 도구를 사용할 때, '사회적 바람직성' 요인을 제거하는 것은 매우 중요하다. 위의 경우 사회적 바람직성은 선생님이 좋아할 대답을 하는 것, 나머지 아동들과 같은 대답을 하는 것이 된다. 위의 사례를 겪고 MacKay(2006)는 질문지를 쓰지 않는 혁신적인 방법을 개발해 낸다. 대신 단순하고 구하기 쉬운 도구를 사용했는데 그 내용은 **글상자 6.5**

에 있다.

글상자 6.5 어린 아동들의 태도 검사: 잼 병 테크닉

어떻게 하면 4, 5세 아동들의 태도를 사회적으로 바람직한 응답—아동이 질문자가 좋아할 것이라고 생각하는 응답—을 피해서 알 수 있을까? 이 연구는 어린 아동들의 읽기 능력과 읽기에 대한 아동들의 태도와 믿음이 매일 읽기를 잘할 수 있다는 세 가지의 선언을 함으로써 향상될 수 있는지를 본다.

아이들에게 세 개의 유리 잼 병이 주어진다. 각 유리병에는 비슷한 수의 작은 하얀 종이들이 들어 있는데, 거기에는 다른 아이들이 그 질문에 대해 한 답변이 적혀 있었다. 모든 문항들은 다음과 같이 제시되었다.

- 이 아이들은 읽는 걸 별로 좋아하지 않아(1번 병을 손으로 가리킨다).
- 이 아이들은 읽는 거 그냥 괜찮대(2번 병).
- 이 아이들은 읽는 걸 아주 좋아해(3번 병).

너는 읽는 거에 대해 어떻게 생각하니?

아이들이 선택한 병에 자신의 종이를 넣도록 하였다. 계속해서 제일 처음이나 마지막 병을 선택하는 등의 반응 세트를 피하기 위해 문항의 방향이 섞여 있었다. 종이를 넣는 식의 절차는 이 평가를 익명적으로 보이게 했고, 아이들은 남들이 하는 행동을 따라 하려 하기 때문에 투명한 유리병으로 다른 아이들의 답변이 쏠리지 않음을 확인하고 셋 중 어느 쪽으로 응답해도 괜찮다는 생각을 하게 했다.

가장 긍정적인 응답에는 1점, 중간에는 2점, 부정적인 응답에는 3점이 주어졌다. 개입 전에는 실험 집단과 통제 집단 사이에 태도 차이가 없었다. 그러나 개입 후에 모든 아이들에게 다시 질문을 하였다. 긍정에서 부정으로 바뀌었거나 부정에서 긍정으로 바뀐 응답들만이 분석되었는데, 이는 이미 처음에 1을 선택했다면 그 이상 오를 수 없고, 처음에 3을 선택했다면 그 이상 내릴 수 없다는 점을 고려한 것이다. 전체적인 점수 변화는 선언을 읊은 아이들의 읽기에 대한 태도가 더욱 긍정적이 됨을 보였다($p < 0.01$, 카이스

쿼어 검증).

이 단순한 잼 병 테크닉은 아주 효과적인 것으로 밝혀졌다. 54명의 4, 5세 아동들 중 단 한 명만이 병을 선택하는 것을 이해하지 못했다.

출처: MacKay, T. (2006) *The West Dunbartonshire Literacy Initiative: The Design, Implementation and Evaluation of an Intervention Strategy to Raise Achievement and Eradicate Illiteracy*. Dumbarton: West Dunbartonshire Council.

표준화된 질문지

연구 프로젝트를 위해 설계된 질문지뿐 아니라 아동을 연구하는 연구자들을 위해 특별히 설계된 표준화된 질문지도 있다. 심리학, 건강과 교육을 비롯한 다양한 학계의 검사 출판사들이 다량의 이미 만들어진 질문지를 가지고 있다. 예를 들어, Spence(1995)가 설계한 사회적 기술, 사회적 유능성과 관련 분야 질문지는 유용하고 편리하게 이용/해석할 수 있으며 구하기도 쉽다(복사 가능한 자료 팩으로 만들어져 있다). 부모, 학생, 교사 등의 다양한 출처로부터 비교 가능한 자료를 수집할 수 있기에 삼각측량을 가능케 한다는 이점도 있다. 이 결과는 8~17세의 아동들을 대상으로 표준화되어 있다. 각 문항은 '그렇지 않다', '가끔 그렇다', '거의 그렇다' 중에서 답을 선택하게 되어 있다. 학생을 위한 사회적 기술 문항의 예로는 "나는 말다툼을 할 때 다른 사람들의 의견을 잘 듣는다."와 "나는 경기나 시합에서 졌을 때 내 감정을 조절할 수 있다."가 있다.

조사법

조사(survey)는 교육, 건강, 사회복지 연구에서 자주 사용되는 방법이다. 조사법의 목적은 어떤 중요한 이슈에 관해 한 현장에서 어떤 일이 실제로 벌어지고 있는지를 알아보는 데 있다. 유치원 교사들의 핵심 커리큘럼 정책이 (만약 있다면) 어떤 것인지 보는 것이 한 예가 될 수 있다. 조사를 통해 기존 조건들을 비교하고 특정 사건들 사이에 존재하는 관계를 알 수 있다(Cohen et al., 2000).

조사 연구에서는 많은 수의 문항을 질문지나 평가 척도, 혹은 구조화 면접으로 만든다. 질문지는 구조적이고 정해진 객관식이 될 수도 있고, 비구조적이며 개방적인 질문으로 참여자가 자신들의 개인적 응답을 자유롭게 하도록 할 수도 있다. 어떤 조사는 아주 많은 참가자를 대상으로 하며 이들은 더 많은 사람들을 대표한다—국내의 모든 지방 복지 단체의 간부에게 행해진 조사 결과는 전국의 모든 사회복지 간부의 의견을 대표하게 된다.

Rutter 등(1979)의 유명한 한 연구는 조사법과 구조화 면접, 그리고 교실 관찰을 전부 한데 섞는다. 「15,000시간(Fifteen Thousand Hours)」이라는 이름이 붙은 이 연구는 런던 내의 교육 당국(Inner London Education Authority) 반경 6마일 내 고등학교들의 학업 성취, 출석률, 비행률이 어떻게 서로 다른지를 연구한 것이다. 지위나 학생의 성별, 학교 환경의 조직(크기, 공간, 교직원들, 반 정원의 수, 학교 건물의 위치) 등이 중요한 변인으로 고려되었다. 이 변인들에 대해 이 지역의 12개 학교를 대상으로 조사하였다.

영국과 웨일즈의 우수한 유아교육 환경을 위해 직업 종사자들의 프로파일을 만든 Blenkin과 Yue(1994)의 연구도 좋은 예이다. 이 조사는 세팅의 질, 아동을 대하는 전문 직원들의 자격 요건 등을 비롯한 교육 서비스의 특성과 수준에 관한 정보를 얻었다. 질 높은 교육이란 무엇인가에 대한 현장 직업 종사자들의 질적 의견에 대한 자료도 있었다. **글상자 6.6**은 질문지를 계획하거나 설계하는 목표를 제시하고 있다. 이와 같은 조사 설계는 많은 양의 자료를 신속하게 수집할 수 있게 하고, 많은 수의 변인을 알아볼 수 있다. 이것은 현 상태를 잘 설명할 수 있게 해 주고, 다른 연구와 방법으로의 문을 열어 준다.

글상자 6.6 교육 조사 질문지의 목표

목표는 다음과 같다.

- 현장 직업 종사자의 특성과 자격에 대한 정보를 얻기 위해
- 커리큘럼 발전을 돕거나 저해하는 요인/준거를 알아내기 위해
- 직업 종사자의 직업적 발달에 영향을 주는 요인을 알아내기 위해
- 직업 종사자가 가진 우수한 커리큘럼의 정의를 알기 위해
- 직업 종사자가 생각하는 기존 교육의 개선점에 대한 제안을 듣기 위해
- 직업 종사자가 생각하는 전문적 훈련과 발전에 대한 개선점을 듣기 위해

출처: Blenkin, G.M. and Yue, N.Y.L. (1994) 'Profiling early years practitioners: some first impressions from a national survey.' *Early Years*, 15(1): 13–22. © Trentham Books Limited, 1994. 허락하에 게재함.

마지막으로, 아동을 대상으로 양적 연구를 한다는 것—거기다 통계적 기반과 더불어—은 힘들고 많은 경험을 필요로 한다. **글상자 6.7**의 박사 논문이나 연구 보고서에서 볼 수 있는 둘러대기 문구로 이 장을 재미있게 마치겠다.

글상자 6.7 양적 연구의 보고: 대충 둘러대어 빠져나가는 책략

- '세 명의 참가자로부터의 결과를 선택해 더욱 세부적으로 조사하였다.' (나머지의 결과는 앞뒤가 맞지 않았으므로 그냥 무시하였다)
- '결과는 …을 암시했다.' (결과는 유의도에 미치지 못했다)
- '…은 잘 알려진 사실이다.' (이에 대한 증거는 찾지 못했다)
- '스코틀랜드의 심리학자들을 대표하는 표집' (나와 내 친구 세 명)
- '이는 연구가 더 필요한 부분이다.' (나는 도저히 알아낼 수가 없었다)
- '43개의 항목을 내용 분석한 결과 8개의 범주로 분류했다.' (카드를 보고 8개의 더미로 나눠 봤다)
- '이 집단의 점수 중 일부는 추정치이다.' (봉투를 잃어버려서 집단 점수를 그냥 썼다)
- '복잡한 요인들로 인해 이 집단은 분석에서 제외되었다.' (도저히 이해할 수가 없어서 그냥 아예 빼 버렸다)
- '통계 절차에 대한 세부 사항은 Guilford의 "정신 측정방법(Psychometric Methods)"을 참고하라.' (난 통계라면 정말 하나도 모르겠다)
- '이것은 파일럿 연구였다.' (이 프로젝트 전체를 망쳤다)

출처: MacKay, T. (1987) 'Planning research in child guidance.' *SALGEP Quarterly*, 6(1): 3–11. **원전**: Nisbet, J. and Entwistle, N. (1970) *Educational Research Methods*. London: London University.

실습 6.1 양적 연구 프로젝트 설계하기

이 실습의 목적은 이 장의 정보를 사용하여 연구 질문에 답하는 방법들을 탐색하기 위함이다.

이 장의 시작에 등장하는 세 개의 예를 다시 보자. 어떻게 이 문제들에 답하기 위한 연구 프로젝트를 계획할 것인가?

어떤 종류의 자료가 필요할 것인가? 어떤 출처로부터 얻을 수 있는가? 어떤 방식을 사용할 것인가(참고 기록과 같은 서류 자료, 관찰, 질문지, 면접 등)? 자료를 분석하고 해석할 때는 어떤 요인들을 염두에 두어야 하는가?

이 자료들은 전부 양적인 것인가, 프로젝트를 더욱 풍부하게 하도록 질적 자료(7장 참조)—개별 아동이나 직원들의 풍부한 직접 경험에서 나오는, 현상과 그 의미에 관한 설명—도 포함할 것인가?

실습 6.2 검사 점수의 해석

이 실습의 목적은 표준화된 검사의 점수를 해석하는 연습을 하기 위함이다.

당신은 만 9세 아동들을 대상으로 연구를 하고 있다. 이 중 여섯 명의 아동들이 한 반이다. 당신은 읽기 능력 수준을 포함한 배경 자료를 가지고 있다. 교사가 말하길, "이 아이들 중에는 천재 수준의 읽기 능력을 가진 아이부터 큰 문제가 있는 수준이 아주 낮은 아이까지 다 있어요." 이 말에 동의하는가?

9세 아동은 이 읽기 능력 평가 점수에서 평균 53, 표준편차 16이다. 아래는 당신 연구의 아동 여섯 명의 점수이다.

	점수	읽기 수준		점수	읽기 수준
앨런	41	7세 11개월	카렌	71	11세 0개월
아냐	53	9세 0개월	나탈리	50	8세 9개월
벤지	35	7세 3개월	타샤	68	10세 7개월

가이드라인을 위해 WISC-IV에서의 기술을 사용한 접근방법을 소개한다.

1. 여섯 개의 점수가 평균으로부터 몇 표준편차만큼 떨어져 있는지를 계산하라. 예: 앨런의 점수인 41은 평균 12점 아래이다. 표준편차가 16이므로 앨런은 $\frac{3}{4}$(−0.75) 표준편차 아래이다.
2. **글상자 6.2**의 WISC-IV 기술을 보라. 각 등급의 표준편차 범위를 계산하라. 예: 평균이 100이고 표준편차가 15이므로 70~79인 '경계선' 범위는 -2 표준편차와 -1.4 표준편차 사이에 분포되어 있는 것이다(점수가 이 정도로 낮지 않으면 특별히 문제가 된다고 할 수 없다는 데에 유의한다).
3. 이제 점수들을 표준편차 단위로 환산했으니 WISC-IV 등급과 아동들의 검사 결과를 비교할 수 있을 것이다.
4. 그러면 이 여섯 개의 읽기 점수를 어떻게 기술할 것인가? 예: 앨런의 읽기 능력 수준은 7세 11개월이고 '평균 이하'에 해당되며, 이것은 그저 중간인 '평균'보다 살짝 낮은 정도일 뿐이다.

눈에 띌 정도의 '천재'나 '큰 문제'를 발견하였는가?

(편의상 이 실습에 나온 자료는 주요 표준 읽기 능력 검사에서 가져온 것이며, 많은 검사들이 그렇듯이 그 결과는 자주 오해석된다.)

실습 6.3 아동 관찰

이 실습의 목적은 아동 관찰 수행과 그에 대한 점수 주기를 위한 경험을 제공하는 데 있다.

이 실습은 실제 아동들과 함께 하거나 아동들의 상호작용에 대한 질 높은 비디오로 해 본다. **그림 6.8**은 체크리스트 형식으로 미리 결정한 범주에 넣을 표집을 위해 설계된 관찰지이다. 당신이 할 일은 관찰 목록에 해당하는 매

사건이나 매 행동이 일어날 때마다 체크 표시를 하는 것이다. 첫째, 코딩체계를 검토하고 당신이 무엇을 하려고 하는지를 생각하면서 하라. 그것은 신뢰할 만하고 타당한 체계인가? 어떻게 우리는 그것을 알아낼 수 있는가? 당신은 문제가 생길 것이라고 예측하는가? 관찰을 수행해 본다.

행동	빈도	전체
사회적:		
상호적		
단독		
병행		
정서:		
웃음		
울음		
미소		
때리기		
위로하기		
인지:		
질문		
다툼		
지시		
환상 놀이		

그림 6.8 관찰지

이 관찰을 일단 수행했다면 스스로 자문하거나 다른 사람과 함께 다음 이슈에 대해 논해 본다.

- 무엇을 하려고 했고, 하려고 했던 그것을 잘 이루었는가?
- 체크리스트의 형식이나 배열 등의 문제
- 그 형식에서 놓치고 있는 중요한 것은 무엇인가?

- 관찰을 수행하는 데의 문제
- 그 절차는 개선될 수 있는가?
- 행동 선택과 범주에 관련된 문제
- 선택되면 좋을 행동을 알아내기 위해 개선할 점

실습 6.4 자신이 사용할 관찰지 설계하기

이 실습의 목적은 사용할 관찰지를 만드는 데 있어서 비평적 생각을 촉진하고자 함이다.

목표 아동이 다른 아동들을 괴롭히는 행동을 연구하기 위한 자신의 관찰지를 만든다. 그것을 만들 때 자문해 보아야 할 질문은 다음과 같다.

- 어떤 종류의 표집과 기록이 가장 적절한가?
- 괴롭히기란 무엇을 의미하는가?
- 다른 형태의 괴롭히기가 있는가? 그렇다면 그것들은 어떤 행동인가?
- 괴롭히기에서 그 밖에 누가 문제가 되는가?
- 그들의 반응이 문제가 되는가? 그러면 그것들은 정의되고 범주화될 수 있는가?
- 그 에피소드가 어떻게 시작하고 어떻게 끝나는지가 문제 되는가?

실습 6.5 질문 고안

이 실습의 목적은 질문을 고안하고 관련된 이슈들을 경험해 보기 위함이다.

당신이 관심 있는 아동 연구를 떠올리고 그 연구를 질문지 방법을 사용하여 할 수 있는지를 생각한다. 예를 들면, 당신은 얼마나 많은 아이들이 학교나 집단에서 괴롭힘을 당하는지 알고 싶을 것이다. 그렇다면 어떤 형태로 그것이 일어나고 아이들은 그것을 어떻게 다루는가?

또는 당신은 아이들이 여가시간을 어떻게 보내는지에 관심이 있거나 아이들이 용돈을 어떻게 쓰는지 등에 관심이 있을 수도 있다. 혹은 당신은 자폐범주성장애를 가진 아이들의 부모들이 가족 휴가를 계획하는지를 알고 싶을 수도 있다. 그렇다면 그들은 어디를 가고 어떻게 여행을 하고 어떤 숙박시설을 이용하며, 외식을 하는지와 자신들을 위한 시간을 가질 수 있는지를 알고 싶을 수도 있다.

이러한 모든 질문들은 질문지로 만들어질 수 있다. 그 질문 중 어떤 질문은 아동 자신이 응답할 수도 있고 다른 질문들은 어른이 응답하는 것일 수도 있다.

1. 당신이 주요하게 물어볼 질문지를 구성한다. 질문지를 구성할 때, 이 장에 있는 조언을 따른다. 즉, **글상자 6.4**에 있는 사항을 염두에 두고 작성한다.
2. 당신이 만들 질문지에 다음과 같은 유형의 질문을 포함시킨다.

   - 예/아니요 질문
   - 사지선다형 질문(예를 들면, 얼마나 종종 사람들은 가족 휴가를 떠나는지를 다음 사항 중에서 선택하게 한다–'한 번도 가지 않는다'라는 문항에서부터 '1년에 세 번 이상'이라는 문항에 이르기까지 여러 범위의 답 중에 하나를 고르게 한다)
   - 척도로 대답하게 하는 질문(예를 들면, 척도로 답의 선택을 하도록 하는 질문, 말하자면 3점에 하나 답하거나 5점에 하나 답하도록 한다)
   - 개방형 질문(응답자가 자신의 의견이나 견해를 쓰도록 하는 질문)

3. 초안을 살펴보고 주요 질문들을 해 보고 수정하는 과정을 통해 더 나은 질문지를 만든다. 예를 들면, '예/아니요'로 명확하게 답하게 하거나 아니면 사람들이 '때로는 그렇고 때로는 그렇지 않다'라고 할 것인지를 생각해 본다. 당신이 만든 질문지는 당신이 그 질문들을 통해 필요로 하는 모든 주요 자료를 얻을 수 있게 충분한 질문을 포함하고 있는가? 당신이 할 분석과 이해에 정말로 기여하지 못할 질문이 있는가? 당신이 3점 척도를

사용한다면 그것은 다양한 의견을 파악할 수 있는 범위인가? 5점 척도를 사용했다면 처음의 두 개 척도(예를 들면, '거의 없다'와 '아주 거의 없다')와 마지막의 두 개 척도('많이'와 '아주 많이')를 묶는 것으로 마무리를 할 것인가? 개방형 질문은 사람들이 충분히 다른 중요한 것들을 말할 수 있게 주어진 것인가? 혹은 질문이 지나치게 개방형이어서 그 답변이 지나치게 한정된 정보를 줄 것인가?

4. 좋은 초안을 만들었다면 그것을 몇 명의 아동이나 동료들을 상대로 파일럿 연구를 해 본다—그러면 곧 어디에 결점이 있는지를 알게 될 것이다!

제 7 장

아동에 관한 질적 연구 설계 및 수행

이 장의 학습목표

첫째, 질적 연구의 특성과 이점 그리고 제한점을 논한다.
둘째, 질적 연구 설계 주요 방법 몇 가지를 간략히 소개한다.
셋째, 아동과의 연구에서 어떻게 질적 설계와 양적 설계를 혼합할지 실제 사례를 살펴본다.

만약 무언가 존재한다면 그것은 얼마간 양으로 존재한다. 만약 그것이 얼마간 양으로 존재한다면 그것은 측정될 수 있다. (Thorndike, 1905)

만약 당신이 어떤 것을 측정할 수 있다 해도, 그것은 측정하려는 바를 측정한 것이 아니다. (Kaplan, 1964, Berg, 2004, p. 2에서 인용)

이 두 인용구는 양적 연구와 질적 연구의 본질적인 차이를 희화한 것이다. 무언가 **양적**이다라고 하면 무언가의 수를 말한다—얼마나 많이, 얼마나 자주, 어느 정도에 관한 문제이다. 다른 한편으로 **질적**인 것은 무언가의 본질을 말한다—무언가의 특성과 그것이 어떻게 경험되고 기술되는지에 관한 문제이다. 그러나 이 두 접근법은 앞의 희화된 말들이 묘사하는 것처럼 서로 반대이거나 분명히 다른 것은 아니다. 매우 많은 양적인 연구들은 질적인 자료로 인해 지지되고 풍성해지며, 많은 질적인 연구들은 전통적인 양적 방법으로 수치화되고 분석될 수 있는 어떤 자료를 포함하고 있다.

어떤 면에서 양적 방법과 질적 방법을 가르는 이분법은 전적으로 도움이 되지 않는 인위적인 구조인 것이다. 아동을 연구하는 사람들은 대개 대학교 실험실이나 그와 유사한 인위적으로 꾸며진 환경에서 시행하는 '순수한' 과학적 연구보다는 **현장 연구**(action research)와 관련된 연구를 하는 사람들이 대부분이다. 현장 연구는 가끔 '참여적 현장 연구'(Reason, 1994)라고도 하는데, 이는 연구자들이 거치게 되는 '계획, 평가, 개선, 배움의 경험을 통해 구체적인 문제들에 대한 지식'(Koshy, 2005)을 쌓아 가는 과정이다. 이는 지속적으로 배우는 과정이며 그 과정에서 새로운 지식을 얻고 그 지식으로 혜택을 입게 될 사람들과 그 지식을 공유하게 된다. 현장 연구는 질적인 요소에 중점을 두며 이는 여러 질적인 교재들에서 주요하게 다루고 있다(예: Berg, 2004; Holloway, 1997). 현장 연구는 질적 연구의 기본 원칙을 많이 담고 있고 그 원칙들은 자연적이고 실제적인 세상 세팅에서 수행되며 참여적이어서 역동적인 변화의 과정을 포함하고, 연구가 진행됨에 따라 의미와 경험에 대한 이해를 목표를 하게 되면서 실제 현장에서 이론을 구성한다.

아동과 함께하는 당신의 연구는 아마도 질적 연구와 양적 연구를 갈

이 사용하게 될 가능성이 높을 것이므로, 비록 이 장에서는 질적인 설계에 중점으로 두지만 여기에서 예를 든 사례들은 두 방법을 같이 병행하여 아동기의 실제 세상 세팅을 사용한 전형적인 현장 연구이다.

질적 조사의 특성

질적 연구는 자연적 세팅 속에서 이해의 깊이를 더하기 위해 노력한다. 실증주의자, 즉 양적 전통과는 달리 질적 연구는 고정되고 측정될 수 있는 현실 세계에 초점을 두지 않고 개인의 경험과 관점이 사회적으로 구성된 현실 세계에 초점을 둔다. 질적 연구는 '사람들이 그들이 살아가는 세상에서의 경험을 해석하고 이해하는 것에 초점을 둔 사회적 조사 형태'이다(Holloway, 1997, p. 1). 질적 연구는 '연구 활동들이 수량화적 논리로 인해 실제 흥미롭고 잠재적인 결과물을 많이 생략한다'는 우려에 의해 자라났다(Freebody, 2003, p. 35). 단순한 조사목표와 내용뿐만 아니라 풍성한 경험에 대한 설명을 놓치는 면에 대해서도 우려를 한다.

질적 연구는 20세기 초의 문화인류학과 사회학에 그 뿌리를 두고 있다. Bronislaw Malinowski(1922)나 Margaret Mead(1928) 같은 인류학자들은 멜라네시아와 사모아에서 각기 따로 대표적인 비교문화 연구를 수행하였고, 이 연구를 하면서 비서양 문화 사람들의 삶과 경험을 깊이 이해하고 설명하기 위한 방법으로 조사방법을 사용하였다. 1960년대에는 질적 연구방법과 이론들이 공식적인 발전을 하였다. 사회학자 Barney Glaser와 Anselm Strauss의 『근거 이론의 발견(The Discovery of Grounded Theory)』이란 책의 출판이 크게 이바지하였다(Glaser and Strauss, 1967). 이들을 시작으로 이론과 실제 상황의 틈에 연결고리가 생겼고, 질적 연구가 더 철저하고 체계적으로 변함과 동시에 질적 방법들이 양적 연구를 위한 탐색도구로서보다는 하나의 독자적인 방법으로 탄생하게 되었다(Charmaz, 1995; Merriam, 2002). 1978년 무렵에는 질적 연구만을 위한 「질적 사회학(Qualitative Sociology)」이란 학술지도 창간되었다. 그 후에 질적 연구방법들은 교육(Sherman and Webb, 1988), 간호학(Morse, 1991), 심리학(Banister et al., 1994) 등을 비롯하여 아동과 함께하는 전문적 분야에 완전히 포함되었다.

질적 연구는 복잡하며 다양한 조사 분야이다. 그러나 그 용어가 숫자로 분석된 자료에 의지하지 않은 모든 연구 프로젝트를 언급하는 데 쉽게 쓰여서는 안 되며, 또한 엄격하게 연구를 하지 못하고 얻은 자료에게 함부로 쓰여서도 안 된다. Richardson(1996)은 질적 연구방법을 택한 사람들에게 몇 가지 '취급 주의 경고'를 제시하였다. 질적 연구는 연구 자체만의 언어를 가지고 있는 전문 지식 중의 전문 지식이며, 이는 '쉬운 연구'라고 오해받으면 안 되고 적절한 훈련과 슈퍼비전을 받을 만하다. 전문적 분야로서 질적 연구는 정의용 특징이 많다. 가장 흔히 받아들여진 특징들은 **그림 3.6**에 제시하였다.

어떤 것이 제대로 된 질적 연구를 구성하는지에 대해 많은 논쟁이 있었다. Kidder와 Fine(1987, Willig, 2001에서 인용)은 '빅 Q(Big Q)'와 '리틀 q(little q)'의 접근방법으로 구분한다. '빅 Q'는 엄격한 질적 방법론을 말하는데, 귀납적이며 그것은 가설로 시작하기보다 자료로부터 이론의 생성을 추구하는, 의미의 탐색에 관한 것이다. '리틀 q'는 더 넓은 범위의 덜 순수한 방법론을 말하는데, 그 방법론에서는 여러 가지의 비수치 자료가 수집되며 간혹 더 전통적인 접근방법의 맥락 안에서 자료가 수집된다.

이 책은 '빅 Q'와 '리틀 q' 방법의 매뉴얼로서의 역할은 하지 않을 것이다. 일반적인 질적 방법과 구체적인 방법론을 모두 다루는 종합적인 교재는 매우 많다. 이 장에서는 엄격한 질적 연구의 특징을 짓는 일련의 방법들에 대한 설명을 포함시켰다. 그러나 이 책은 또한 실질적인 접근방법을 취하는데, 왜냐하면 대부분의 연구자들은 자신의 필요에 적합한 방법을 선택할 때 자신이 채택하는 연구 패러다임의 순수성에 대한 논쟁을 하기보다 최대의 유연성을 가지는 데 더 관심이 있다는 것을 인식하고 있기 때문이다.

질적 연구 설계: 이점과 제한점

질적 접근법은 특히 아동과 연구 수행하기에 적합하다. 이는 특히 아동 연구를 하는 학구적 기관에서 일하는 연구자들과는 대조적으로 아동과 함께 일하는 직업을 가진 사람들에게 적용된다. 첫째, 아동과 함께 일하는 사람들은 실제 생활, 즉 자연적 세팅에서 이미 일하고 있다. 사실상 그들은 전통적인 실험방법론의 특징을 가진 더 인위적인 세팅에는 접근할 가능성이 훨씬 덜하다. 교실이나 놀이 집단과 같은 자연적 환경은 연구하기에 이상적인 곳이다. 아동 병동과 같은 다소 '비자연적인' 환경도 질적인 접근방법이 사용될 수 있는 자연적 세팅에 속한다. 그 자연적 환경은 인위적이거나 꾸며 낸 상황과는 반대로 자연스럽게 일어나는 실제 생활 상황이다. 둘째, 아동과 일하는 많은 사람들은 개인적 세팅이나 소집단 세팅에서 일한다. 그들은 종종 양적 연구의 전형인 보다 큰 집단에 접하게 되지 않는다. 그러나 다른 한편으로 세밀하고 집중적인 수준에서 소집단에 접하는 일이 빈번하다.

셋째, 아동들은 질적 연구를 하는 가운데 아주 우수한 종류의 자료가 되는 행동을 드러낸다—예를 들면, 말이나 그림으로 풍부한 표현을 하는

데 그것이야말로 아동의 경험과 이해를 드러내는 것일 수 있다. 이는 종종 수치 분석에서 나온 차가운 추상적 결과물에서는 얻기 어려운 것일 수 있다. 대개는 양적인 연구를 포함하는 많은 연구 보고는 이러한 종류의 질적인 생생한 해설로 더 재미있어진다. 특히 아동이나 청소년이 사용한 실제 말로 풍요한 자료가 될 때 더욱 그렇다. 때로 아동의 관점에서 나온 한 마디가 모든 숫자들보다 훨씬 더 연구의 영향에 대한 의미를 전달하기도 한다. 다음의 발췌문은 약 50,000명의 아동이 참여한, 세상에 보고된 아마도 가장 큰 양적 문헌 연구에서 나온 것이지만 질적 자료로 가치가 높아진 연구에 대한 것이다. 연구 참가자이면서 기여자이기도 하고 연구의 의사 전달자이기도 했던 한 청소년이 한 말의 마지막 부분인데, 이는 그 연구를 전파하는 회의에서 연구과정에 대한 그녀의 경험을 말한 것이다.

> 이 모든 것이 시작되었을 때, 나는 읽을 수 없었어요. 나는 실패자였죠. 이제 나는 집에 책장 가득 책을 가지고 있어요. 내가 제일 좋아하는 작가는 Roald Dahl과 J. K. Rowling이에요. 이제 나는 성공한 사람이에요.

질적 연구의 네 번째 이점은 아동과의 매우 많은 연구 프로젝트가 궁극적으로 주요 연구자금 제공 조직에 보고하지 않는 사람들에 의해 수행되었다는 사실 속에 있다. 주요 자금 제공자들은 일반적으로 추론 통계에 기초한 대단위 양적 연구와 관련이 있다. 다른 한편으로, 아동 참가자들은 간혹 그들이 하는 일에 대한 설명을 스스로 복지 관계의 직업에서 일하는 관리자에게 한다—즉, 교육이나 보건, 사회봉사 설립자나 서비스 관계자에게 한다. 가장 가치 있는 연구는 종종 아동의 참여와 경험을 강조하고 프로젝트 보고서에 풍부한 표현을 한 연구로서, 이러한 연구는 대개 이러한 세팅 속에서 나온다. 최근에는 아동과의 연구에 주로 관심 있는 사람들을 포함하여 어떤 큰 자금 제공자들조차도 특성상 질적일 가능성이 큰 많은 소규모 연구 프로젝트에 자금을 제공하는 방향으로 바뀌고 있다. 예를 들면, Koshy(2005)는 과거 10년간 소규모 현장 연구 프로젝트들의 중요 역할이 영국과 웨일즈에서 교사 연수기관(Teacher Training Agency)과 교육기술부가 주는 소규모의 연구 기부금을 얻을 수 있게 하였다고 말했다. 그녀는 또한 미국에서도 유사한 경향이 있다고 말했다.

아동과 질적 연구를 수행하는 것의 다섯 번째 이점은 참여적 연구 바로 그 특성에서 나온다. 영국 심리학회의 학술 잡지들처럼 많은 연구 학술 잡지들은 더 이상 연구에 참여하는 사람들을 '피험자'라고 표현하지 않고 '참가자'라고 표현한다. 그러나 이러한 정책이 존경과 동반자 관계라는 좋은 신호이긴 하지만, 종종 양적 연구에서는 **표 6.1**이 보여 주는 바와 같이 사람들이 의미 있는 면에서의 참가자라기보다는 연구의 피험자이다. 참가는 관여보다는 더한 것이다. '진정한 참여는 사람들이 조사와 연구방법에 초점을 두어 몰두하는 것, 그들을 자료 수집과 분석에 포함시키는 것을 의미한다.'(Gray, 2004, p. 374) 이 책의 한 가지 주제는 아동 및 청소년과 동반관계를 맺고 진정한 참여를 담은 연구를 격려하는 데 있다. 앞에서 인용한 문헌 연구에서 아동들의 진정한 참여와 동반관계를 촉진하고자 MacKay는 다섯 개의 맥락변인(context variable)을 사용하였다. 비전, 프로파일, 책임, 주인의식, 선언이 그것이다(2장 참조).

> 전 프로젝트는 한 개의 맥락에서 예측되었는데, 그 맥락 안에서는 누구나 충분히 그 프로젝트에 책임을 졌고, 연구자를 필두로 유아원의 제일 어린 학생들에 이르기까지 모든 수준에서 주인의식을 즐겼다. 선언은 이 프로젝트를 성공하도록 계속되었다. 어떤 것도 그 길을 방해할 수 없었다. (MacKay, 2006, p. 87)

질적 접근법을 옹호하는 마지막 이점은 그 방법이 과학의 외곽에서 점차 가치가 있는 위치로 움직인다는 것이다. 여기서 질적 접근이 과학의 외곽으로 여겨진 이유는 그 방법들이 덜 과학적이라는 의혹을 받았기 때문이었다. 질적 연구가 앞으로는 사회에서 더 중요하고 더 중심적인 위치를 차지하게 될 것이라는 증거가 있다. 연구에서 미래의 경향에 관한 800명 이상의 영국 심리학자들의 견해에 대한 조사는 두 가지 발달을 지적했다(Haste et al., 2001). 첫째, 매일의 생활, 삶의 질, 전인적 인간에 대해 점차 연구의 강조를 둘 것이다. 둘째, 연구는 실험실을 떠나 진짜 세상이란 세팅으로 움직이게 될 것이다. 웰빙과 자연적인 상황에서 수행된 연구에서의 이러한 전반적 관심은 질적 연구의 중심 특징이고 이러한 접근법들은 점차 중요하게 될 것이라는 점을 제안한다.

질적 연구의 어려움

동시에 질적 연구는 또한 어려움과 제한점이 있다. 실제 연구를 수행할 때 그 작업이 '복잡하고, 어수선하고, 통제하기 힘든 "장(場)"의 세팅'(Robson, 2002)하에서 이루어진다는 점을 알아 둘 필요가 있다. 아동과 실제 연구를 많이 하는 우리는 그 방법이 대개는 더 어수선하다는 것을 안다. MacKay와 Watson(1999)은 초기 연구에서 집단 작업 개입을 시도한 경험이 있는데 이는 그러한 연구의 어수선한 특징을 잘 보여 준다. 즉, 양적/질적 연구가 혼합된 한 연구에서 그들의 연구는 '그러한 어수선함의 우수한 실례'로 꼽히고 있다.

> 실험적 하위 집단을 위해 계획된 집단작업 개입은 진행될 수 없었는데, 그 이유는 집단 작업자가 아팠기 때문이다. 가정과 연계하는 교사는 그녀의 가정 지원 계획을 진행할 수 없었다. 나이가 많은 학생들이 부활절 방학

> 때 또래를 가르치려던 계획은 반응이 부족해 시작할 수 없었다. 두 연구자 중 한 명이 연구 중간에 직업을 바꾸었다. 개입을 시작하자마자 해당 학교가 다른 지역에 있는 학교와 합병을 준비했다. 이 모든 일이 있는 가운데 지역 정부의 재편성이 이루어져, 그 결과 무엇보다 자금 제공이 종료되었고 새로운 보조금 신청을 해야 할 상황에 처하게 되었다. (MacKay and Watson, 1999, p. 34)

이러한 것들은 자연적 환경에서 질적 접근의 필요성을 가진 아동 연구를 하고자 하는 실무자들이 직접 마주쳐야 하는 문제이다. 대개 저자는 분명한 결점을 보여 주기보다는 최대한 좋은 면을 보여 주고 싶어 하기 때문에 일반적으로 문제점은 출판 연구에 언급되지 않는다. 하지만 이러한 '결점들'은 이러한 종류의 연구에 불가피하게 일어나기 때문에 좌절하지 않아도 된다. 위의 연구에 대해 MacKay와 Watson은 "그럼에도 불구하고 그 개입은 성공적이었다."라고 언급했다.

질적 접근은 때로 양적 연구에 대한 덜 엄격한 대안으로 여겨진다. 이런 경우는 결코 있어서는 안 되고, 이런 경우는 질적으로 여겨지는 것들이 엉성한 경우가 많다. 그것은 "우리는 수치를 얻을 수 없었기 때문에 질적 연구로 바꾸었다."라고 말하는 문제여서는 안 된다. Richardson의 '취급 주의' 경고에 따르면 질적이라는 것은 '쉬운' 것과 동일하지 않으며, 실제로 질적 분석의 몇 가지 방법은 여러 측면에서 양적 방법보다 더 어렵고 힘들다.

또한 프로젝트에 수집된 자료들은 질적 설명 수준으로 끝나 버리기도 하는데, 때로는 양적 자료로 계산하고 분류하는 것이 더 유용할 수 있다. 만약 어떤 것이 셀 수 있다면 그것은 그래야만 한다는 것이 좋은 격언이다. 의미, 중요성과 추세는 기술하는 가운데 쉽게 잃어버릴 수 있고, 풍부한 기술은 항상 연구 결과의 가치를 높이는 데 반하여, 더 명확한 연구 결과를 제공할 수 있는 직접적 사실과 숫자를 모호하게 하지 말아야 한다. 마지막으로 질적 자료는 약하고 비결정적이며 탐구 수준 이상으로 발전하지 못하는 경향이 있다. 여기서 삼각측량의 원리가 중요한 부분을 차지한다(5장 참조). 결과를 삼각에서 보는 관점, 예를 들어 동일한 결과를 여러 방법을 이용해 찾는 것은 정보를 강화할 수 있다. Briggs, MacKay와 Miller의 삼각측량 예가 되는 사례 연구는 이 장의 후반에 제시하였다.

요약하면, 질적 연구는 아동 연구를 하는 연구자들에게 설득력 있는 많은 이점을 제공한다고 할 수 있다. 어려움과 제한점을 인식하는 한, 이것은 이 분야에서 일하는 모든 사람들에게 필수적인 강력한 방법이 될 수 있다.

질적 접근: 개관

우리는 질적 연구의 핵심 특징과 주제를 정의할 수 있었지만, 이것은 복잡한 분야로 명확한 정의를 내리기가 쉽지 않고, 질적 조사가 어떻게 구성되었는지에 대한 다양한 관점, 합의된 용어의 부족과 접근방법의 범위가 상당히 중복된다는 점을 인정해야 한다. '질적이라는 것은 다양한 용도에 쓰이고 다양한 개념적 연관이 있는 파악하기 힘든 용어이다.' (Freebody, 2003, p. 35).

질적 연구방법에 대한 주요 교재로 자주 거론되며, 널리 사용되는 교재 다섯 개에서 다룬 네 가지 접근방법을 여기에 소개한다—Berg, 2004; Crabtree and Miller, 1999; Cresswell, 1998; Merriam, 2002; Richardson, 1996. 근거 이론, 민족지학, 이야기 분석과 사례 연구가 그것이다.

근거 이론

Glaser와 Strauss(1967)는 '근거 이론(grounded theory)'이란 용어를 자료에서 이론이 나오고 자료에 근거한다는 아이디어를 전달하기 위해 만들었다. (1990대까지도 두 창립자는 어느 정도까지 근거 이론이 구성되고 있는가에 의견의 일치를 보지 못했다. 이는 근거 이론이 질적 연구의 새로운 분야와 연합된 몇 가지 어려움과 복잡성을 강조하다 보니 그렇게 된 점도 있다.) 연구의 영역으로 실제 생활 상황을 선택하는 것이 출발점이고, 그 영역을 밝히는 것은 수집되는 자료에서 드러나게 된다. 이런 자료들은 여러 가지 형태일 수 있고 면접이나 관찰을 포함할 가능성이 크다. 물론 그렇게 하는 이유는 참가자가 직접 경험한 것을 많이 얻기 위해서이다. 또한 편지나 일기와 같은 기록을 사용할 수도 있다. 근거 이론은 '특정 주제나 문제에 대해 잘 알려지지 않았거나, 익숙한 세팅에서 새롭고 흥미로운 관점이 필요할 때'(Holloway, 1997, p. 81) 특히 유용하다. 그러므로 연구자의 새롭고 흥미로운 아이디어가 필요하고, 지속적으로 변화하는 아동의 세계에서 일하는 전문가들의 관심을 끌 가능성이 높다.

근거 이론의 자료 분석은 연구를 통해 계속되며 코딩(coding)과 범주화하기(categorising)를 통해 진행된다. 코딩은 핵심과정인데, 자료가 구성요소 부분으로 분해된다는 말이다. 각기 다른 아이디어에는 이름을 붙이고, 종종 참가자가 사용하는 단어나 구문이 사용되기도 한다. 면접이나 관찰의 기록과 문서에 사용된 단어들은 매 줄마다 코드화될 수 있고, 많은 이름이 붙여지면 그 아이디어들은 정말로 자료에 근거한 것이고 기존 이론에 의해 나온 자료와 겹쳐 놓지 않는다. 예를 들어 새로운 지역으로 이사를 갔거나 새 학교로 전학한 아동에 대한 연구의 코딩 이름은 '친구를 그리워함'이나 '불확실감'과 같이 기술할 수 있다. 분석이 진행되면 이런 코드들은 비슷한 아이디어를 가진 범주에 귀속되기도 한다. 이것들은 '사회화'나 '불안' 등의 범주에 포함될 수도 있다. 이상적으로 코딩과 범주화하기는 더 이상의 범주가 만들어지지 않을 **포화**(saturation) 지점에 도달할 때까지 진행된다. 최종 범주들이 이론을 생성할 때까지 사용된다. 예를 들어, 아동이 학교나 집을 옮길 때 거쳐야 하는 특정 단계들을 자료가 분명히 보여 줄 수 있다. 근거 이론에 대한 실습은 이 장의 끝에 제시하였다.

민족지학

민족지학(民族誌學, ethnography)은 인류학의 연구방법으로 오랜 역사를 가지고 있다. 민족지학은 문화 집단, 사회 집단이나 제도에 대해 기술한다. 민족지학자들은 대부분 참가자 관찰에 의해 연구를 수행하는데, 그러기 위해서 어떤 문화의 모든 면으로 들어가 연구를 수행하고 오랜 시간 다양한 문화적·사회적 세팅 속에서 아동 발달을 연구해 왔다(예: Mead and Wolfenstein, 1995; Whiting and Whiting, 1975; Whiting and Edwards, 1988). 한 연구는 여러 다른 나라의 연구 팀들과 아동 양육방법에 대해 비슷한 질문을 하고 여러 사회 세팅에 비슷한 방법들을 사용하여 연구를 했다(Whiting, 1963). 사회학 연구에서 Leavitt(1996)은 탁아소 세팅에서의 정서 문화에 대해 조사했다. 방법에는 참가자 관찰, 현장 기록과 분석 자료를 포함했고, 이것들은 상호작용과 관찰하고 경험한 사건을 해석하는 이야기로부터 얻은 것이다.

여러 세팅에 대한 정신적 문화는 매일의 훈육, 규제 규범(예를 들면, 울 때의 규칙), 아동에게 개입하는 양육자의 신념이나 전문적 거리를 두는 것에 대한 양육자의 신념, 아동의 정서로부터 소외되는 것에 대한 양육자의 신념, 그리고 반자기(anti-self, 아동의 정서와 자아는 인식되고 반응을 줌으로써 의미가 부여되는 것이 아니라, 아동을 위한 자아의 상실로 가게 한다는 점에서)의 구성을 통해 경험된다. 이 예는 민족지학은 행위와 그 행위가 일어나는 맥락의 해석에 중점을 두는 질적 연구 접근이라는 점을 보여 준다. 이론은 민족지학적 연구에서 중요한 역할을 한다. 기존의 주제들은 이런 종류의 연구에서 정보를 주고 검증될 수 있다. Leavitt의 연구는 상징적 상호작용자 틀(symbolic interactionist framework) 안에서 수행되었고 마르크스주의자 이론의 관점에서 해석되었다. 그럼에도 불구하고 새로운 이론은 민족지학의 현장 기록, 관찰과 면담에서 종종 나올 수 있다(**실습 7.3** 참조). **글상자 7.1**에 다양한 연령대의 아동 연구에 사용된 민족지학의 방법 중 일부를 제시하였다.

이야기 분석

이야기 분석(narrative analysis)은 이야기(stories)를 자료로 사용한다. 그것은 참가자가 겪은 경험을 자기 입으로 직접 하는 이야기에 초점을 맞추고, 사람들이 보통은 자신의 삶을 연속성과 과정의 면에서 구성한다고 보며, 그것은 '사람들의 이런 특징에 맞추지 않은 채 참가자의 사회적 삶을 이해하려고 한다면 연구 참가자의 관점을 무시하는 것과 같다'는 것이다(Bryman, 2001, p. 401). 하나의 이야기는 많은 형태를 취할 수 있다. 예를 들어, 질적 면담에서 질문에 대한 대답은 그 자체로 개인적인 경험의 에피소드들에 초점을 맞추는 서술적 이야기로 구성될 수 있다. 인기 있는 이야기 분석의 형태는 인생사 연구인데 이것은 전기, 자서전, 인생 이야

글상자 7.1 취학 전 아동과 연구를 할 때 사용된 민족지학적 방법

- **문화적 가치의 전달**: 수동적 참가자 관찰+비형식적 면접+형식적 면접
- 학교에서 또래 놀이를 위한 연습 놀이로서 **가정에서 영어의 자발적 사용**: 이야기 놀이—이중 언어를 쓰는 아동의 놀이회기에 대한 녹음 기록+어머니가 기록한 현장 노트
- '매우 독창적인' 네 아동들의 **사회적이면서 창의적인 행동**: 관찰+비디오+면접
- **자신들만의 문화를 구축하는 또래**: 접근을 도모하는 의식(儀式)과 우정에 대한 참가자 관찰 및 장에 들어가는 전략에 대한 기술(記述)
- **가상 놀이**: 민족지학적 면담+비참가자 관찰+아동들의 글에 대한 분석
- **아동과 일하는 실무자의 우수성**: 여러 다른 맥락에서의 삶의 이야기와 여러 우수한 실무자의 이야기식 설명, 면담에서 구축된 이야기, 참가자 관찰, 기록 통신문, 자서전적 되돌아보기

출처: Hatch, J.A. (ed.) (1995) *Qualitative Research in Early Childhood Settings*. © J. Amos Hatch, Praeger Publishers, 1995. 허락하에 게재함.

기, 구술 역사 등으로 이야기 분석 접근방법과 동의어로 사용된다.

한 사람이 자신의 삶을 다시 말해 주는 것을 경청하면 무엇을 알 수 있는가? 그것은 우리에게 그 사람에게 영향을 준 아동기 경험, 그 사람을 여러 해에 걸쳐 형성하게 한 역사적 사건과 문화적 맥락 등 그 사람에 대해 많은 것을 말해 준다. 이 사람이 아동 학대와 관련이 있는 가족들의 통합을 유지하게 하는 데 특별한 재능을 가진 일류의 사례 담당자라고 가정해 보자. 이제 그 인생사는 우리에게 훨씬 더 많은 것을 제공한다. 예를 들면, 정확히 무엇을 그녀가 왜 매일 하는가? 그녀가 그 일을 잘할 수 있게 만들어 주는 기술과 동기는 어디서 오는가? 이런 종류의 연구는 그 아동

의 세계로 들어가는 데 새로운 문을 연다. 이 한 사람은 우리로 하여금 어떻게 세상을 아동들에게 더 나은 장소로 만들 수 있는지에 대해 이해할 수 있게 해 준다. 즉, 아동들과 함께 일하는 그런 개인들의 이야기가 예가 되어 실제 실천 방안을 알려 준다. 그것들은 다문화 교육이나 아동 학대와 연루된 가정의 유지 등과 같은 골치 아픈 사회, 교육, 건강 문제에 대해 강력한 발언을 할 수도 있다. 이런 연구는 또 자연주의적 연구의 상호주관적인 특성을 인지하고 이용한다. 다른 종류의 이야기들이 있다는 것은 주목할 만한 가치가 있다—삶의 이야기는 삶에 관한 것이고, 인생사는 역사적·문화적인 맥락에 대한 정보를 담고 있다. 이야기는 인간의 행위와 사건을 의미 있는 구조로 표현하는 한 방법이다. 이야기를 해 주는 것은 한 사람의 과거 경험에서 의미를 만드는 과정이며, 미래에 대한 의미를 만드는 과정이기도 하다. 면담 형식으로 이야기되는 형태도 있다. 이런 방법은 아동이나 청소년에게 직접적으로 쓰일 수도 있다. 예를 들어, 우리는 장애를 가지고도 사회의 한 부분이 되기 위해 엄청난 회복력을 보이고 대처를 하는 청소년의 인생사를 알 수 있다. **글상자 7.2**는 인생 이야기/인생사 연구를 하는 방법을 개괄적으로 보여 준다.

다른 이야기 형식의 연구는 참가자가 보이는 행동 관찰에 대한 이야기 보고와 참가자가 쓴 자기기술을 포함한다. 인생 이야기/인생사 연구는 Tavistock Model 관찰과 같은 방식을 요한다—Tavistock Model 관찰에서는 신뢰관계가 오랜 기간 동안 발달되고 지속되어야 한다. 이야기 에세이는 아동에게서도 얻을 수 있고, 만약 한 반 전체나 한 학교 전체를 동시에 연구하면 많은 양을 받을 수 있다.

글상자 7.2 인생사:
다른 사람의 삶과 일에 들어가서 이해하는 방법

1. 참가자를 1년에 몇 번 면접한다. 친척 및 주요 인물들과의 면담도 추진한다.
2. 상호 주관적인 이해를 이끄는 질문을 한다.
   - 당신의 일을 하는 것이 어떻습니까?
   - 어떻게 그 직업을 갖게 되었습니까?
   - 현재까지의 당신의 삶에 대해 최대한 말씀해 주세요.
   - 당신이 하는 일은 당신에게 어떤 의미가 있습니까?
   - 어떻게 당신의 삶에서 그것을 이해하고 있습니까?
3. 당신이 살면서 경험한 이야기로 답하시오.
4. 타당도를 높이기 위해 그 과정에서의 당신의 역할을 기술하시오.
5. 당신이 쓴 보고서에 대해 참가자로부터 피드백을 얻으시오.

출처: Seidman, I. (1998) *Interviewing as Qualitative Research: A Guide for Researchers in Education and the Social Sciences*, 2nd ed. © Teachers College, Columbia University, 1998. 허락하에 게재함.

사례 연구법

'사례'는 무엇이며 어떻게 연구되는가? 사례 연구에 대한 고전적인 아이디어는 Freud의 작업을 통해 예를 들 수 있을 것이다. **글상자 7.3**은 Freud(1909)가 5세 남자 아이, 한스(Little Hans)의 공포증을 분석한 사례 연구의 한 부분을 보여 준다. 다행히도 오늘날에는 사례 연구에 대한 대안과 더 현대적인 접근방법이 있다. 보다 신뢰할 만한 사례 연구들은 종종 의료 종사자들이 사용하는데, 한 예는 행동 및 의학적 치료의 효과를

글상자 7.3 5세 아동의 공포증에 대한 분석(Freud, 1909)에서 발췌

여름방학에 만들어진 다른 관찰도 모든 종류의 새로운 발달이 그 작은 아이에게서 진행되고 있다는 것을 보여 준다.

한스, 4세 3개월. 오늘 아침 한스 엄마는 한스가 평소 하는 목욕을 시킨 후 타월로 몸을 닦고 분을 발랐다. 엄마가 아이의 몸에 분을 발라 주면서 아이의 음경 부분을 만지지 않으려고 주의하는데, 한스가 물었다. "엄마는 손가락을 왜 거기에 닿지 않게 해?"

엄마: 왜냐하면 그건 불결하니까.
한스: 그게 뭐지? 불결하다고? 왜?
엄마: 왜냐하면 적절하지 못하니까.
한스: (웃으면서) 하지만 아주 재미있어.[1]

1 다른 엄마는 … 3세 6개월 된 딸에게 비슷하게 민감한 신체 부위를 자극하게 된 적이 있었다고 나에게 말해 주었다. 그녀는 아이를 위해 속바지를 만들었다. 그리고 … 아이가 걸을 때 너무 꽉 끼지 않는지 보려고 … 아이의 허벅지 안쪽 면에 손을 넣어 보았다. 갑자기 어린아이가 다리를 감으면서 … "오, 엄마, 손을 거기에 계속 넣어 봐. 좋은 느낌이야."라고 말했다.

출처: Freud, S. (1909) *Analysis of a Phobia in a Five Year Old Boy*, Vol. 8, Case History 1. © The Institute of Psycho-Analysis and the Hogarth Press. The Random House Group Ltd.의 허락하에 게재함.

모니터링하는 것이다.

연구방법으로서 사례 연구는 한 개인, 한 가족, 한 집단, 한 기관, 한 지역, 심지어는 한 자원, 한 프로그램이나 하나의 개입에 대한 조사이다. 그것은 어떤 단일 단위나 단일 독립체에 대한 연구이다. 그 단위가 크건

작건 분명한 경계가 있는 단위에 대한 연구이다. 몇 가지의 예는 다음과 같다—어머니와 불치병이나 장애가 있는 아동의 관계, 간질을 가진 한 아이가 학교에서 간질 발작에 대처하는 전략, 어머니가 병원에 입원해 있는 동안 아동이 겪는 보육 경험에 대한 연구. 초창기의 조사에 따르면, 정신적 질환이 있는 아동의 욕구에도 불구하고 적절한 보육 틀의 부족으로 아동에 대한 보살핌을 잘하지 못하는 것에 대한 간절한 보육자의 입장이, 전체 상황을 잘 보여 주는 한 가족에 대한 사례 연구로 잘 설명되었다. 만약 새로운 실행 정책이 설정되고 특정한 단위로 개입이 이루어지면 이것이 변화의 과정에 대한 사례 연구가 될 수 있다. 그 사례 연구에서 관리자, 종사자, 부모와 아동의 입장을 알 수 있다. 아동 연구에서의 대표적인 사례 연구는 Ball(1981)의 비치사이드종합학교 연구와 Lewis(1961)의 Sánchez 가족에 대한 연구가 있다. 그 발상은 '모든 것을 말하는' 전체적인 그림이나 내용을 보여 준다.

사례 연구법은 사례 연구를 규정하는 방법론이라기보다는 분석의 단위이기 때문에 이 접근방법을 구분하는 구체적인 방법이 없다. 사례 연구는 다양한 방법을 채택하는데, 그 방법에는 관찰, 질문지, 표준화된 평가, 평가 척도, 심층 면담과 이야기, 문서, 보고서와 같은 다른 자료들이 포함된다. 그것들은 이 장에서 기술한 다른 접근방법들과 함께 사용될 수 있다—예컨대 다른 접근방법은 근거 이론, 민족지학, 이야기 분석 등이다. 실제로 사례 연구는 질적 연구의 주요 유형 중 하나이지만 전통적인 양적 연구도 자주 포함된다. 이것의 복잡한 전문적 어휘의 부족이나 그 자체로의 정교하고 특별한 방법론의 부족에도 불구하고, 전통적인 양적 방법 같은 다른 방법들과 함께 쓸 수 있는 가용성, 그리고 대부분의 현장 활동가들이 일하는 실제 생활 세팅에서의 적합성은 그 접근방법을 아동과의 연구에 사용하게 하는 매력을 가지고 있다. 그래서 많은 연구자들은 그 방법을 선택하게 된다.

한 사례 연구는 **글상자 7.4**에 자세히 설명되어 있다—Edinbarnet 놀이터 프로젝트(Briggs et al., 1995). 이 연구는 여러 가지 이유로 아동 연구자들이 직면하는 맥락과 매우 관련이 있다. 이것은 여러 범위의 양적 및 질적 방법을 혼합한 연구이기 때문에 대부분의 현장 활동가들에게 유용한 매우 대표적인 설계이다. 이 접근방법은 창의적이고 매우 효과적인 결과를 가져오므로 그 아이디어와 방법 등 모든 것이 본질적으로 매우 간단하고 접근하기 쉽다. 또 이 연구는 중요한 분야에서의 연구가 되었다—그것은 혁신적인 방법으로 해결해야만 했던 실제 생활 문제를 보여 준다. 더욱이 그 연구는 부가적인 자원을 많이 필요로 하지 않은 채 수행되었다. 왜냐하면 연구의 주요 자원은 그 상황에 이미 관여하고 있던 실무자의 일이기도 했고 헌신이었기 때문이다. 또 다른 특징은 그것이 2장에서 논의된 '맥락변인' 몇 가지를 강조했다는 것이다. 마지막으로, 이 연구는 다른 연구들과 특별히 차별화된 연구였다. 조사를 필요로 한 상황을 분명히 했을 뿐만 아니라, 지속적이고 중요한 변화를 가져온 방법들로 그것을 보여 주었다.

글상자 7.4에 기술된 사례 연구는 대표적인 '참여적 현장 연구'에 속한다. 학교와 학생들은 연구되는 피험자가 아니라 조사와 변화의 과정에서 공동 참여자였다. 그것은 그들의 프로젝트였다. 이는 2장에서 말한 맥락변인 중 몇 가지 중요성을 보여 주었다. 특히 그중에서 주인의식의 중요성을 보여 준다. 프로젝트 성공에 매우 중요하다고 볼 수 있었던 요인들을 규명하자면, 저자들은 "그 프로젝트에 대한 학교의 주인의식이 중요했다."라고 말한다. 매 단계마다 모두를 포함함으로써 "학교 사람들이 그 프로젝트를 소유했고 그 프로젝트의 성공에 높은 수준의 투신을 하였다는 것은 명확했다."(Briggs et al., 1995, p. 42) 학교의 직원들과 주요 대

글상자 7.4 Edinbarnet 놀이터 프로젝트(Briggs et al., 1995): 차별화된 예의 사례 연구

배경: 교육심리학자를 찾고 있던 복합적인 사회경제적 문제가 있는 동네의 한 큰 초등학교 교장이 Briggs와 MacKay를 찾아 왔다. 그는 주요 문제, 즉 놀이터 문제를 조사하고 해결해 달라고 요청하였다. 매일 쉬는 시간과 점심 시간에 놀이터는 괴롭힘과 공격, 갈등의 진원지가 되고 있으며 학생들이 교실로 돌아오면 통제하기 어려운 소란이 일어나곤 했다. 상황이 너무 안 좋아서 최악의 문제아들은 협소한 사방이 막힌 놀이터인 'OK Corral'에 갇혀서 수위의 감독하에 있어야 했다.

문제 정의: 적당한 출발점은 문제의 범위와 특성을 가능한 한 정확하게 찾고 파악하는 것이라고 결정하였다. 놀이터를 한동안 관찰한 후 교사들은 놀이터의 행동으로 반에서 가장 다루기 힘든 아동들을 지명하게 되었다. 지명된 많은 학생들은 대부분 4학년과 5학년(8, 9세)이었다.

개입 계획: 문제를 해결하기 위해 집단 작업 개입을 중심으로 일련의 전략들이 계획되었다. 이러한 목적으로 제3의 동료(Miller)인, 지역 집단 작업 경험이 있는 사회복지사가 참여하게 되었다. 수위에게는 발생 시점에 가장 어려운 경험을 한 사람으로서 가장 말썽을 부리는 아동 12명을 최종 선택하는 핵심적인 역할이 부여되었다. 한 번의 회의가 식별된 아동의 부모와 있었고 이후 정기적으로 계획된 회의가 열렸는데, 여기에는 학교 관리, 연구자 및 집단 작업을 지원하도록 배정된 한 학급 교사가 함께 참여하였다.

여섯 명씩 두 집단으로 10주 동안 매주 각 집단이 1시간 정도 진행되었다. 집단의 정체성을 고양하기 위해 폐쇄적인 회원 자격을 두고, 그들은 자존감을 세우고 정직과 신뢰 같은 문제를 탐색하였으며, 집단의 구성원들을 포함한 모든 사람들에 대한 현재의 부정적인 행동의 영향에 대한 인식을 촉진하고 행동을 다르게 하는 방법을 함께 다루었다. 초점이 '문제아' 집단에게만 집중되지 않도록 하기 위해 4, 5학년 모든 학생들이 괴롭힘에 대한 설문조사에 참여하였으며, 그 결과는 모든 직원 훈련회기의 기초 자료로 사용하였다. 또한 이 학급들 모든 학생들의 부모를 위한 워크숍도 진행되었다. 매주 각 학생에 대한 목표를 정하고 학생들이 그 목표를 이루도록 서로를 돕는 팀워크도 권장되었다.

자료 수집방법: 여러 가지 자료 수집방법이 사용되었다—질문지, 학생 행동에 대한 지속적인 교사의 평가, 놀이터의 사고 기록, 반구조화된 임원의 피드백 양식, 임원과 학생의 면담. 이런 모든 방법은 질적인 자료를 제공하지만 그중 몇 가지는 양적 방법으로 분석할 수 있는 자료를 제공하였다. 이런 자료는 출판되는 보고서의 기준을 제공했지만, 모든 다양한 출처로부터 나온 방대한 양의 추가적인 질적 정보가 있었고, 그것은 교직원, 관리자와 함께 지속적인 토론과정을 거쳐 개입 정보로 사용되었다.

질문지: 개입이 시작되기 전 모든 4, 5학년 학생들(N=90)에게 이 프로젝트를 위해 설계된 괴롭힘에 대한 설문조사를 시행했다. 괴롭힘에 대한 그들의 의식과 학교나 놀이터에서 개인적인 괴롭힘 경험을 표집 조사했으며 그들이 어떻게 느꼈는지, 어떻게 대처했는지에 대해 자기만의 표현방법으로 표현할 수 있게 했다. 이것은 문제의 범위, 즉 각 학생들에게 미치는 영향과 놀이터가 괴롭힘과 공격의 주된 장소로 주요한 역할이 되는 것을 강조하게 했다. 프로젝트를 마치고 같은 학생들에게 두 번째 질문지를 주어 사전 사후 변화에 대해 평가하게 하였다.

행동 평가: 학급 교사들은 개입 전, 개입 중, 개입 2개월 후에 집단에 참가한 아동들이 학급에서 보이는 행동을 계속 개인 평가하였다. 매일 '매우 좋음'부터 '매우 나쁨'에 이르는 5점 척도로, 여기에 설명을 추가 기록하도록 하였다.

놀이터 사건 기록: 교장은 프로젝트 시작 1개월 전에 놀이터에서 일어나는 모든 사건에 관한 기록을 자신에게 보고하도록 하였다. 이 작업은 그 개입이 끝난 후 정확히 1년 후에 다시 실시되었다. 그렇게 추후 조사가 이루어졌다. 그것은 일어난 사건에 대한 상세한 기록이었다. 그 기록을 코딩할 때, 세 개의 범주 중 하나에 속하게 만들었다—세 개의 범주는 '약간', '심각함', '매우 심각함'이다. 그러고 나서 연구자는 매 기록에 그 사건의 중요도를 나타내는 가중치를 주었다. 이렇게 해서 양적이면서 질적 자료 둘 다를 제공

하였다.

임원 피드백 양식: 학교에 있는 대부분의 직원은 개입 종료 후 반구조화된 피드백 양식에 응답한 것을 보내왔다. 그 양식은 프로젝트 결과 아동들과 학교 전체에 일어나는 변화과정에 대한 자신의 의견을 개진하도록 촉진하는 물음을 포함한 양식이었다. 이는 임원의 관점에서 주요 주제들을 어떻게 보는가를 알려 주었다.

임원과 학생 면담: 이는 가장 풍부한 질적 자료를 제공한 자료원(原)이었다. 임원 면담은 교장, 4, 5학년 교사들과 함께한 것으로 프로젝트가 끝날 때 있었다. 이 자료는 녹음되었고 그 전체 기록이 분석되었다. 집단의 아동들도 짝을 지어 면담을 하였다.

결과: 이 다원적 자료는 삼각측량 과정을 보여 주었고, 소규모 프로젝트에 매우 도움이 되는 것이다. 질문지에 대한 응답이 학생들에게서 돌아왔고, 이 결과는 피드백 양식과 면담에서의 교사들의 의견과 행동 평가로 확인되었다. 또한 이들 모든 자료는 놀이터의 사건에 대한 기록들과 비교되었으며, 학생 면담에서 학생들이 표현한 의견과 함께 분석되었다. 질문지, 행동 평가, 사건 기록에 대해서는 카이스퀘어 검증(5장 참조)과 같은 간단한 양적 분석을 하였다. 그 결과는 학교에서 괴롭힘 문화가 줄어들고, 놀이터는 놀기 좋은 장소로 변하여 학급 행동이 개선되었으며, 놀이터 사건이 줄어들었다는 것을 설득력 있게 보여 주었다. 이러한 결과들은 통계적 유의도 면에서 직접적인 결과를 보여 주고 그 프로젝트의 의미를 잘 보여 주었으며 질적 자료로부터 이룬 것을 확인해 주었다. 예로서, 한 소년은 그 집단에 대해 가장 즐거웠던 점이 '좋게 되기를 배우는 것'이라고 말했다. 또 말하기를 그는 전에는 그냥 전투 게임만 하고 놀았는데 이제는 축구와 같이 팀으로 하는 게임을 하면서 놀게 되었다고 하였다.

결론: 이 프로젝트에 사용된 간단한 아이디어와 방법들은 문제 상황의 핵심 요소들을 규명하는 방법을 제공하였다. 그리고 문제 상황을 해결하기 위한 개입이 이루어졌고, 그 과정의 질적 특성을 보여 주기 위해 자료를 수집하고 분석하고 그 결과의 효과를 검증하게 하였다. 출간된 연구에 이어, 그리고

> 그 창의적인 연구가 종료된 2년 후 교장과 한 번 더 면담을 하였다. 그녀는 그 프로젝트가 학교와 학교의 기풍을 변하게 한 전환점이 되었으며, 초점을 행동을 통제하는 데에서 교육과 시민 정신을 촉진하는 방향으로 변하게 하였다고 보고하였다.
>
> **출처**: Briggs, S. MacKay, T. and Miller, S. (1995) The Edinbarnet Playground Project: Changing aggressive behaviour through structured intervention. *Educational Psychology in Practice*, 11(2), 37–44.

상 반의 학생들뿐만 아니라 학교 전체에 걸쳐 매 순간 가장 높은 수준의 관심이 있었다. 학교장이 한 진술은 이 점을 설명한다. 하루는 놀이터에서 한 여자 아이가 표적 집단에 있는 한 남자 아이에게 "너는 그렇게 해서는 안 돼. 너는 놀이터 프로젝트에 있잖아."라고 말하는 것을 들었다. 그렇게 해서 그 집단의 구성원들이 협력자가 되어 놀이터의 폭군이 아니라 평화로운 협동적 놀이터의 보호자로 변하는 과정이 일어났다.

보다 기술적인 질적 방법론에 겁먹은 현장 활동가들에게 있어 이 사례 연구의 매력적인 특징 중 하나는, 당신이 자료를 수집하고 제시하는 간단하지만 효과적인 방법을 선택할 수 있다는 점이다. 사실상 때로 면접에서 나온 주요 주제에 대한 간단한 기록은 여러 개의 자료표보다 어떤 프로젝트의 효과에 대해 더 의미 있는 감을 전달한다. **글상자 7.5**는 교장과의 마지막 면담 기록을 보여 준다. 이것은 양적 자료가 절대로 전달할 수 없는 통찰력을 준다. 이 기록은 출판 연구에는 나와 있지 않지만 저자의 기록 보관소에서 가져온 것이다.

요약하면 질적 연구방법이나 일련의 질적 접근방법을 포함한 혼합 방법은 아동과 연구를 계획하는 사람들에게 제공할 것이 상당히 많다. 질적 결과물은 모든 유형의 프로젝트에서 보고된 자료들을 더욱 돋보이게

글상자 7.5 Edinbarnet 놀이터 프로젝트(Briggs et al., 1995)

기록에서 발췌: 교장과의 최종 면담

이것을 시작하기 전에 너무 많은 아이들이 점심시간에 큰 싸움을 벌이고, 큰 패거리들이 서로 공격해서 나는 절망감에 빠져 있었어요. 사실 내 사무실 밑에 그 아이들이 서로를 때렸던 벽돌, 돌과 나뭇조각들을 놔두고 있었죠. 정말 말 그대로 그렇게 나빴습니다. 무엇을 하든 상관없었죠. 우리는 그 아이들을 어떻게든 통제할 수 없었습니다. 더욱 나빠져 학교가 'OK Corral'을 만들기에 이르게 되었고, 모든 아이들이 정기적으로 말썽을 일으키고 제대로 행동하지 않아서 정말 큰 걱정거리였습니다. 수위의 일은 그 아이들을 놀이터 한 영역에 몰아 놓고 돌보는 것이었어요.

현직 연수의 일환으로 학교 직원이 그 과정에 참가할 때, 어느 학교에서 왔다고 말을 하면 거기 있는 사람들이 웃고 학교의 명성에 상처를 받았다고 했습니다. 지금은 그런 곳에 가면 사람들이 놀이터 프로젝트에 대한 질문을 하여 직원들의 사기가 올라갔죠. 저는 예전처럼 스트레스를 받지 않고 있답니다.

이 프로젝트를 통해 배운 것은, 나는 아무것도 할 수 없다고 생각했었지만 전에는 긍정적으로 생각하지 않았던 것에 대해 아이들이 바뀔 수 있다고 더 긍정적으로 생각하게 되었다는 것입니다. 지금 나는 우리가 할 수 있는 일이 있다고 생각하고, 오랜 기간 여기서 그 일이 일어나는 것을 볼 수 있습니다.

출처: 저자의 자료 기록(출간된 보고서에는 없는 기록임)

한다. 앞에서 취급 주의 경고를 언급했음에도 불구하고 이것은 여러 가지로 어렵고 기술적인 분야이지만, 심지어 초보 연구자도 이 장에 설명되어 있는 것처럼 비교적 간단히 적용하고 좋은 결과를 얻을 수 있는 방법을 찾아낼 수 있을 것이다. 아동과 함께 연구를 하는 간단한 연구 프로젝트라도 제한된 자원 안의 일상 작업이지만, 만약 연구가 잘 실시되고 중요한 연구 질문에 관련되어 있다 해도 예측할 수 없다. 앞의 사례 연구는 연구자금을 제공하지 않았고, 현장 실무자들은 학교에서 단지 '더 나은 것을 만드는' 일을 했다. 이것의 성공은 자체적인 소규모 방식이었음에도 다른 두 가지 연구의 길을 열어 주었다—Edinbarnet 읽기 프로젝트(MacKay, 1999)와 Edinbarnet 초기 읽기 프로젝트(MacKay and Watson, 1999). 이것들은 이어서 West Dunbartonshire Literacy Initiative(MacKay, 2006)로 직접 연결되었는데, 이는 긴 시간의 대형 프로젝트로 50,000명의 아동 표집과 수백만 파운드의 연구자금, 그리고 모든 전체 협회 영역에 엄청난 혜택을 가져왔다.

실습 7.1 조사 설계와 질적 자료의 수집

당신은 병실에 있는 다섯 아동의 장기적인 병원 치료 경험을 조사하고 향상시킬 수 있는 부분에 대한 보고를 부탁받았다.

어떻게 이 연구 설계를 할 것인가? 어떤 종류의 질문을 할 것인가? 누구에게서 정보를 수집하고, 어떤 범위의 정보에 관심이 있는가? 당신은 어떤 방법을 자료 수집하는 데 사용할 것이며, 어떻게 분석하고 그것을 제출할 것인가?

실습 7.2 어머니 역할을 하는 전문적 보살핌

이 실습의 목적은 이 장의 앞부분에 소개된 방법과 도구를 설계하는 능력을 계발하고 그 결과를 기술하는 능력을 계발하는 것이다. 이것은 관련 이론을 고려하고 질적 틀의 적용을 고려하는 기회를 만든다.

아동을 생물학적 엄마와 분리하거나 떨어뜨려 놓아야만 하는 많은 전문적 상황이 있다—병원에서 특별한 치료를 받는 아기, 학대되거나 방임된 아동에 대한 위탁 배치, 또는 전일 직장모의 어린 아동들에 대한 유아원 규정 등. 이런 상황들은 실무자들이 엄마를 대신할 효과적인 자신의 능력에 대해 많은 우려를 갖게 한다. 사실 엄마의 보살핌을 대신하는 것은 양질의 보살핌에 필요한 일인가?

이 실습을 수행하기 위해 당신은 참가자가 되어 줄 수 있는 파트너나 동료가 필요하다. 참가자는 위에서 설명한 상황 중 하나의 상황에 해당하거나 유사한 경험이 있어야 한다. 또는 참가자가 이러한 상황 중 하나의 경험이 있다고 상상할 수 있어야 한다. 이 '연구'의 목표는 '전문적인 대리 엄마 역할 하기'라는 주제와 보살핌의 질이라는 주제를 탐색하는 것이다. 당신은 세 가지 다른 방법을 사용해야만 한다.

- 인생사
- 질문지
- 반구조화된 면담

각 방법에 대한 일반적인 설명은 주요 교재를 참고한다. 자료의 해석에 대한 지침은 아래를 본다.

1. 인생사. 참가자와 인생사 면담을 계획하고 시행한다. 엄마 역할 하기와 전문적 처치에서의 질적 보살핌에 대해 참가자가 내리는 정의가 무엇인지 탐색해 본다.
2. 질문지. 질문지를 고안하여 참가자가 그 질문지를 완성하게 한다. 그 질문지는 전문적 준비를 위해 상세한 인구학적 정보를 기술해야 한다. 이 정보의 예는 다음과 같은 것을 포함한다—보육자로서의 경력, 훈련 경험과 자격, 보살피는 아동의 수와 연령, 전문적 책임감, 실무 정책, 상세한 배경 정보 등. 아동 보육에 대한 태도는 하나의 척도로 논의될 수 있다. 즉, "나는 내 역할이 엄마와 같은 역할을 하는 것이라고 생각한다."에 동의하는지 동의하지 않는지에 대해 참가자가 일련의 물음에 다음 척도로 답한다—'매우 동의한다, 동의한다, 불확실하다, 동의하지 않는다, 전혀 동의하지 않는다'라는 척도에 답하는 것이다. 엄마 역할 하기의 질과 보

육의 질을 규정하는 주제를 개발한다.

3. **반구조화된 면담.** 인생사와 질문지에서 드러난 문제들은 그 면담이 초점을 둘 것을 규정하게 할 수 있다. 질문은 개방형일 필요가 있다. 예를 들면, "당신이 보살피는 아이에 대해 어떻게 느끼십니까?", "그 아이들에게 어떤 것을 제공하고 싶습니까?", "당신이 보살피는 아이에 대한 감정이 당신 자신의 아이에게 느끼는 감정과 어떤 식으로 다릅니까?" 등의 질문이다. 이러한 질문들에서 다루고자 하는 주제를 정한다—보살핌 속에 있는 아동과 참가자의 관계 및 그 아동의 부모와 참가자의 관계, 참가자의 가족에게 이런 보살핌이 주는 영향, 스트레스와 만족의 근원 등.
4. 질문지의 자료를 요약하고 모든 면담 자료를 기록해 둔다.

실습 7.3 당신이 쓴 이야기/보고서 또는 기록의 내용을 분석하기와 해석하기

이 실습의 목적은 기록에 대한 근거 분석의 기본 원칙을 소개하는 데 있다. **실습 7.2**에서 나온 모든 기록은 아래에 제시된 바와 같이 분석해야 한다.

면담, 현장 관찰 노트, 기타 기록에서 나온 필기 문서는 내용 분석의 대상이 될 수 있다. 이런 유형의 분석은 표현되는 언어가 의미, 우선순위, 이해, 세상을 지각하고 조직화하는 방법을 보여 줄 수 있다고 가정한다. 기록 자료를 접할 때 당신의 연구 문제를 바탕으로 하여 질문하게 되겠지만, Charmaz(1995)는 다음과 같은 질문을 하기를 추천한다—어떤 일이 일어나고 있는가? 사람들은 무엇을 하고 있는가? 그 사람은 무슨 말을 하는 것인가? 무엇이 이런 행동과 진술을 당연한 것이라고 받아들이게 하는가? 구조와 맥락은 어떻게 이러한 행동과 진술을 지원, 제공, 유지, 방해, 변화하게 하는가?

표 6.1과 **그림 7.1**은 면담을 설계, 수행, 코딩하도록 요약된 가이드를 제공한다. 이는 Glaser와 Strauss(1967)의 근거 이론의 접근방법과 내용 분석(Babbie, 1979)을 기반으로 한 것이다.

면담 내용	표제 붙이기
나는 그들을 내 아이처럼 여기죠. 그게 내가 그 일을 하는 이유 중의 하나죠. 그렇지만 무엇이 최선인지는 어찌 내가 알겠어요? 아무도 어떻게 그것을 하는지 보여 주지 않아요.	• 아이와의 관계 • 동기 • 지식의 격차 • 지원, 조언, 훈련의 부족

그림 7.1 기록 내용을 표제별로 정리하기

1단계－자료에의 몰입

면담 기록 이외에 면담 시나 후에 만들어진 메모가 유용하다. 이것들과 기록은 계속 읽고 또 읽어야 당신이 참가자의 세계로 들어가서 자료와 피면담자에 관한 진정한 느낌을 갖도록 해 준다. 이 첫 번째 읽기는 피면담자에 대해 참고가 되는 새로운 틀을 갖게 해 준다: 예를 들면, '어려서 어머니와 분리된 것에 대해 할 말이 많다. 관계 관리에 대한 전문 훈련의 부족이 주요 문제인 것 같다.' 모든 코딩 기록을 사본으로 만들고 원본을 보존한다.

2단계－표제 붙이기

신문 제목의 기사 내용을 요약하듯이, 당신의 다음 과제는 면담 내용을 다시 읽고 의미 없는 자료를 무시하면서 모든 중요한 문제에 제목을 다는 것이다. 제목이나 표제는 이 단계에서는 자유롭게 선택한다(**그림 7.1** 참조).

그러고 나서 이런 제목들은 더 큰 범위 아래에서 수집·분석을 통해 줄일 수 있다. 예컨대 지원 부족, 지식에서의 격차, 훈련 부족은 모두 훈련 정책 문제 밑으로 범주화될 수 있다. 각 기록은 코딩하고 자료는 광범위한 범주로 줄여서 최종 범주 목록으로 마무리한다.

3단계－질의 관리 점검

이 단계의 목적은 만들어 놓은 범주의 타당성을 확인하는 것이다. 이는 최소한 다른 두 사람이 원목록에 대한 사전 지식을 가지지 않은 채 범주의 목록을 만드는 것이다. 불일치되는 점은 논의하고 논의의 결과로 개정한다.

4단계–코딩

기록들을 공략할 때는 여러 개의 사본을 가지고 하는 것이 현명하다. 면담 기록 원본은 그때의 맥락을 상기하기 위해 보존해야 한다. 여러 가지 다른 색깔의 컬러 형광펜은 다양한 범주를 표시하는 데 사용할 수 있다. 각 기록을 참고해 각각의 범주를 형광펜으로 강조한다. 기록을 잘라서 같은 범주로 코딩된 모든 내용을 함께 수집·분석한다. 각 범주 속의 항목을 수집·분석하고 해석할 때 원기록을 재조회하며 전체 맥락을 놓치지 않도록 하면서 재코딩한다. 그 쓰기 단계에서 또 다른 주요한 부분은 제기되는 주제와 관련된 기존의 문헌을 사용하는 것이다. 면담은 기존 문헌의 결과와 연결되는 부분과는 따로 보고되고 밝혀질 수도 있다. 또한 문헌은 저자가 유사점과 차이점을 설명하도록 결과와 함께 제시할 수 있다.

제 3 부

특별한 문제

제 8 장

연구에서 아동과의 상담과 참여

이 장의 학습목표

첫째, 아동들을 연구에 완전히 포함시키고 그들의 시각을 알아보는 것에 대한 최근의 실제적 진전 상황에 대한 개관을 제시한다.
둘째, 아동들의 관점을 담은, 신뢰할 만하고 타당한 참여적 연구를 설계하고 실행하는 데 대한 실용적 안내 사항을 제시한다.

지난 10년간 '아동을', '아동에 대한', 그리고 그들과 '협력적으로' 함께하는 연구를 하기 위한 방법론적 도구는 급격히 늘어나고 발전해 왔다. 이 장에서 주로 할 일은 참가자로서의 아동들과 상담하는 데에 필요한 새로운 기술 몇 가지에 대해 간략하고 비평적인 고찰을 하는 것이다. 1999년에 출판된 『아동과 연구하기(Doing Research with Children)』

의 초판은 그 첫 번째였으며, 그 당시 연구자들은 아동법(1989년)에서 파생된, 아동과 상담할 필요성에 대한 의미를 충분히 깨닫지 못했다. 우리는 그 당시 아동의 소리에 귀 기울이는 데 주력하는 연구, 아동이 참여하여 그들의 관점을 말하고 잠재적으로 그들의 권한을 높여 줄 연구가 필요하다고 주장했다. 아동법 자체의 개정(2004년)과 2002년 유니세프가 만든 연구에의 아동 참여에 대한 지침과 같이, 계속적으로 사실상 '아동을', '아동과 함께한', '아동에 대한', 그리고 심지어 '공동 연구자로서의 아동과 함께한' 연구에 대한 교과서와 학술 논문이 대량으로 출간되었다. 그에 대해 가장 많이 기여한 일부는 올바른 시행에 관심을 갖고, 그들의 전문적인 현장에서 항상 아동과 상담하고 아동의 세계로 들어가는 데에 주력해 온 현장 활동가·연구자들이었다.

Ben Johnson의 '내가 너를 이해할 수 있게 말하라'는 경구는 우리를 가장 잘 드러내 주는 것은 언어라는 철학적 견해와 관련이 있다. 그리고 모든 화자를 이해하는 것은 단지 소리를 듣는 문제가 아니라 무엇을 말하는지 귀 기울이도록 하는 문제이다. 목소리 코치인 Rodenberg(1993)는 그녀의 초등학교 선생님이 잠재력을 심어 주었던 것을 회상했다.

> 한번은 내가 선생님께 노란 꽃 한 송이를 갖다 드린 적이 있었어요. 그분은 제게 왜 그 꽃을 좋아하냐고 물어보셨죠.
>
> "왜냐하면 그 꽃은 태양같이 노란색이니까요." 저는 이렇게 말했어요.
>
> 선생님은 물으셨어요. "어떻게 이게 노란색이라는 것을 아니?"
>
> "태양이 그것에 무언가를 주기 때문이죠." 저는 대답했어요.
>
> "네가 말하는 그 무언가를 어떻게 묘사할 거니?"
>
> 그녀는 이런 식으로 질문과 대답을 통해 진실을 찾아내는 소크라테스식 방법으로 나를 재발견하게 하기를 계속했어요. (1993, p. 27)

아동에게 귀 기울이기

현재 연구에 이용되는 아동에게 귀 기울이는 방법 중 가장 혁신적이고 유익한 방법은 사실상 특히 예술과 인문학, 사회학에서 나온 연구에서 사용되고 있는 것이다. 그럼에도 불구하고 동일한 기본적인 방법들은 상당한 기간 동안 심리학 분야 쪽에서 적용되어 왔다. 그 방법들은 응용심리학자들의 일상적 현장에서 널리 사용되어 왔지만, 발달심리학 문헌에서는 그다지 잘 사용되지 못했다. 모든 분야에서 아동이 의미의 공동 건축가－어떤 것의 의미를 세우는 데에 성인만큼이나 기여도가 크다는 뜻－이고 심지어 매우 이른 발달 단계에서 그리고 분명히 불리한 조건에도 불구하고, 연구에 포함시킬 가치가 있는 타당한 관점을 가지고 있다는 점이 점차 받아들여지고 있다. 2001년에 교육기술부는 아동청소년위원회로 하여금 『귀 기울기를 배우기: 아동·청소년을 포함시키는 주요 원칙(Learning to Listen: Core Principles for the Involvement of Children and Young People)』이라는 안내서를 발행하도록 했다. 이 문서는 각종 부서들이 아동과 청소년들을 그들에게 영향을 주는 각종 서비스들(예: 기숙학교와 같은 정신건강, 사회적·교육적 서비스를 이용하는 아동)에 대한 구성, 제공, 평가하는 데에 관여하게 만들도록 맞춰진 정책, 행동 계획, 효과적 실행을 발전시키도록 하는 공식적인 일반적 틀을 제공한다. 이는 아동들에게 일종의 권리나 힘을 주는 것에 관한 것이고, 현대 아동기(1995-2001)에 한 줄기 빛을 비추기 위함과 Prout(2001, 2002)에 의해 보고된 바에 목적을 둔 주요 ESRC 프로젝트의 결과에 의해 알려져 온 듯하다. 여기 가정된 그 연구 안건은 거의 대부분 사회학에 전통적 근거를 두고 있다. 그러나 그 일에 착수하는 데에 있어 연구자들은 곧 그들이 그들 손에, 아동들이 그들의 사회적 배경에 영향을 주고, 또한 그로부터 영향을 받는 사회적 행위자라고 가정된 창의적 연구 프로그램에 착수하도록 요구하는 하나의 주요한 방법론적 과제를 가지게 되었다는 것을 깨달았다. 이것은 연구자로서의 아동, 관점의 문서화, 전략적 행위자로서의 아동, 그 아동의 의견과 그 아동을 제외하는 일 등의 도전적 분야에 있어 새로운 방법을 찾아야 한다는 것을 의미했다. 이제 이러한 특성을 지닌 보다 최근의 연구에서 공통적으로 사용된 몇 가지 방법을 아래에 소개한다.

모자이크식 접근법

모자이크식 접근법(Clark and Moss, 2001)은 매우 어린 아동들에게도 융통성 있게 사용될 수 있고 청소년들에게 참여적 도구로 채택될 수 있는 다방면적 과정이다. 모자이크식 접근은 연구 과제의 어려움을 해결하기 위해 함께 사용될 수 있는 수많은 개별적 도구들로 이루어져 있다. 이 도구들은 언어적이면서 시각적인 '듣기'도구이다. 이것들이 포함하는 것은 다음과 같다—아이들에게 중요한 장소나 물건(탁아소나 이웃 등의 구체적 맥락에서)이 그들에 의해 촬영된 사진, 다양한 방법(녹음, 그림, 지도)으로 문서화된 현재 연구되고 있는 세팅을 소개하는 방문, 지도화하기, 만들어진 문서나 자료의 의미에 대해 이야기하기, 면담 또는 회의하기와 관찰 등이다. 응용심리학자들은 이것을 맥락적 평가라고 인식할 것이다. 그러므로 이것은 그 맥락과 아동을 의미의 공동 건설자로서 인정하는 방법에 있어 전통적 기술과 새로운 기술을 둘 다 절충적으로 사용하는 것이다. **표 8.1**에 모자이크 연구도구들의 개관과 그것들을 사용하는 데 고려해야 할 몇 가지 사항을 제시하였다.

모자이크식 접근법은 그 시각들에 접근하고, 가난한 시골 동네에 사는 사람들에게 힘을 주는 것을 목표로 하는, 참여적인 농촌 평가방법

표 8.1 "이 유치원에 있는 것은 어떠니?"에 대한 모자이크식 접근법의 일부

도구	질문
관찰〔연구자의 구술적(口述的) 설명〕	여기에서 어떤 일이 일어나고 있는가? 신체언어, 발화, 표현 등이 어떻게 해설에 기여하는가?
아동 토론 개최(짧은 면담 일정)	왜 아이들이 유치원에 가지? 어른들은 무엇을 하지? 가장 좋은/가장 나쁜 활동들은 뭐지? 가장 좋은/가장 나쁜 사람들/장소들은 뭐지? 개방형 질문
아이들이 그들만의 사진을 찍기 위한 카메라(저렴하고, 단일 목적으로만 사용)	사진 찍고 싶은 가장 좋아하는 것은 뭐야? 왜 그런 것들을 골랐어?
방문(아이가 인도하고 기록하는 방법을 선택)	너에게 중요한 장소들에 대해 모두 말해 줄래/보여 줄래.
지도 그리기(어떤 장소에 관하여/사진이나 그림을 사용하여)	관찰, 질문, 듣기, 테이프 녹음, 지도 그리기
역할 놀이(유치원이라는 세계를 나타내는 미리 선정된 장난감을 사용하기와 이야기 완성 기술)	지금 네 이야기 속에서 어떤 일들이 벌어지고 있니? 그다음엔 무슨 일이 일어나게 될까?
부모와 현장 활동가의 관점(짧은 면담)	당신의 아이가 유치원에 대해 어떻게 느낀다고 생각하세요? 집이나 유치원에서 당신 아이의 좋은/나쁜 날이 언제라고 생각하세요?

(participatory rural appraisal method, PRA)에 기초를 두고 있다. 그 접근법의 요소들은 사회복지 연구(O'Kane, 2000), 보건교육 연구(Morrow, 2001), 위험 요소들을 다루고 청소년의 정신건강 연구를 다루는(Punch,

표 8.2 청소년과 함께한 참여적 방법에 대한 요약

연구질문/연구대상	도구	절차
지역사회 내에서의 사회적 지지 수준이 웰빙에 중요한 효과가 있는가?	(형식에 구애 받지 않고) 자유롭게 쓰거나 녹음한 문서	다음 질문에 답하시오. 누가 나에게 중요하며, 왜 그러한가? 친구란 무엇인가? 친구는 왜 필요한가? 어디에 자신이 속해 있다고 느끼는가?
런던의 두 학교에서의 12~15세 학생 102명 (Morrow, 2001)		본인이 학교에 없을 때 무슨 일이 생길까? 너희는 얼마나 오래 친구였는가? 이곳에 얼마나 오래 살았는가? 미래에 대한 열망은?
	사진	사진에서 중요한 것을 선택 카메라 조작 토론을 위해 사진에 대해 설명적 주석
	지도	지역 지도 그리기
	집단별 토론	청소년 토의 주제의 영역 내에서 그들의 기행(奇行)을 다룬 신문기사
본인에게 영향을 미치는 의사결정 과정에 대한 관점은 무엇인가?	의사결정 표	부호화된 두 개의 축을 따른, 지각된 의사결정 정도(없음, 약간, 많이)와 관심 영역 커다란 시각적 포스터 혹은 스티커

2002a, 2002b) 데에 있어서 더 나이가 많은 집단의 아동들에게 사용하기 위해 채택되었다. 전형적으로 이 연구들은 연구를 통해 청소년들이 힘을 얻어 그들이 자신들에게 영향을 주는 서비스의 전달과 정책 발전에 자신들이 영향을 끼칠 수 있도록 하는 것을 모색한다. **표 8.2**에 질문, 도구, 절차에 관한 수많은 연구 결과를 요약하였다.

아동들과 참여적 면담을 진행하는 연구자들은 개별 양식과 집단 양

표 8.2 청소년과 함께한 참여적 방법에 대한 요약 (계속)

연구질문/연구대상	도구	절차
지역 당국의 보호하에 있는 청소년(O'Kane, 2000)	항아리와 콩을 이용한 활동	1~3점 척도로 매겨진, 예를 들어 '모임을 얼마나 좋아하는가?' 등의 여섯 개 문장, 그리고 매 문장마다 여섯 개의 항아리가 주어진다. 아동은 각각의 항아리/문장에 한 개, 두 개, 혹은 세 개의 콩을 준다. 세 개를 받게 되면 그 이유를 말한다. 그보다 적게 받았다면 콩을 더 받기 위해서 무엇을 해야 하는지를 말한다.
	다이아몬드 순위 매기기 활동	포커스 집단 토의에서 지정된 아홉 개의 문장을 작은 다이아몬드 모양의 카드에 놓고 다이아몬드 모양으로 배열한다. 위쪽은 가장 중요한 것을 나타내고, 아래쪽은 가장 덜 중요한 것을 의미한다.
8~14세 아이들은 자라면서 '독립'을 어떻게 타협하는가?	그림	참여하도록 자유롭게 그리게 하고 나중에 토론할 때 정보로 사용한다.
볼리비아 시골 지역 학교의 아이들(Punch, 2002a)	사진	위와 동일
	거미 다이어그램	거미 다이어그램은 주요 질문이 안에 있는 커다란 원형이다(예: 내가 가는 장소). 장소명이 쓰여 있는 여러 개의 '다리'가 주어지고 각 다리의 끝에는 '발'이 있다. 아이는 발에 그 장소를 간 횟수만큼의 수를 놓는다.

식 둘 다 도움이 된다는 것을 발견했다. 이 주제에 대해 좀 더 깊이 탐색하기 위해, 초등학교 연령대 아동들의 의견을 다룬 명백한 차이를 보여주는 초기 연구 중 하나인 Hill 등(1996)이 수행한 연구로 돌아가 보자.

표 8.2 청소년과 함께한 참여적 방법에 대한 요약 (계속)

연구질문/연구대상	도구	절차
	일기	매일의 활동과 삶의 일상적인 면을 잡아낸다.
정신건강의 문제에 대처하는 행동은 무엇인가?	작업 기록표	지역사회, 여러 장소, 좋아하는/싫어하는 것, 학교 과제, 집안일 등에서의 삶을 기초로 한 능력의 적절성
주류에 속하는 학교와 기숙학교에 있는 86명의 청소년(Punch, 2002b)	면담: 개인	더욱 민감한 사적인 주제, 과제를 완수하는 것
	집단	더욱 일반적인 주제들과 견해
	비밀 상자	문제를 쓴 뒤 밀봉하고 무작위로 섞는 상자에 넣어, 응답자는 그 누구에게도 말하지 못했던 비밀에 대해 이름이 알려지지 않은 채로 '억제'의 문제 극복하기
	주제가 있는 정신건강 문제에 대한 토론	드라마에서 추출한 동영상 클립, 독자 질문난 편지, 보편적 어구
	걱정거리의 순서 매기기	20개의 걱정을 찾아내고 그것들을 큰, 중간, 작은 걱정 파일로 분류한다.
	거미 다이어그램 대처하기	큰 걱정 원과 그에 대처하는 다리들 (앞의 내용 참조)

집단 면담: 5~12세 아동의 목소리에 귀 기울이기

아동 연구를 위한 질적 방법의 유용함에 대해 일반적으로 간과하게 되는데, 특히 5~12세 연령대의 집단에 대해서 더욱 그렇다. 전형적으로 연구자들은 취학 전 아동기와 청소년기가 아동 발달에 있어 중요한 시기라고 간주하여 이 시기의 아동들에게 연구 초점을 맞추어 왔다. 이 때문에 Hill 등의 연구진(1996)은 초등학교 아동들의 의견을 듣는 데 쓰일 수 있는 질적 방법에 대해 탐색했다. 자신의 정서와 웰빙에 대한 아동들의 관점은 사회복지사나 교사 등의 실질적 업무에 종사하는 사람들에 의해 사용된 질적 방법을 채택함으로써 연구되었다. 이 연구의 결과는 아동들과 면담하기를 원하는 이들에게 (연구에 있어) 우수하고 융통성 있는 틀을 제공해 준다. 그 논문에서는 아동들과 좋은 관계를 맺는 데에 두 가지의 주요한 방법－포커스 집단 토의, 개인 면담－을 권장한다.

최적의 포커스 집단 크기는 작은 연령 범위를 가진 아동 5~6명이고, 여러 가지 목적에서 동성으로 이루어진 집단이 실행 가능한 선택이 될 수 있다. 연구에 참여하는 아동들은 그 집단의 목적에 대한 명확한 설명과 연구에서 탐색될 제한된 수의 주제를 쓴 서식을 받는다. 질문은 때때로 일괄적인 논의를 해야 한다는 규정하에 직접적이고 개방적인 방식으로 주어진다. 면담자의 중요한 역할은 모든 집단 구성원들의 생산적인 또래 상호작용을 촉진하는 것이다. Hill과 동료 연구진이 정해 놓은 토론 안건은 다음과 같은 제한적 주제로 구성되어 있다－연구의 목적, 아동들의 감정 열거하기, (열거한) 감정에 대해 설명하기, 서로 다른 감정의 상대적 중요성, 지속적인 부정적 감정과 반응, 아동들의 문제와 걱정거리, 아동들의 관심거리에 대한 다른 사람들의 반응, 성인의 감정과 아동의 웰빙을 증진시킬 수 있는 것. 이 집단 토의는 아동들의 학교에서 이루어졌고, 개인 면담은 집이나 학교에서 이루어졌다. 이 개인 면담에서는 집단 토의와 동일한 방법 몇 가지와 집단 토의에서 나타났던 새로운 주제들을 사용하였지만, 아동 개개인의 특정 정서를 좀 더 심도 있게 탐색할 수 있었다. 이 경우에 연구자들은 아동들이 집보다 학교라는 세팅에서 더 편안해했다고 느꼈다. **표 8.3**에 집단과 개인 두 맥락에서 아동들이 참여하도록 사

표 8.3 5~12세 아동들의 정서와 웰빙에 대한 견해를 구하는 방법

집단 면담	
소개	연구자와 아동들은 이름표를 만든 뒤, 자신에 관해서 조금 소개해 본다.
브레인스토밍	초점이 되는 토의에 대하여 떠오른 모든 감정들을 적고 이름 붙이기
시각적 촉진자극 (시각적 자료를 통한 토론)	• 제각기 다른 정서 표현을 보여 주는 얼굴 윤곽 • 아무 감정이 없는 외톨이 '무감각 씨'의 이야기를 통해 아이들에게 이름이 붙여진 감정에 대한 의미를 설명 • 그림과 삽화: 싸우고 나서 화해하는 두 친구를 보여 주는 사진 네 장(그럴 만한 이유와 해결방법 토의), 몸을 씻고 말리는 동안 말다툼하는 커플의 사진(가족 긴장감에 대해 토의)
역할 놀이	불행하고/겁에 질린/걱정스러운 아동의 상황과 어른의 도움이 요구되는 상황을 연기한다. 전형적인 성인의 개입에 대한 정보를 준다. 조심스러운 준비와 참가자의 연구 참가 후, 연구자가 연구에 관해 보고할 필요가 있다.
자기완성 (기록지) 질문지	수량화가 가능한 데이터를 준다. 언어 능력이 덜 발달된 아동은 도와준다. 문장 완성하기: '나는 ___할 때 슬프다.' 가상의 소망: '당신을 더 행복하게 해 줄 수 있는 세 가지를 나열하라.' 간단한 차트: 아동이 위에서 말한 걱정이 있을 때 누구에게 도움을 요청할지를 나타낸다.
그리기	'이 아이는 _____기 때문에 _____느낌이다.'라는 제목이 붙은 그림

용된 다양한 방법을 요약하였다. 선호되는 방식은 연령, 맥락, 개인에 따라 다르다.

아동들의 사고나 감정의 힘에 대해 그들과 상담하기 위해서는 1~5

표 8.3 5~12세 아동들의 정서와 웰빙에 대한 견해를 구하는 방법 (계속)

개인 면담	
소개	나에 대한 질문지, 좋아하는 것/싫어하는 것(음식, 팝 스타)
이코맵(ecomap, 개인의 삶에 대한 그래프적 지도)	(나에게) 중요한 사람들: '가장 말하기 쉬운 사람', '최고의 조력자', '가장 재미있는 사람'은 명시된 특정 정서에 대한 이후 토론에서도 사용된다.
얼굴 윤곽 그리기	집단 면담 내용과 동일
문장 완성 카드	'나는 ____할 때 정말로 안정감을 느낀다.', '내가 가장 슬프다고 느꼈던 적은 ___이다.' 등의 강렬한 감정에 대한 것
역할 놀이	연구자는 다른 친구로부터 도움을 얻고 싶어 하는 어린아이인 척 연기한다(이전 집단 토의에서 도출된 상황).
질문지	집단 면담 내용과 동일

출처: Hill, M., 'Laybourn, A. and Borland, M. (1996). 'Engaging with primary-aged children about their emotions and well-being: methodological considerations.' *Children and Society*, 10: 129-44. © John Wiley and Sons, Ltd, 1996. 허락하에 게재함.

또는 1~10 척도의 의미에 대한 개념적인 이해가 필요하다. 연구자들은 종종 감정 지표(0=화가 나지 않음, 10=매우 화가 남)나 행복의 증가 수준을 보여 주는 연속적 얼굴 표정(예: 각각 연속적 얼굴에서 점점 커지는 미소)과 같은 이 척도의 시각적 버전을 사용하여, (연구에 참여하는) 아동은 그렇게 해서 자신과 비슷한 얼굴을 가리킬 수 있게 된다.

참여와 상담의 방법에 대한 비평

여기에 간략하게 문헌 고찰이 된 연구들은, 적절하게 설계된 도구를 사용한다면 아동과 청소년들도 집, 학교, 그 외 장소에서의 일상에 관한 자신의 시각에 대해 예리하고 건설적인 해설자가 될 수 있다는 것을 보여 준다. 게다가 아동과 청소년들은 정보 생산에 있어 협력할 수 있고 연구 설계와 그 시행에도 기여한다(Prout, 2001). 또한 이 연구자들은 이 도구들의 효용성에 대해 비판적으로 되돌아봄으로써 중요성을 보여 주었고, 각 경우에 있어 그 사용의 장점과 단점을 분명하게 널리 전달했다. Clark과 Moss(1999)는 자신들의 모자이크식 접근법이 서비스 평가에 대한 정보를 주었고, 변화와 대화 그리고 참여적 기술의 발달을 촉진했다는 점을 발견했다. 그러나 그 연구의 안건이 성인에 의해 유도된 것은 아닌지, 아동들이 충분히 사생활을 존중받았는지, 또는 어떤 주어진 문화가 '(의견을) 경청하기'를 활성화할 준비가 된 상태에 있었는지는 덜 명확하다. 이는 상당한 시간과 훈련이 필요하며, 교과과정에 대한 안건들과 비교하여 경중을 가리게 될 것이다. 방문, 지도, 사진 등의 대표적 참여도구들은 유용한 데이터를 생성하지만, 다른 방법들의 도움 없이는 진정으로 자유롭지 않았을 것이다. 카메라 사용에 있어서 실제적인 문제가 있을 수 있었을 것이다. 즉, 연구 후에는 가난한 지역사회에서는 사용 불가했을 도구를 소개하는 것에 대한 윤리적인 문제를 필두로 잘못된 것들에 대한 사진을 찍는 아동들, 또는 아동들에게는 전혀 드러내지 않다가 결국 유야무야하는 방식으로 상담을 끝내는 문제에 이르기까지 실제적 문제들이 있을 수 있다. 그림, 작업 기록지, 일기는 모두 쉽게 개인과 더 큰 집단에서 얻을 수 있었고 가장 즐기는 것이었다. 그러나 이 도구들은 대부분 참여자의 능력에 맞춰 탐색되는 개념들을 적용하는 질에 달려 있다. 모든 아동들이 그림 그리기를 좋아하는 것은 아닌 데다가 어떤 아동들은 그리기를 아예 잘하지 못한다. (아동에게) 어떤 과제를 줄 때 (그의) 읽고 쓰기 및 그 외의 다른 학업과 관련된 실제적 능력에 맞춰 그 과제를 잘 짝지어 주지 못했을 때, 분명 빠져 있거나 불완전한 자료가 있을 것이다. 참가자와 그들의 부모는 다른 일과 여가시간에 할 일을 소비하게 만드는, 집에 가져가는 과제에 대해 부담을 느낄 것이다. 잘 만들어진 작업 기록지와 일기는 자료와 통찰을 생성하는 데에 매우 유용하지만, 그것을 올바르게 짜는 데에는 시간이 걸릴 것이다(Punch, 2002b). **그림 8.1**은 12세 클레어와 6세 젬마 두 아이의 관점을 대조 조사하는 데 풍부한 자유를 주려는 이 책의 첫 번째 저자의 장난스러운 시도를 보여 준다. 이 아이들은 디지털 카메라 하나를 받고, 이모 집에서 자고 오던 날 그들에게 중요한 일들을 사진으로 찍도록 요구받았다. 일단 사진을 찍고 나면 아이들은 왜 그것을 선택하여 찍었는지 말하도록 질문을 받았다. 아동과 청소년을 포함시키는 이런 종류의 연구의 함정이 무엇인지 추측하기는 어렵지 않다. 또한 강력한 말이 나올 가능성을 발견하는 일도 있을 수 있으며, 만약 우리가 그 함정들을 잘 다루고 신중하게 계획을 세울 수 있다면, 진정한 효과를 창출해 낼 상당한 양의 지속 가능한 자료를 얻게 될 수도 있다.

참여적 면담 기술에 있어서 포커스 집단방법은 집단 내에서 개개인에게 자신감을 주고 아동들로 하여금 그 안건의 일부를 정할 수 있도록 하는 데에 좋다. 물론 개인 면담 맥락은 더욱 사적이면서도 친밀하게 해야 한다. 이 접근법이 필수적인 많은 연구 상황들에 대해 생각해 보는 것은 어렵지 않다. 더욱이 앞서의 포커스 집단과 관련하여 사용된 토론으로 말미암아 불안해하는 한 아이와의 라포를 형성하는 데에는 먼 길을 가게 할 수도 있다. 그 아이는 집단의 지지와 수용, 개개인과 함께 더욱 깊이 탐색될 주제들이 새로 생겨나는 구조를 경유하여 다루어져야 하기 때문이다. 집단 면담이 여러 시각을 알아보는 데에 매우 유용하다는 것이 증명되었지만 몇 가지 약점이 있다. 이 면담은 녹음하고 문자화하기 어렵고 (누가 뭘 말하는 것인지?) 당신이 그 집단을 이끌고 있든지 그냥 단순히

시작하기

클레어: 난 젬마한테 사진 찍을 걸 고르게 하면서 이모한테 내 사진을 찍어 달라고 했는데 걔는 자기 인형들이랑 바비 인형 사진을 찍는 데에만 관심이 있어요. 우웩! 그러고 나서 걔는 내가 어떻게 사진을 찍는지 보여 주려고 하자 화를 냈죠. 그래서 난 그냥 나 혼자 하려고 했지만 걔는 날 졸졸 쫓아다니고 짜증나게 하면서 내 일에 끼어들었어요!

가장 좋아하는 풍경

클레어: 그리 선명한 사진은 아니지만 운동하려고 마구간에서 밖으로 나온 사랑스러운 말들을 정원에서 볼 수 있어요. 난 말들을 보는 게 좋아요. 그리고 내 침실 창문에서는 농장도, 바다도, 바다 건너 저 반대편 땅의 불빛들도 보여요. 우리 집은 매우 번잡한 거리에 있어요.

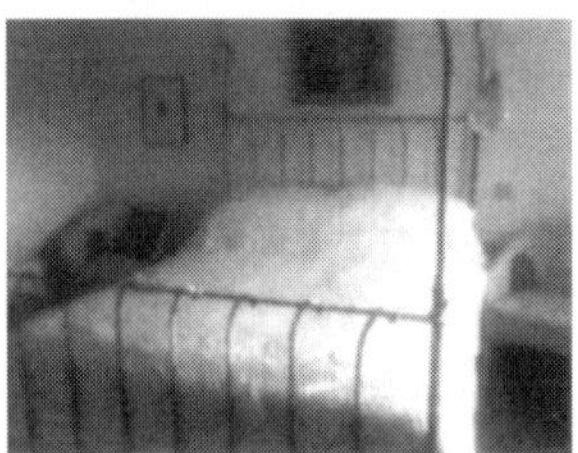

나의 침실

클레어: 이 방은 예전에 우리 할머니가 계셨을 때에는 할머니 방이었기 때문에 여기서 자는 게 좋아요. 할머니가 작년에 돌아가신 뒤로 너무 그리워요. 그분은 날 정말 많이 아껴 주시고 자상하셨

는데, 내가 이 방을 너무 좋아해서 그런지 엄마 아빠는 집에다 이 방과 거의 비슷한 내 방을 만들어 주셨어요. 난 여기 있는 침대랑 똑같은 것도 갖고 있어요. 더 큰 걸로!

자러 갈 시간

클레어: 밤마다 이모들이 내 방에 와서 우리는 스코틀랜드 사투리로 이야기를 읽기 때문에 이 동화책 사진을 찍었어요. 난 무서운 얘기를 좋아하고 제일 좋아하는 건 낯선 방문자예요. 할머니가 이모들이 어렸을 적에 이 이야기를 가르쳐 주셨기 때문에 이모들은 이 이야기 한 버전을 거의 외우다시피 하고 있죠. 이건 무섭고 정말 재미있기도 해요. 난 "크고 큰!"이라는 부분이 특히 좋아요.

아침 식사시간

클레어: 이모 댁에 있을 때 이모가 나만을 위해서 해 주는 특별한 아침 식사는 녹인 버터와 꿀이 들어 있는 신선하게 구운 빵이에요. 정말 맛있어요. 이모는 내가 그걸 너무 좋아해서 꿀아이라는 별명까지 붙여 줬어요. 그 빵은 내가 아주 특별한 사람이라고 느끼게 해 줘요.

그림 8.1 '이모와 함께 지내기'

관찰하고 있든지에 관계없이 노트 형식으로 기록하기가 쉽지 않다. 집단 활동은 다른 이들보다 더 많은 목소리를 내는 사람들로 인해 집단 효과를 이끌어 낸다(집단 전원이 어떤 효과를 내는 데에 모두 동일한 영향력을 가지고 있지는 않다는 뜻)(Hill et al., 1996).

결론

앞서 고찰한 연구들은 질문지나 면담 같은 표준적인 연구도구를 가지고 한 연구들로 기술될 수 있었다(6, 7장 참조). 그 연구들은 연구 목적을 다루고 연구 참가자들에게 적절한 수준의 과제인지를 확인하기 위해 그 연구도구를 창의적으로 채택하고, 타당한 다양한 관점을 얻는 구체적인 목표를 가지고 있다. 그러므로 혁신적인 것은 그 도구 자체가 아니라 그 도구가 사용된 방법이다. 보고된 사례들에서 연구도구들은 참가자의 목소리에 대한 이해와 그 목소리에 힘을 실어 주기 위해 질적·귀납적·참여적인 방법으로 사용되었다. 심리학자들도 역시 이 기본적인 도구들을 사용한다. 그러나 창의적인 방법으로 특히 괴롭힘 등의 주제를 다룰 때 발달사회심리학에서 이 기본적 도구들을 사용한다. 그럼에도 불구하고 발달심리학 연구는 일반적으로 발달의 진전을 알아내려는 의도를 가지며, 그 연구의 가장 창의적이고 정밀한 조사에 있어 조사에 참여하는 아동 및 청소년들의 유형에 어떤 질문과 자료 제시가 사실상 적절할 지를 알려 주는데 도움이 된다. 아동들과의 상담과 연구의 참여에 인지 발달적 접근법은 매우 중요하다(Lewis and Lindsay, 2000 참조). 이는 5장에도 명시되어 있다. 9장에서는 아동 연구 참가자들과 공동 작업을 할 때의 합리적인 기대 수준에 대한 윤리적으로 고려할 점을 더 상세히 탐색한다.

아동들을 평가하고 그 평가 사항들을 연구의 일부로 창의적으로 사용하는 방법이 점점 늘어나고 있지만, 여전히 그 방법들 본래의 이론적 기초에 대해 고려하는 것은 중요하다. 몇몇 연구 문제들은 여러 시각을 알아내는 것과 관련이 없다. 그러한 경우에는 기본적 연구 문제라는 업무로 돌아갈 필요가 있다(5장 참조). 그 평가는 당신이 하고 싶어 하는 것과 이론적으로 또 실제적으로 잘 맞는가? 그 평가방식은 신뢰할 만하고 타당하다고 생각하는가? 참여의 방법이 본인의 (연구에 있어) 참가자 혹은 참가자 집단에게 적절한 수준으로, 참여적 방법으로 설계되었는가? 어떤 특정 방법을 사용할 때 전문가적 지식, 훈련, 또는 슈퍼비전을 요구하는가?

실습 8.1 모자이크식 접근법

이 실습은 아동 및 청소년과 상담하기 위한 참여적 조사 접근법을 사용하는 연구를 설계하고 시행할 경험을 제공하는 것을 목표로 한다.

다음 연구 문제 중 하나를 선택하여 자료 수집방법과 분석방법을 계획한다.

1. 중·고등학교 학생들은 그들이 학교에서 정신건강 문제에 관해 도와주는 방식에 대해 어떻게 생각하는가?
2. 여러 회에 걸쳐 정기적으로 연구에 참여하는 아동 혹은 청소년의 견해는 어떠한가?(예: 특수교육이 필요하거나 장애가 있는 아동, 지역 당국에 의해 양육받거나 보호받는 아동)
3. 주택 프로젝트에 참여하는 어리고 집 없는 10대들은 그 프로젝트 자체와 그 프로젝트가 그들의 삶에 주는 영향에 대해 어떻게 느끼는가?

다양한 범위의 연령대와 참가자들 자신의 견해를 표현하고, 그 효과를 활성화하는 데에 있어 그들에게 더욱 권한을 주기 위해 (그들의) 관심 분야에 적절한 기술을 사용해야 하는 것을 기억해야 한다.

녹음 면담 자료는 개인과 그들의 보호자로부터 허가받아야 할 것이다.

제 9 장

아동 연구의 윤리

이 장의 학습목표

첫째, 아동 연구와 관련된 오늘날의 윤리적 사고의 근거를 탐색한다.
둘째, 아동 연구 활동의 규제를 검토한다.
셋째, 아동 참가자와 함께하는 연구에서 사전 동의의 중요성을 논한다.
넷째, 아동 참가자에게 접근의 권한을 얻는 과정을 검토한다.
다섯째, 윤리적 연구 대 비윤리적 연구를 평가하는 실질적인 안내를 한다.

아동과 함께 일하는 전문가들은 초기에는 훈련의 일환으로 많은 기술을 배운다. 배우는 과정은 보다 경험이 있는 현장 활동가와 일을 하면서 각각의 새로운 상황에서 생각을 해 가면서 그리고 다른 다양한 방식을 통해 배우게 된다. 연구 기술을 배우고자 하는 연구 지망생의 어려운 점은 현장에서 경험이 있는 연구자를 관찰할 수 있는 기회가 흔치 않다는 것이다. 연구 그 자체는 시간을 많이 소비하는 긴 과정이다. 연구 설계 개발의 상당 부분은 외현적인 행동보다는 인지적인 행동을 포함하며, 연구자와 참가자 간의 관계 특성이 그 연구 설계를 바람직하지 않게 만들고, 연구가 불가능하지는 않지만, 흔히 그 연구과정에 외부 사람이 참여하게 된다. 그러한 침범은 연구 환경에 영향을 미쳐서 연구를 제한하고 연구의 내적타당도에 영향을 미칠 가능성이 있다.

연구를 수행하는 과정에서 윤리적 원칙을 준수하는 일은 초보 연구자가 보기에 사실상 연구를 수행하기 어렵게 하는 일반적인 기술 목록의 부분이다. 경험이 부족한 연구자는 면접 일정이나 질문지를 고안하는 훈련을 할 수도 있으며, 질문 기술을 연습하고 관찰의 힘을 향상시킬 수도 있지만, 아동 및 그 가족들과 함께 연구를 수행하면서 일어날 수 있는 윤리적 딜레마를 다룰 기술로 무장하는 것은 더욱더 어려운 일이다. 윤리는 절대로 실전에서 배울 수 있는 연구의 한 부분이 아니라, 연구자가 될 사람이라면 누구나 연구를 착수하기 전에 있을 수 있는 윤리적 딜레마를 사전에 분명히 해야 되는 부분이라고 주장하기도 한다. 이것은 어느 정도 사실이지만 특히 사람이 참여하는 경우 조심스러운 계획도 실패할 수 있다. 특히 연구에 참여하는 사람이 아동일 때는 예측 불허의 요인이 훨씬 더 늘어날 것이다!

따라서 이 장에서는 연구자들, 특히 초보 연구자가 현장에서 연구를 실행하는 과정에서 접하게 되는 윤리 문제에 대해 준비를 할 수 있는 방법을 모색할 것이다. 앞서 말했듯이 이 책은 실용적인 교재이므로, 우리는 연구자가 예상외의 일들을 가장 잘 준비할 수 있는 방법을 탐색하고 우리와 다른 사람들의 경험 사례를 제공하고자 할 것이다. 이 탐색에 착수하기 전에 연구 준비를 뒷받침하는 윤리 원칙을 검토하는 것이 중요하다. 이 검토는 필연적으로 오늘날 윤리 원칙의 근거를 살펴보게 하고 연구와 직접 관련된 전문가 집단 사이에 존재하는 차이점을 살펴보게 한다. 우리는 이런 차이점에 개의치 않고 아동과 연구를 실행하는 모든 전문가들이 설사 방법에 대해 동의하지 않더라도 엄격한 윤리법을 포용하고 준수해야 한다고 생각한다. 이 장 끝에 있는 실습에서는 이 점을 고려해 당신의 전문 분야와 연관시켜 결정을 할 수 있도록 묻는다.

오늘날의 아동 연구 윤리의 근거

아동 연구와 관련된 윤리 연구는 인간 참가자에 대한 일반적인 윤리 이론과 원리 탐색에 대한 기본 지식을 포함한다. 이것이 필요한 이유는 아동 연구에서의 윤리 연구는 최근에 (상대적 측면에서) 문헌에서 논쟁과 토론의 주제가 되기 때문에 우리는 아동에게 적용될 수 있는 일반 이론에 관심을 기울이게 된다. 의심할 바 없이 아동에 대한 구체적 적용이 확실히 부족한데, 이는 얼마간은 아동이 사회에서 차지하고 있는 위치에 기인한다(1장 참조). 앞에서 논의한 것처럼, 사회가 아동들이 그들 자신에게 특별히 미치는 영향에 대해 권한을 가지고 있으며 아동에게 영향을 미치는 문제에 대해 아동 당사자와 협의해야 한다는 것을 이해하고 인식하게 되었던 것은 불과 몇십 년도 되지 않았다.

아동 연구 윤리에 대한 토론에 있어 유용한 출발점은 아마도 더 광범위한 인간 연구의 일반적인 가치에 초점을 두어야 할 것이다. 과거의 중대한 과오에는 너무 쉽게 초점을 맞춰서 비록 짧더라도 긍정적인 것에 안주하지만 못하게 한다. Beauchamp와 Childress(2001)는 예컨대 오늘 살아 있는 우리 모두는 연구에 참여할 수 있도록 해 준 조상들에게 우리의 삶이나 삶의 질에 대해 빚이 있다고 상기시켜 준다. 항생제와 기타 약물의 광범위한 사용, 수술 개입과 장기 이식 및 현대의 암 치료 발전은 전에 인간 참가자들이 연구에 참여했다는 증거이다.

Beauchamp와 Childress(2001)는 여러 가지 윤리 원칙을 정의하였다. 자율성, 즉 자기 규칙은 타인들에 의해 통제되는 간섭으로부터 자유롭고, 의미 있는 선택을 방해하는 부적절한 이해와 같은 제약들로부터도 자유로운 것이다(p. 58). 선행, 즉 우리는 전문가로서 타인에게 해를 주지 않고 대가와 위험, 이익에 대한 상대적 비중과 비교에 대한 판단을 필요로 한다(p. 194). 물론 이렇게 하는 데 있어서 참가자들에게 전반적인 혜택이 위험보다 많아야 하는 것은 기정사실이다. 정의, 즉 참가자들이 어떤 것이 공정하고 공평하며 적절한 처치가 무엇인지를 정당한 관점에서 보는 것이다(p. 226). 이 원칙들은 우리의 행동이 개인적인 삶과 전문가의 삶 모두에게 도덕적 인간으로서 적절해야 한다고 논할 수 있다. 인간 참가자를 포함하는 연구 수행에서 우리는 도덕적으로 행동해야 하고, 우리가 연구자라고 불리는 명칭을 가진 것이 마음대로 비도덕적으로 행동할 수 있는 허가증이 아니라는 것을 인식해야 한다. 그렇다면 왜 연구를 수행할 때 따라야 하는 윤리법을 개발해야 하는가? 간단히 말하자면 연구의 원칙 남용 때문에 규제를 필요로 하게 되었다. 그래서 더 이상 어떤 것이 도덕적이고 그렇지 않은지 주관적인 해석을 할 수 있는 여지가 없도록 해야 하는 것이다. 대부분의 남용은 제2차 세계대전 때 독일 나치에 의해 발생하였고 뉘른베르크 재판 기간 동안 세계의 관심을 끌게 되었다. 그 과정을 통해 드러난 메시지는 분명하다. Müller-Hill(1992, p. 48)이 나치 실험의 윤리적 의미에 대해 쓴 기록은 다음과 같다.

> 수용할 만한 가치와 윤리를 제공하고자 하는 과학의 시도는 실패했다. 의학과 과학이 그들 자신의 윤리적 가치를 약속한다 해도 결코 다시는 신

뢰해서는 안 된다. 이러한 가치들은 의학과 과학이 아닌 다른 곳에서 나와야 한다.

과학자들이 인간 참가자를 포함하는 연구와 윤리에 관하여 자기규제를 해서는 안 된다는 위의 견해는 전쟁 기간 중 실험에 관련된 소위 과학자라는 사람들이 괴물이나 미치광이가 아니었다는 관점에 근거한 것이다(Vigorito, 1992, p. 11). 그러나 Katz(1992)에 따르면, 복종이 최우선 과제인 정권의 부분이었고 아리안 인종의 우수성이 의심되지 않았던 곳에서 그들은 분명 괴물이고 미치광이였다. 실험은 아리안 사회의 이익(일종의 뒤틀리고 오도된 선행)을 위한 지식의 발전을 목표로 했지만 열등하다고 간주된 어른과 아이들이 희생되었다. 예를 들어, Mengele는 다산의 비밀 발견에 관심이 있다고 하여 1,500쌍의 쌍생아들(많은 아동들 포함)을 실험했으며(Vigorito, 1992), 우월한 인종은 자연적 속도보다 두 배 빠르게 증가할 수 있다고 생각하고, 또한 행동과 신체적 특성의 유전적인 근거를 발견하는 데도 관심이 있었다(Segal, 1992). 그가 시행한 방법들은 잔혹하고 비인간적이었으며 자주 쌍생아들의 죽음을 초래했다.

그러한 연구의 가치는 문제시되어야 하고 이러한 실험과 그와 유사한 다른 실험들로부터 나온 자료들을 가지고 무엇을 해야 하는지에 대해 끊임없는 논쟁이 계속되고 있다. 1945년 1월에 아우슈비츠-비르케나우 수용소에서 해방된 쌍생아 실험의 생존자인 Kor(1992)는 그 실험이 비윤리적이기 때문에 그 자료의 사용도 비윤리적이라고 제안한다. 그녀는 현존하는 윤리법보다 더 직접적인 방식으로 다음과 같은 서약을 하도록 의사와 과학자들에게도 경고한다.

1. 인간의 인권과 존엄성을 절대로 침해하지 않는 도덕적 헌신을 한다.
2. '당신이 연구대상이 될 때 받고 싶은 방식으로 연구대상을 대하라'는

보편적인 생각을 촉진한다.

3. 과학적인 일을 하기 위해, 제발, 인간이 되는 것을 멈추지 말라. 당신이 그러는 순간, 당신은 오로지 과학을 위한 과학자가 되며, 오늘의 Mengele가 된다. (Kor, 1992, p. 7)

연구 활동의 규제

제2차 세계대전과 뉘른베르크 재판에 이어 연구라고 불리는 이 포괄적 용어로 가장하여 일어났던 일에 대한 충격이 있은 이후, 앞으로는 이러한 잔혹한 행위가 일어나지 않게 다양한 형태의 통치와 규제가 생겨났다. 아동은 이 통치 내에서 별개의 집단이 아니므로 그들도 분명히 전반적 관심의 대상이 된다. 전쟁에 뒤이은 뉘른베르크 재판으로부터, 즉 1946년 10월과 1949년 4월 사이에 뉘른베르크법이 생겨났고, 이 법은 인간 참가자 연구에 대한 도덕적·윤리적·법적 원칙을 명시하고 있다. 이 법은 연구 참가자들이 자발적 동의를 해야 한다는 세부 사항을 포함한다. 연구는 사회의 선을 위한 것이라는 확인을 받을 필요가 있고, 따라서 연구 설계는 사전에 동물에게 시도하고 불필요한 신체적·정신적 고통은 피해야 한다고 하였다. 또한 위험 가능성에 대한 평가가 필요하고, 참가자가 실험연구에서 원할 때 그만둘 수 있는 권리가 있으며, 연구자가 과학적으로 그 실험을 수행할 수 있는 자격이 있어야 한다고 언급하고 있다.

1949년 8월 12일의 제네바 협약, 특히 네 번째 제네바 협약은 민간인에 관련한 국제법을 추가했다. 1864년의 원래 협약은 전투원에게만 적용되었고, 땅에서 일어나는 전쟁의 법규 및 관례에 대한 규제는 1907년 네 번째 헤이그 협약에 합병되었다. 전시의 민간인 보호에 관한 협약은 연구와 아동에 관한 중요한 성명을 하였다. 제14조에는 전쟁 중에 15세 미만 아동과 7세 미만 아동의 어머니들을 위한 안전 영역 설정을 필요로 한다고 하였고, 제82조에는 수용 중에 아동과 가족은 함께 지내며 적절한 가정생활을 할 수 있게 해야 한다고 하였으며(국제적십자위원회, 1949, p. 184), 한편 147조는 '생물학적 실험을 포함하는 의도적 살인, 고문 또는 비인간적인 대우를 금지한다.'이다(p. 211). 〔전쟁으로 영향을 받은 아동들과의 연구 수행에 대한 현대적 토론은 Boyden(2000)을 참조한다.〕

제네바 협약과 뉘른베르크법이 발표된 지 약 15년 후 헬싱키 선언(최신 버전은 세계의학협회에서 2004년에 발행)은 인간 참가자를 포함하는 생의학 연구 의사들에 대한 권장 사항을 요약하였다. 이것은 1964년 6월 헬싱키 세계의학협회 총회에서 채택되었고 차후 몇 번의 세계의학협회 총회를 통해 명확하게 개정되었다. 헬싱키 선언은 인간 참가자를 포함한 연구의 국제 윤리 표준을 제공하고, 한편으로는 뉘른베르크법안에 세부 사항을 강화하며 사실상 정교화하고 명료화하였으며, 연구 참가자가 아동일 경우 사전 동의를 검토하도록 한다. 헬싱키 선언에서는 아동의 법적 보호자의 사전 동의 외에, 미성년자가 할 수 있다면 아동의 사전 동의도 추가되어야 한다고 논의한다. 사전 동의의 문제는 다음 절에서 자세히 논의한다.

전쟁 초기에 유엔의 전신이었던 국제연맹의 붕괴 후, 1945년 유엔이 설립되고 헌장이 채택되었다. 1948년 유엔 총회에 뒤이어 국제권리장전(나중에 세계인권선언이라고 불림)을 준비하는 인권선언위원회 설립을 위한 조항이 만들어졌다. 유엔 안에는 유네스코(United Nations Educational, Scientific and Cultural Organization, UNESCO)와 유니세프(United Nations International Children's Emergency Fund, UNICEF) 같은 아동 연구와 관련된 여러 개의 전문 기구가 있다. 1959년에 세계아동인권선언이 처음 선언되었고, 1989년 아동권리협약에서 확인되었으며, 모든 아동이 기본적인 인권을 가질 수 있는 권리가 있다고 하였다(Taylor, 2005와 이 책의 1장 참조). 유니세프(2002)는 그 협약의 지도를 받아 아동 연구를 수행하는 연구자들을 위해 유용한 권장 사항을 제공한다.

앞에서 언급한 헌장이나 총회뿐만 아니라, 영국 심리학회(2006)와 국립아동국(2003) 등 많은 전문가 집단은 전문직 내에서의 연구를 규제하는 그들만의 국제법과 국가법을 설립하였다. 너무 많아서 이 장의 범위 내에서 그것들을 다 언급할 수는 없다. 그러나 전문가들이나 그 전문직에 들어가기를 희망하는 학생들은 자기 분야의 국내·외 법에 친숙해져야 한다.

분명히 제2차 세계대전 동안 시행되었던 비윤리적인 실험들은 극단적인 예이므로 오늘날 우리의 행동에 거의 영향을 미치지 않는다고 주장할 수도 있다. 중요한 점은 Kor(1992)가 앞에서 언급하기도 했지만, 모든 연구자들은 잠재적으로 권력을 가지고 있는 자리에 있을 가능성이 있으며, 그 권력은 권력 남용의 가능성을 지니고 있다는 것이다. 아동을 연구 참가자로 포함할 때 아동에 대한 어른의 상대적인 권력은 이것을 양날의 칼로 만든다. 이 남용의 정도는 가지각색으로 극심하게 존재할 수 있는데, 연구자들은 자신의 일이 잠재적인 윤리적 의미를 가지는지를 고려하는 것이 중요하며, 연구는 윤리적 원칙의 지침을 중요시해야 한다는 것이다. 이 점은 의학 연구를 하는 사람들뿐만 아니라 모든 연구자들에게 적용된다. 의료 연구에 관한 규칙은 존재하지만 항상 명확하지는 않은데, 다른 전문직 연구자들은 모두 그렇게 광범위하게 설립된 규제를 가지고 있지 않다. 그 차이점은 주로 권력과 참여도에 달려 있다. 유니세프(2002)는 참여도에 대해 Hart의 8점 참여 척도를 인용하는데, 그것은 연구 내의 아동을 '조작'하는 것에서부터 아동이 착수하는 연구에 온전히

참여도	연구의 예
아동이 착수하고 어른들과 의견을 나누어 결정	
아동이 착수하는 아동 지향적 프로젝트	아동과 어린 시절의 경험에 관한 연구
어른이 착수하고 아동들과 의견을 나눈 결정	
아동에게 상담과 정보를 주고 참여케 함	어린이를 위해 설계된 서비스에 대한 연구
연구자에 의해 할당되었지만 정보를 주고 참여케 함	
(진정성이 없는) 형식주의—아동은 의견을 말할 수는 있으나, 주제나 의사소통의 양식 또는 어떤 경우에 일을 준비하는 어떤 말을 하지만 거의 선택의 여지가 없음	
장식품—아동은 어떤 일에 참여하도록 요청되지만 참여의 이유나 문제에 대한 설명을 듣지 못함	아동 참가자에 대한 약물 효과 연구
조작	

그림 9.1 연구의 참여도

참여하는 것에 이르기까지 다양한 참여도를 제공한다. 의학 연구에서는 일반적으로 참여도가 그 범위에서 가장 낮은 척도에 해당되지만(**그림 9.1** 참조), 사회적 연구는 지난 10년간의 추세를 볼 때 충분한 참여도를 향해 있어 아동의 목소리가 들린다(6장과 7장; France, 2004; Hill, 2005 참조). 참여도가 어떻든 간에 연구자들은 아동 편의 최고의 이익을 보호하기 위한 책임이 있다. 유니세프(2002)는 Alderson(1995)이 버나도즈(역자 주: 영국의 아동 자선 단체)를 위해 시행한 아동에 대한 연구와 윤리 및 사회 연구를 바탕으로 하여, 연구 관리자들을 위한 질문에 대해 유용한 적용을 만들어서 감시와 평가 활동을 하게 하였다.

아동이 직접 연구에 참여해야 하는 범위에 대한 논쟁은 우리가 계속하기보다는 강조하고 싶은 부분이다. 지난 20년간 있었던 급변화는 충분하다고 말할 수 있고, 대부분의 집단들은 아동이 연구에 참여할 권리가 있듯이 참여를 거부할 권리도 있고, 연구는 아동에게 무엇을 해야 하는 게 아니라 아동과 함께 하는 것이어야 한다는 견해를 가지고 있다. 전문가들의 입장 차이에 관계없이 아동에의 접근을 얻고(대리로 또는 직접), 사전 승인과 동의를 구해야 하며(아동뿐만 아니라 아동에게 중요한 성인으로부터도), 자율성, 선행과 정의의 윤리 원칙을 준수해야 한다는 필요성에 대해서는 모든 전문가들이 공통된 합의를 하고 있다. 당신이 연구에 대한 모든 윤리적 영향을 고려했다는 것을 보장하는 유용한 방법은 연구에 포함된 모든 사람들에게 적용된다. 여기에는 통제 집단 및 연구와 직접 관련되지 않은 사람들(예를 들어, 실제 연구에 참여하는 아동의 형제)도 포함된다. 연구자는 연구 참가자 모두가 위험에 대해 알 수 있게 하고, 모든 윤리적 원칙을 거쳐야 한다. 이 과정에서는 연구 영역에 전문적인 지식을 가지고 있지만 본 연구에 직접 연관이 없는 경험 많은 연구자와 협력하는 게 유용하다. 이렇게 하면 당신이 접근을 시도하기 전에 객관적인 관점에 이를 수 있을 것이다. 우리는 나중에 이에 대해 논의할 것이다. 참여도 및 연구에 대한 좋은 실천 지침에 대한 요약은 **그림 9.1**과 **표 9.1**을 참조한다.

사전 동의

앞에서 언급했듯이, 규제의 틀을 포함한 모든 윤리적 고려 중 공통적인 요소 하나는 연구 참가자의 사전 동의를 얻는 것이다. 헬싱키 선언(세계의학협회, 2004)에 의하면, 아동이 법적으로 관여하지 못하더라도 연구

표 9.1 일반 연구 기준과 아동 관련 연구 기준을 위한 좋은 실행 지침 요약

모든 참가자에 대한 기준	참가자를 아동으로 고려했을 때의 추가 기준
연구의 목적, 연구를 수행하는 데 들일 가능성이 있는 노력과 혜택에 관한 참가자의 주의 깊은 선택	어떤 아동이 그 연구로부터 혜택을 받을 수 있는가? 우리가 쓸 수 있는 그들의 시간은 얼마나 되는가? 얼마만큼의 침범이 정당한가? 실패의 의미는 무엇인가?
선택 기준	학습장애나 신체장애가 있는 아동을 배제하는 것이 과연 정당한가?
참여(존중, 라포, 개방, 경청)	아동과의 과외시간이 필요한가? 혁신적인 기술 창안을 요한다.
사생활, 비밀 보장, 동의, 참여의 선택	아동은 물론 아동의 삶과 관련된 성인은 대개 허락에 대한 상담이 필요하고, 이는 결과 출판물에 대한 것도 포함한다.
	어린 참가자들이 자신의 참가 거부나 철회의 권리를 알고 이해하는가?
	강제의 요소가 있는가? 아동에게 너무 많은 책임을 부과하는 것이 있는가? 좀 더 나이 든 아동의 경우 부모가 참여를 거부해도 그 아동이 원하면 참가할 수 있는가?
연구에 아동을 포함시키는 연구 목적, 과정과 연구 참여의 기대에 관한 정보 제시	그 정보는 관련된 아동, 부모, 보호자, 전문가들이 구할 수 있고 접근 가능한가?

표 9.1 일반 연구 기준과 아동 관련 연구 기준을 위한 좋은 실행 지침 요약 (계속)

연구 자료 통제	얼마만큼의 책임감을 아동에게 주는 것이 타당한가? 어른들이 얼마만큼 개입해야 하는가?
연구의 문헌 고찰, 개정과 전파	아동과 보호자가 연구 설계에 대해 상담받고 그 계획에 기여할 수 있는가? 그들은 연구 후 보고를 받을 것이며 최종적인 보고서에 어떤 통제권을 가지는가? 그들은 연구 평가를 할 때 비판적일 수 있는가?
적절한 자금 제공 출처	항상 아동의 이익을 위해 일하지 않는 기구로부터 자금을 받아야 하는가?
참여적 방법 사용	아동을 충분히 참여하게끔 동기를 부여하고 재미있는가? 재미있으면서도 생산적인가? 개인 능력이나 집단 능력 또는 선호도에 맞게 설계되었는가? 언어 사용이 적합한가?
감사와 보상	아동은 자신의 노력에 대한 감사와 보상을 받게 될 것인가?
주의 깊은 맥락의 선택	아동에게 그 세팅은 편안하고 안전하며 예측 가능한가? 그것은 권력관계와 인상 관리의 관점에서 운영되지는 않는가?
참가자의 관점	아동과의 연구에서 어떻게 권력관계를 극복하고 아동의 관점에 대해 성인의 해석을 방지할 수 있는가?

출처: Alderson, 1995; Roberts, 2000; Punch, 2002; BPS Code of Conduct, 2006.

자는 동의를 받기 위해 사전 승낙을 얻어야만 한다. 유니세프(2002)의 아동 참여에 대한 안내서에서는 부모의 동의는 “아동의 권리에 비추어 볼 때 충분한 기준은 아니다.”(p. 5)라고 분명히 한다. 아동뿐만 아니라 부모도 연구의 의미를 인식해야 하며, 부모와 보호자의 동의 외에 아동의 승낙을 받아야 한다. 만약 그들이 할 수만 있다면 연구에 참여할 선택권이 있는지 알고(즉, 진정한 자원자라는 점), 그들이 연구에서 원할 때 아무런 해도 받지 않고 중단할 수 있는 권리가 있다는 것을 알고, 그들이 참여하는 연구의 내용을 정확하게 알며(즉, 만약 참여한다고 선택하면 어떤 것들을 해야 하는지), 연구에서 생성된 자료가 어떻게 쓰일지를 알아야 한다.

이것은 연구 참여 결과에 대한 개인의 이해와 관련하여 적절한 조언을 포함해야 한다. 만약 참가자들이 새로운 약을 복용해야 하는 경우, 참가자들은 발생할 수 있는 부작용에 대한 정보를 알고 있어야 한다. 연구 결과가 어떻게 될지에 대해 불확실한 점이 없도록 이야기해 주어야 한다. 그 연구 결과가 게시될 수 있으며 누가 거기에 접근할 수 있는지도 알고 있어야 한다. 우리는 학생들의 학위 논문에서 동의서에 참가자의 이름이 사용되지 않을 것이고 익명과 비밀 보장이 지켜질 것이라는 몇 가지 경우를 보았음에도, 현지에 대한 우리의 지식과 초기 연구 수행에서의 개입 때문에, 특히 사회학과 보건학과 학생들에게 인기 있는 질적 연구의 참가자들을 쉽게 알아볼 수 있었다. 어떤 경우 확실한 비밀 보장이 필요하기도 했는데, 공개된 도메인(예를 들면, 도서관이나 간행물을 통해)에 올릴 때 발생할 수 있는 해로운 결과를 가상하여 최종 결과의 접근을 제한해야 했다. 위대한 교육 연구자인 Lawrence Stenhouse는 “연구는 공개되는 체계적 조사이다.”(Skilbeck, 1983)라고 말했는데, 연구 결과에 대한 적절한 전파와 양립할 수 있는 여러 가지 방법들로 모든 측면의 조사를 수행하는 것은 필수적이다.

연구자는 연령이 어느 정도 되면 아동이 동의나 승낙을 이해하고 동의나 승낙을 할 수 있다고 쉽사리 판단해서는 안 된다. 즉, 연령만이 아동의 능력을 판단하는 안전한 지표라고 생각하는 잘못을 범해서는 안 된다. 영국과 다른 나라에서는 이러한 주제를 관리하는 각기 다른 입법 틀이 있다.

영국과 웨일즈에서는 1969년 가족법률 개혁 법안이 16세와 17세의 청소년에게 처치에 동의하는 권리를 주었고, 만일 더 어린 아동이라 해도 제안된 것을 충분히 이해할 만큼 성숙하다면 가능하다고 했는데, 그 법적 지위는 연구에 대한 동의와 관련하여 덜 명확하다. 충분한 이해력을 가진 16세와 17세의 청소년은 '치료 연구'에 동의할 수 있는데, 이는 그 목표가 그들에게 직접적인 도움이 될 수 있는 연구일 때이다. 16세 미만의 아동도 그 연구가 Gillick의 유능함에 대한 기준을 만족시키면 치료 연구에 동의할 수 있는데, 즉 이는 그들이 상담을 받고 부모를 포함시키는 것을 원치 않으며 제안된 연구의 특성, 목적과 있을 수 있는 결과를 충분히 이해할 만큼 성숙하다는 것이다. '비치료적 연구'에 관한 위치는, 즉 연구의 목표가 아동에게 직접적인 이득을 주지 않으므로 덜 분명하다. 〔아동과 동의에 관한 법적 문제 중 일부에 대한 논의는 Diamond(2005)를 참조한다.〕 실제적인 측면에서 연구자들에게 줄 수 있는 가장 좋은 조언은 아동과 부모 모두가 연구 참여에 완전히 협력할 수 있도록 해야 한다는 것이다.

접근 얻기

사전 동의에 대한 논의 이전이 아니라 이후에 접근 얻기에 대해 논의하는 것이 이상하게 보일지 모르겠다. 그러나 그 이유는 사전 동의는 접근을 얻기 전에 고려해야 하고, 당신이 접근을 얻기 위해 접촉하게 될 사람들은 당신이 어떻게 아동이나 부모(또는 보호자) 아니면 둘 다에게 동의를 얻을 것인지 알고 싶어 하기 때문이다. 그들은 연구자가 참가자들에게 보여 주고자 하는, 동의를 구하는 편지나 서식의 사본을 보고 싶어 할 것이다.

연구 참가자나 연구 사이트에의 접근 얻기는 일반적으로 구어체로 문지기에게 접근할 것을 요하는데, 이는 다른 사람의 이익을 지키고자 하고 진행할 연구에 대한 공식적·비공식적 허락을 해 줄 수 있는 사람을 말한다. 나라마다 부서마다 그 절차가 다를 수 있기 때문에 당신이 속한 특정 맥락에 맞는 절차를 찾는 게 중요하다. 때로는 참가자와의 연계가 아주 비공식적일 수 있고, 지역 설립 관리자의 재량에 따라 공식적인 체계로 관리될 수도 있다. 예를 들어, 영국 건강 분야의 연구와 관련하자면 영국, 북아일랜드, 스코틀랜드, 웨일즈에는 각기 다른 연구 관리 시스템이 있고 영국 중앙연구윤리위원회(Central Office for Research Ethics Committees, COREC)는 전국의 관련된 상대자들과 긴밀하게 일을 한다. 이런 연구윤리위원회(Research Ethics Committees, REC)는 표준을 정하고, 정책과 법안 시행에 매우 중요한 역할을 하고 있으며, 개인과 개인의 장기, 조직이나 자료를 포함하는 NHS(국민 보건 서비스) 내에서 사전 승인 없이 진행되는 연구는 없다.

지역 REC에서 동의를 얻는 과정을 과소평가해서는 안 된다. 우리의 경험을 통해 말하자면 위원회는 각각의 경우에 따라 매우 다른 방법으로 운영된다. 제안서 양식을 작성하는 것은 상당히 힘겨운 일이며, 만약 포커스 면접으로 자료를 수집하는 질적 연구를 하려고 한다면 적절하지도 않다. 하지만 우리의 경험으로 봐서는 NHS REC들과 일을 하는 것이 가능하고 실제 그들은 매우 긍정적이다. 우리가 아는 한 위원장은 그의 개인적인 경험을 통해 질적 연구는 한계가 있다는 것을 알고 연구에 대한 모든 접근방법을 인정한다. 만약 당신의 연구가 전통적이고 실증주의적인 틀에 특히 맞지 않다면 제안서를 제출하기 전에 위원회의 한 사람과 비공식적인 논의를 하는 것이 항상 유용할 것이다. 다른 중요한 문지기들은 연구 사이트를 관리하거나 당신이 참가자라고 생각하는 사람들을 알고 있는 사람이다. 다시 말해 이들은 굉장히 도움이 되는 사람들이며 이들과의 좋은 의사소통은 성공의 필수 조건이다. 예를 들어 Ersser(1996)는 자신의 민족지학적 연구에서 문지기였던 병동 간호사 및 의사들과 유용한 관계를 형성했다는 것을 언급했다. 반면 Hood 등(1996)은 문지기들과 어려움을 경험했으며 연구의 접근 방향을 변화시켜야 했다고 하였다. 그들의 설명은 많은 사람들이 느꼈던 비슷한 좌절 경험을 보여 준다.

> 우리는 원래 대부분의 표집을 지역 건강센터를 통해 얻을 계획을 세웠다. 거기서는 직원이 해당 목록에서 적절한 연령의 아동이 포함된 많은 가족들을 확인해 주기 때문이었다. 하지만 일반 실무자들(GPs)과 실무 관리자는 우리가 접촉하기에 '앞서' 부모의 동의를 얻을 필요가 있다고 하였다. 실무 직원은 연구를 설명하며 우리와의 접촉에 '나는 동의한다'나 '나는 동의하지 않는다'고 표시하도록 떼어 낼 수 있는 전표를 붙인 편지를 발송했고, 그것들은 실습실로 돌아왔다. 그리하여 우리는 긴 사슬의 협상 끝에 이르게 되었다. 대부분의 참가 가능할 것 같았던 참가자들은 응답하지 않았고 우리는 단지 소수의 환자와만 접촉할 수 있었다. (Hood et al., 1996, p. 120)

Hood 등은 학교나 유아원에 접근할 때도 유사한 문제들이 있었다고 언급하는데, 우리 자신의 경험으로 미루어 보아서는 전체적으로 학교 관리자나 유아원 관리자는 의료 종사자들보다는 더 기꺼이 도우며 직접적 문지기라기보다는 간접적 문지기 역할을 하는 사람들이었다. 예를 들어, 우리의 학생 중 한 명은 나이가 많은 학교 아동들을 대상으로 안전한 성을 주제로 한 연구를 반복하고자 했는데, 제안된 질문에 약간의 수정을 가한 후 교장은 그 연구자가 아동을 통해 그 부모와 아동 자신에게 동의 양식을 주는 것을 허락했다. 이런 방식으로 연구자가 학교와 연계하여, 야외 학습을 위한 동의서와 함께 나가는 편지로서가 아니라 그녀가 원했던 정보를 그녀가 원하는 방식으로 학생들과 부모들에게 줄 수 있었다!

아동의 문지기는 부모이다. 특히 연구가 어린 아동들을 데리고 수행되거나 연구가 가정환경을 방문하는 것을 포함하는 경우, 또는 아동들이 특정한 곳에 와야 할 필요가 있다면 더욱 그렇다. 만일 아동을 포함하는 연구가 성공하려면 부모와 좋은 관계를 갖는 것이 제일 중요하다. 이 과정에서 기본은 신뢰를 얻는 것인데, 연구자는 정직하고 신뢰할 만하며 의사소통을 잘해야 한다. 확실히 좋은 관계를 유지하기 위해 갖추어야 하는 특징은 좋은 매너와 같은 것인데, 단순히 고맙다고 인사하는 것을 잊지 않는다면 다음에 그 부모들이 나타날 가능성이 높다.

아동에 관한 실제 윤리

우리의 의도는 아동 연구 윤리를 지시하거나 제한적인 접근을 제공하려는 것이 아니다. 사실 이것은 어떤 경우에는 매우 어려운 일인데, 그 이유는 다양한 접근을 취하고 거의 무한대의 연구 문제들이 연구될 수 있기 때문이다. 윤리는 연구 문제와 접근방법 양쪽의 맥락 내에 있어야 하고 단지 '추가'되는 것으로 여겨져서는 안 된다. 학위 논문에서 가끔 나타나는 일은 사전 동의와 익명, 비밀 보장에 대한 같은 사항들을 다소 반복적으로 서술한다는 것이다. 이런 서술은 맥락 없이 있으므로 연구자가 본 연구의 윤리적 의미를 다른 연구와 반대되게 충분히 고려했다는 확신을 독자에게 주지 못한다. 하지만 사전 동의, 익명, 비밀 보장이 중요하지 않다는 것은 아니다. 분명히 그것들이 중요하기 때문이다. 중요한 사실은 윤리적 원칙이 적용되는 것을 보장하는 데에 대한 것이다. 이 말의 의미는 당신 연구의 윤리적 의미를 검토하고 윤리적 원칙이 당신의 특별한 연구 맥락에서 준수되었다는 것을 보장해야 한다는 것이다.

실제로 이를 위해 당신이 연구자로서 물어볼 수 있는 질문은 많으며 당신은 그 질문들에 대한 대답을 준비할 수 있다. 이렇게 하는 것의 이점은 많다. 특히 예컨대 당신이 윤리위원회 청문회에 참석하게 되건 아니건 많은 이점이 있다. 다음의 질문 목록은 연구과정에 따라 절로 나누었는데 그게 다가 아니다. 그러나 그것은 당신에게 무엇이 어려운 과제가 될 수 있는지를 보여 줄 것이다. 그것은 또한 윤리가 연구자가 입으로만 하는 립 서비스를 하는 것이 아니라는 견해를 강화하며 어떤 연구에서도 가장 중요하다.

문제

윤리적인 문제가 연구 문제와 관련된 문헌에서 제기된 적이 있습니까? 만약 그렇다면 어려웠던 점은 무엇이고, 어떻게 해결이 되었습니까? 당신의 견해로 볼 때 그것은 만족스러운 방법으로 해결하였나요? 만약 그렇다면 왜 그런가요? 그렇지 않다면 이유는 무엇이며, 당신이 어떤 일을 해야 만족하게 해결이 될까요?

연구 문제

당신의 연구 문제는 필요하며 중요합니까? 그러한 문제가 전에 답변된 적이 있습니까? 만약 답변된 적이 있다면 당신이 굳이 그 연구를 수행하려는 이유는 무엇입니까? 연구 문제는 아동의 참여를 필요로 합니까? 참여가 직접적입니까, 간접적입니까(만약 간접적이라면, 예를 들어 언제 연구자가 다른 가족들과 함께 혹은 학교에서 수행했습니까)? 만약 아동 연구를 한다면 사전 동의와 같은 문제를 고려해 보았습니까? 만약 아동을 참여시키지 않는다면 당신의 연구 문제는 대리에 의해 답변을 정확하게 할 수 있습니까?

표집

당신은 왜 특정한 표집 전략을 선택했나요? 참가자들은 그 전략을 이해할까요?(아동이 연구대상일 때, 아동이 연구에서 제외됨으로써 해를 입을 수 있습니다!) 표집에 언제 접근하려고 합니까? 어떤 문지기들을 만나야 접촉할 허락을 얻을까요? 허락을 받았나요? 적절한 양식으로 표집에 제공할 정보(아동이 이해할 수 있는 말로 혹은 그림으로 제시할 적절한 정보)를 만들었나요? 아동에게서 받을 사전 동의를 어떻게 문서화할 것인가? 누구에게서 사전 동의를 얻어야 합니까? 그렇게 한 적이 있습니까? 만약 아동과 함께 수행하는 연구라면 그들의 동의가 아동들이 이해했다는 것을 기반으로 작성되었다는 것을 어떻게 입증할 것인가요?

자료 수집도구

당신에게 자료를 제공하기 위해 참가자들은 어떻게 해야 합니까? 참가자나 그들의 주위 사람에게 가할 잠재적인 신체적, 심리적, 사회적, 또는 정서적 위험이 있습니까? 만약 그렇다면 무시할 수 있을 만큼입니까, 아니면 무시할 수 없습니까? 당신은 무시할 수 있다고 정의를 내렸습니까? 만약 무시할 수 없다면 어떻게 정당화할 수 있습니까? 당신은 위험을 줄이기 위해 모든 수단을 탐색했습니까? 그렇지 않다면, 왜 하지 않았습니까? 당신은 객관적인 제삼자와 이런 것들을 검토해 보았습니까?

자료 분석 및 이후의 절차

어떻게 자료의 윤리적 과정을 보장했습니까? 자료를 어디에 저장할 것입니까? 그 자료를 이런 방식으로 저장하는 데 만족합니까? 만약 아니라면 어떻게 처리할 것입니까? 자료 보호법을 위반하고 있지는 않습니까? 만약 그렇다면, 어떻게 법을 어기지 않게 바꾸겠습니까? 참가자들에게 한 어떤 약속이나 보증을 지키지 않았습니까? 만약 그렇다면, 왜 그랬습니까? 연구가 완료되면 당신의 자료는 어떻게 됩니까? 참가자들과 연구 결과를 공유하기 위한 계획을 가지고 있습니까? 만약 당신의 연구가 아동의 그림이나 도표를 가지고 있다면, 그 연구 '자료'에 대한 소유권의 문제가 있습니까? 만약 그렇다면, 어떻게 이런 '자료'를 정당한 소유자에게 반환하는 방법이 있는지 고려해 보았습니까?

마지막으로, 이 모든 질문에 답한 후 당신은 참가자들에게 어떤 해도 미치지 않을 것임을 절대적으로 장담할 수 있습니까?

맺음말

우리는 당신이 지금쯤은 윤리가 생각 없이 묵살될 수 있는 연구과정의 일부가 아니라고 이해하였으면 한다. 특정한 연구의 윤리적 의미는 가장 중요하고 필수적인 고려 사항으로 구성된다. 어느 연구자나 윤리에 대해 고려하지 않으면 참가자에게만 피해를 줄 가능성이 있는 것이 아니라 자신의 전문직과 동료 전문가들에게도 해를 입힐 가능성이 있다. 우리가 알고 있는 예로, 한 연구자가 NHS 1차 보호 세팅에서 윤리 원칙을 준수하지 않고 또 적절한 문지기들의 동의를 받지 않고 연구를 진행했다. 몇몇 연구 참가자들은 주어진 정보에 대해 매우 괴로워했을 뿐 아니라 모든 연구 활동이 (적절한 접근과정을 통해 시행된 것을 포함해) 중지되었고, 이는 동료들에게 큰 고충을 안겨 주었다.

자료를 수집하기 전에 있을 수 있는 윤리적 딜레마에 대해 적절한 생각을 하고 관련된 문지기들의 허가를 얻는 것은 필수적이다. 하지만 윤리적 연구에 대한 당신의 책임은 모든 허가가 이루어지고 동의 양식에 서명이 되었을 때도 중단되지 않는다. 그 책임은 연구 동안 내내 지속되며 연구 이후에도 이어진다. 만약 당신이 비밀인 정보에 대해 비밀 보장을 약속하고 비밀에 대한 정보원(原)이라면 그것은 비밀로 유지되어야 하며, 만약 자료를 없앤다고 약속했으면 반드시 그렇게 해야 한다.

윤리는 매우 심각한 업무이며, 윤리를 무시하면 참가자와 동료 그리고 궁극적으로 전문가와 연구자로서의 당신의 명성에도 피해를 줄 수 있다.

실습 9.1 윤리법의 적용

1. 당신이 속한 실제 전문직이나 다른 전문가 집단과 직접 관련이 있는 국내법 및 국제법이 있는지 찾아본다(예를 들면 도서관, 인터넷이나 당신이 속한 전문가 협회를 통해 알아본다).
2. 어떤 법이나 법규가 자율성, 선행과 정의에 대해 명시한 것을 적어 본다. 그 법은 아동 연구에 대하여 구체적인 언급을 하였는가?
3. 다음으로 당신의 분야에서 전문가가 시행한 아동을 포함한 연구를 찾아본다. 당신이 찾은 법과 법규, 앞의 '아동에 관한 실제 윤리' 아래 있는 질문들을 이용해서 윤리적 관점에서 그 연구의 강점과 약점을 적어 둔다.

제 10 장

주제와 관점

이 장의 학습목표

첫째, 아동 연구를 수행할 때 야기되는 주요 공통 주제들을 함께 다루고 검토한다.

이 책은 아동과 일하고 연구를 현명하게 사용하고 싶은 전문가들을 위해 연구 지식을 모아 만들었으며, 연구자 지망생들이 아동의 특별한 특성에 초점을 맞추어 아동 연구를 준비하도록 되어 있다. 학생들이 아동과 연구를 할 수 있게 준비시키기 위해, 우리가 직접 연구를 진행하면서 우리의 경험과 관찰을 통해 이 책이 필요하다고 느꼈다. 보통의 연구 교재들은 아동과 함께하는 것과 어른과 함께하는 것의 차이점에 대해 거의 다루지 않는다. 즉 그것들은 그저 몇 줄 또는 한 문단으로 아동의 특별한 세계를 설명하지만, 대부분은 약간만 다루거나 아무것도 다루지 않는다. 그래서 이 책의 아이디어가 생겨난 것이다. 초판에서는 할 수 없었지만 두 번째 판을 준비하면서 명확하게 아동 연구에 대해서 우리가 언급할 수 있었다는 점이 기뻤다. 아동과 연구를 하는 것이 과연 따로 있을 수 있는 학문인지를 확인하고 싶은 성급한 시각들이 있었는데, 우리는 이렇게 새롭게 떠오르는 교육에 기여하게 되어 반갑다.

우리가 이 책에서 하고자 했던 것은, 한편으로는 아동과 연구를 한다는 것이 다르다는 것, 예를 들어 특별한 기술과 윤리적 영향이 다른 연구와는 다르다는 점이다. 다른 장에서는 전반적인 측면을 취해서 아동의 세팅에 적용하여 독자가 모든 연구가 맥락과 관련되어야 한다는 점을 이해할 수 있도록 했다. 우리는 나중에 이것을 더욱 충분히 고려하게 될 것이다.

이 책을 써 가면서 각 장 속에는 되풀이되는 같은 주제와 관점이 있으며, 그것들은 우리가 강조할 만한 것들을 모은 것이기 때문에 독자에게 이 책이 의미 있고 신나는 교재가 되었으면 좋겠다.

아동은 다르다

이 책의 서두에서 아동이 우리 사회에서 특별한 위치를 차지하고 있다고 논하였다. 아동은 작은 어른이 아니며 자신만의 구체적인 특성을 가지고 발달하며 성장한다. 아동에게만 특히 초점을 맞추는 많은 전문 프로그램의 증가는 아동과 함께 작업하는 것이 다르고 독특한 세트와 기술을 필요로 한다는 것을 강조하고 있다. 이것은 아동과 관련된 연구에서도 마찬가지이다. 자료를 모으는 데 필요한 기술, 윤리적으로 고려할 점과 그것을 지지하는 이론은 성인을 대상으로 한 연구와 다르다. 아동은 세계를 지각하고 이해하는 방법이 성인과 다르고, 성인 연구자는 매우 분명한 이유로 아동의 관점에서 세상을 볼 수 없기 때문에 아동의 세상이 다르다는 것을 인정하는 것은 확고한 출발점이 될 것이다.

또한 아동들이 동질적인 집단을 나타내지는 않는다는 것을 인식하는 것이 중요하다. 대단히 중요한 아동기의 단계에는 다수의 차이가 있는데 그 차이는 연령, 성별, 민족, 문화와 교육, 사회 계층, 양육 등의 결과일 수 있고 그 수는 무궁무진하다. 우리는 독자가 이 책을 읽고 난 후, 아동과 성인 간에 그리고 아동과 아동 간에 차이가 있다는 것을 알고 그런 차이가 일어나는 요인을 이해할 수 있길 바란다.

지식은 성공을 위한 핵심 요소이다

첫 번째 주제와 밀접한 관련이 있는 두 번째 주제는, 성공적인 아동 연구자가 되려면 연구를 진행할 때 아동의 다른 점도 인식해야 하지만, 여러 가지 다른 관점들로부터 그 아동에 대한 기본 지식을 가지고 있어야 한다는 것이다. 그 지식은 정서와 인지에 대한 이론과 학습 및 성격에 대한 이론, 신체 성장과 발달에 대한 이론, 아동의 관계에 대한 이론 등의 지식을 포함한다. 연구 지망자들은 이런 기본 기술 외에도 연구할 특정 문제와 관련된 특별한 기술을 개발할 필요가 있을 것이다. 이러한 것들은 폭넓은 독서와 특정 분야에서 이루어졌던 이전 연구에 대한 비평적 분석을 통해 얻을 수 있다. 만약 연구자가 민감하고 적절한 연구 계획을 개발하고자 한다면 이것은 중요하다. 이론을 수용하는 것은 연구과정의 기초이며, 자신의 지식 기반을 강화하기 위해 들인 시간은 결코 낭비가 아니다.

지식은 또한 우리가 여러 가지 다양한 활동을 통해 흡수할 수도 있고, 특히 매일의 연습을 통해 그리고 우리보다 더 숙련된 사람들을 관찰하면서 습득할 수 있는 것이다. 그 전문직은 전통적으로 어느 정도는 전문가가 되려는 학생들이 더 많은 경험을 한 연구자와 함께 일하는 도제제도 형식으로 이루어진다. 지식의 양과 지식이 우리에게 가져다주는 의미는 아주 개인적인 것이다. 불행하게도 우리는 온전히 어떤 환경에 있게 되는 것만으로도 지식을 흡수할 수 있는 스펀지가 아니다! 우리 주변에서 일어나는 일을 관찰해야 하고, 질문을 던지며, 만족스러운 답변을 찾지 못했을 경우 문헌에서 확실한 것을 구해야 한다. 우리는 심사숙고하는 실무자가 되도록 배워야 한다. 그리하여 매번 새로운 경험에 대해 생각해 봐야 하며, 과거의 경험과 비교하고 의미를 이해하게 된다.

특별한 기술

잠시 병원의 신생아실에 들어가 아기들을 면접하려고 하는 말도 안 되는 연구자의 생각을 상상해 보라(**그림 10.1** 참조). 우리는 앞서 아동은 다르고 연구자는 그 차이를 더 넓게 이해하기 위해 지식 기반을 보유해야 한다고 논했다. 이 지식과 손잡고 아동의 세계를 파악할 수 있는 많은 연구 기술이 있다. 아기들을 면접한다는 것은 연구자의 무능을 보여 주는 극단적인 예이지만, 온전한 무능과 온전한 유능 사이에는 많은 애매한 영역이 있다. 이 책의 2부에서는 아동과 관련된 연구를 할 때 사용할 수 있는 특별한 기술과 기법에 초점을 맞췄다. 모든 연구 기법과 마찬가지로 이것들도 연습과 심사숙고가 필요하다. 우리는 이 책이 당신이 연구를 할 때 안목과 변별력을 갖추는 데 도움이 되길 바란다. 성인 피험자를 위해 설계

그림 10.1

된 도구를 '그저 꺼내어 집어 쓰는' 것만으로는 충분치 않다. 아동과 함께 연구를 수행할 때 그렇게 하는 것이 특별한 기술을 필요로 하듯이 특별한 도구들을 필요로 한다. 우리가 모든 해답을 가지고 있다고 하고 싶지는 않지만, 여기서 가장 중요한 점은 당신이 가지고 있는 아동의 발달에 대한 지식과 당신이 아동과 일한 경험이 당신의 선택에 도움을 준다는 것이다. 학생들은 흔히 자신의 지식을 너무 엄격하게 구분하여 지식의 통합을 허용하지 않는다. 연구는 모든 당신의 기술을 활용하고 아동에 대하여 배우게 한다. 왜냐하면 연구는 너무 많은 이론들을 직접적으로나 간접적으로 이용하기 때문이다.

서로 다른 관점에서 연구에 접근하기

우리의 토론에 배어 있는 네 번째 주제는 아동과 함께 연구를 할 때 특별한 기법을 필요로 하는 것과 관련이 있다. 이는 아동과 연구를 할 때 양적·질적 방법을 둘 다 고려해야 한다는 것이다. 두 가지의 패러다임을 위한 여지가 있다. 연구자는 전에 있었던 연구들과 본인이 다루고자 하는 문제를 바탕으로 가장 적절한 접근방법을 파악해야 한다.

책 전반에 걸쳐 우리는 두 개의 연구방법을 언급했고 어떤 곳에서 한 접근방식이 다른 접근방식보다 선호되는지를 강조했다. 두 연구방법은 각기 다른 일련의 다른 기술, 방법과 테크닉을 가지고 있다. 우리는 연구자가 자신의 연구 문제에 가장 적절한 방법을 채택하기보다 자신의 전문지식과 일치되는 쪽으로 접근방식의 방향을 '돌리게(bend)' 될 수 있는 위험에 대해 지적했다. 이러한 결정은 연구자가 선호하는 연구를 하기보다는 문제로부터 논리적으로 잘 흐르도록 해야 한다. 여기서 인식할 가치가 있는 사실은 대부분의 아동과 관련된 전문 훈련은 오늘날 질적·양적 방법 둘 다 아동에 대한 지식을 생성하고 쌓아 나가는 데 기여한다고 여겨진다는 점이다.

훈련

다시 앞서 언급한 것들과 명백한 관련이 있는 다섯 번째 주요 주제는 훈련이다. 우리는 연구자가 자료를 수집할 때 연구자를 직접 관찰하기 어렵다는 것을 인식하고 있다. 왜냐하면 이것은 때로 연구자-현장 활동가 관계를 간섭할 수도 있기 때문이다. 하지만 그런 것들을 배우는 다른 방법들이 있다. 예를 들면, 실험실에서의 시뮬레이션, 역할 놀이 등을 통해 배우는 것이다. 학업과정의 일부로 연구를 배우는 학생들한테는 일반적인 과정이지만, 연구 기술을 배울 때에는 전문가의 감독하에서 하는 것이 유용하다. 우리가 믿기에는 당신이 자격을 갖춘 후 연구를 수행할 때 슈퍼비전을 할 수도 있기 때문이다. 슈퍼바이저는 당신보다 더 많은 연구 경험이 있는 사람보다 동료나 또래일 수 있는데, 이러한 유형의 조언자 역할의 장점은 당신이 하고 있는 연구에 신선하고 더 객관적인 관점을 가져온다는 것이다. 어쨌거나 우리가 들은 말에 의하면, 두 머리가 한 머리보다는 항상 낫지 않은가!

연구를 수행하는 경우 다른 비공식적인 방법을 통해 훈련을 받을 수 있다. 우리의 경험을 통해서 알고 있는 바는, 가장 저명한 연구자들조차도 보통 초보 연구자나 학생들과 심도 있게 자신의 연구에 대해 논의하고 싶어 한다는 것이다. 우리와 있던 여러 학생들 중에는 장시간 국제 이메일을 교환하며 왜 그 연구자가 특정한 결정을 내렸는지, 또한 왜 그/그녀가 특정한 사항을 추구하지 않았는지 등에 대해 큰 통찰력을 가질 수 있게 된 학생들도 있다. 우리는 또한 전체적으로 연구자들은 당신과 아이디어를 공유하고 싶어 하고 심지어 자료 수집도구도 나누고 싶어 한다는 것을 말하고 싶다. 물론 그들이 당신의 결과를 알 수 있게 된다면 말이다. 당신이 이 같은 방식으로 참여할 수 없는 경우에도, 당신이 만약 경험이 많은 연구자가 관심을 가진 특정 주제에 관해 연구하고 있다면 그 연구자는 당신이 무엇을, 왜 하는지에 대해 관심을 가질 가능성이 높다.

관계 부처 간 공동 작업하기

결론에 다가가면서 다루고 싶은 또 다른 주제는 아동과 관련된 사람들의 전문적인 작업관계이다. 전문가들은 거의 고립되어서 일하지 않고 아동과 함께 일하는 사람들은 대부분 다른 부처에서 온 전문가들과 함께 일하는 다학제적 훈련(multi-disciplinary) 팀의 일부일 것이다. 연구의 관점에서 볼 때 이것은 중요한 고려 사항이다. 통합된 아동 서비스는 규준이 되어 가고 있으며 연구도 마음속으로 이러한 가정을 인식하고 이루어져야 한다. 이것은 두 가지 고려 사항을 요한다. 첫째, 서비스 규정(service provision)을 보는 연구를 수행할 때 연구자는 아동을 위한 각각의 서비스 경로에 대한 다양한 전문가들의 관점을 고려해야 한다. 둘째, 연구자가 자신의 연구에 대해 글을 쓸 때는 그 연구 결과에 접근할 전문적 집단이 단지 한 전문가 집단만이 아니라는 것을 염두에 두어야 한다. 다른 전문가들(그리고 실제로 부모와 아동들 포함)도 그 전문 학술지에 접근할 것이므로 연구자는 글을 쓸 때 마음속으로 그러한 사실을 염두에 두어야 한다. 대부분의 전문 학술지는 어느 특정 연구 '유형'에 한정되어 있기보다 예전보다 더 광범위한 연구 범위의 출판물들을 망라하고 있다.

아동의 목소리

다른 한편으로, 이 책에서 몇 번에 걸쳐 다루었던, 실제 아동이 참여하는 연구에 대한 여러 가지 관점과 생각들은 끝에서 두 번째 주제이다. 이 책에서 말했듯이, 아동들도 목소리를 가져야 하고 연구에 참여할 수 있다는 데에는 일반적으로 합의하고 있으며, 다만 쟁점은 어느 정도로 그래야 하는지이다. 우리는 연구자가 아동의 참여에 대한 결정을 할 때, 어느 정도 형식적인 범위로 참여시키는 것부터 아동 자신이 연구자를 맡아서 하게 되는 것까지의 다양한 모델들을 언급했다. 연구 설계를 하는 사람들은 아동을 포함할 때 전체 범위의 요소들을 고려해야 하는데, 그것들은 연구를 하는 '장(field)'에 대한 위험 요소 평가부터 윤리적 의미를 고려하고, 아동들 자신에게 영향을 줄 수 있는 문제에 대해 의견을 개진할 권리를 주어야 한다.

우리가 그러한 쟁점을 해결할 수 없는 이유의 일부분은 우리 각자의 다른 학문적 배경과 우리 자신의 전문화에서 유래한 관점과 연관이 있다. 하지만 우리만이 의견 불일치를 경험하는 것은 아니고, 이 책에서 다양한 전문적인 관점이 있다는 것을 언급했다. 현장에서 우리는 그러한 차이점들을 포용해야 한다. 왜냐하면 그것들을 무시하기보다 오히려 우리 동료들의 다른 관점의 기원에 대해 의문을 가지게 하기 때문이다. 물론 연구와 교육에서 전문가들 간에 상호 기여하는 이 시대에 우리는 서로 다른 관점들이 가져다주는 도전을 환영한다. 이런 다른 관점들은 우리 자신의 관점과 다른 사람들의 관점도 돌아보게 하기 때문에 우리의 배움이 풍부해진다. 중요한 점은 우리의 차이가 연구 측면에서 진전하는 것을 중단하게 하면 안 된다는 것이다. 협력, 존중, 신뢰의 정신이 건강한 공동 연구를 활성화시키고, 최소한 법률에 의해 아동들이 관련 문제에 대해 상담받을 수 있는 권리를 계속 유지하게 해 주어야 한다.

맥락화

우리가 거듭 강조하고 싶었던 마지막 주제는 아동과 연구를 할 때 직접적으로나 간접적으로 참여하더라도 맥락(context) 내에 두어야 한다는 것이다. 우리 세 저자는 연구를 슈퍼비전하고 연구를 하고 연구를 읽으면서 경험을 통해 어떤 것이 '좋은' 연구이고 아닌지 직감적으로 알 수 있다. 우리는 그 답이 맥락화(contextualization)라고 생각한다. 즉, 연구자의 능력은 진정으로 연구의 문제, 표집, 도구의 선택, 윤리 그리고 다른 연구과정의 모든 다른 측면을 침체된 방식으로보다는 의미 있는 방식으로 나타내는 것이다. 아동들 스스로는 복잡한 삶을 이끌고, 우리는 발달하는 아동을 이해할 필요가 있다고 앞서 주장했다. 그리고 연구자가 아동은 사회적인 아동이라는 이해를 갖는 것도 중요하다. 아동은 자신의 환경을 단순하게 수용하는 대상이 아니고, 자신의 세상 안에 진행되는 것에 영향을 미치며 현존하는 환경을 만드는 데 적극적이다. 따라서 연구자는 자신의 전문적 배경과 연구 전통이 무엇이든 아동 연구에 전체적인 접근을 취하는 것이 중요하다. 그런 다음에야 아동을 이해할 수 있고, 연구라고 불리는 수수께끼 같은 과정을 통해 비로소 아동의 세계에 대한 이해를 시작할 수 있다.

참고문헌

Adler, A. (1916) *The Neurotic Constitution: Outline of a Comparative Individualistic Psychology and Psychotherapy.* New York: Moffat, Yard.

Ainsworth, M.D.S., Blehar, M.C., Waters, C.C.E. and Wall, S. (1978) *Patterns of Attachment: A Psychological Study of the Strange Situation.* Hillsdale, NJ: Erlbaum.

Alderson, P. (1995) *Listening to Children: Children, Ethics and Social Research.* London: Barnardo's.

Axline, V. (1964) *Dibs: In Search of Self.* Harmondsworth: Penguin.

Babbie, E. (1979) *The Practice of Social Research*, 6th edn. Belmont, CA: Wadsworth.

Bailey, V., Bemrose, G., Goddard, S., lmpey, R., Joslyn, E. and Mackness, J. (1995) *Essential Research Skills.* London: Collins Educational.

Ball, S. (1981) *Beachside Comprehensive: A Case Study of Secondary Schoollng.* Cambridge: Cambridge University Press.

Bandura, A. (1977) *Social Learning Theory.* Englewood Cliffs, NJ: Prentice Hall.

Bandura, A. (1986) *Social Foundations of Thought and Action.* Englewood Cliffs, NJ: Prentice Hall.

Banister, P., Bruman, E., Parker, I., Taylor, M. and Tindall, C. (1994) *Qualitative Methods in Psychology: A Research Guide.* Milton Keynes: Open University

Press.

Baron-Cohen, S., Leslie, A.M. and Frith, U. (1985) 'Does the autistic child have a "theory of mind"?' *Cognition*, 21: 37-46.

Barsevick, A. and Llewellyn, J. (1982) 'A comparison of the anxiety-reducing potential of two bathing techniques.' *Nursing Research*, 31(1): 2-7.

Bartsch, K. and Wellman, H. (1989) 'Young children's attribution of action to beliefs and desires.' *Child Development*, 60: 946-64.

Beauchamp, T.L. and Childress, J.F. (2001) *Principles of Biomedical Ethics*, 5th edn. New York: Oxford University Press.

Berg, B. (2004) *Qualitative Research Methods for the Social Sciences*, 5th edn. Boston, MA: Pearson.

Blenkin, G.M. and Yue, N.Y.L. (1994) 'Profiling early years practitioners: some first impressions from a national survey.' *Early Years*, 8(1): 13-22.

Bowlby, J. (1951) *Maternal Care and Mental Health*. Geneva: World Health Organisation.

Bowlby, J. (1952) *Maternal Care and Mental Health: a report on behalf of The World Health Organisation as a contribution to the United Nations programme for the welfare of homeless children*. (2nd edn). Geneva: World Health Organisation.

Bowlby, J. (1953/1965) *Child Care and the Growth of Love*. Harmondsworth: Penguin.

Bowlby, J. (1979) *The Making and Breaking of Affectional Bonds*. London: Tavistock Publications.

Bowlby, J. (1969/97) *Attachment and Loss: Volume 1, Attachment*. London: Hogarth Press: Institute of Psychoanalysis.

Bowlby, J. (1973/98) *Attachment and Loss: Volume 2, Anxiety and Anger*. London: Hogarth Press: Institute of Psychoanalysis.

Bowlby, J. (1980/98) *Attachment and Loss: Volume 3, Loss: sadness and depression*. London: Hogarth Press: Institute of Psychoanalysis.

Boyden J. (2000) 'Conducting research with war-affected and displaced children: ethics and methods'. *Cultural Survival Quarterly*, Summer: 71-3.

Bretherton, I. and Ridgeway, D. (1990) 'Story completion tasks to assess young children's internal working models of child and parent in the attachment relationship.' In M.T. Greenberg, D. Cicchetti and E.M. Cummings (eds), *Attachment in the Preschool Years: Theory, Research and Intervention.* Chicago and London: The University of Chicago Press. pp. 273–308.

Briggs, S., MacKay, T. and Miller, S. (1995) 'The Edinbarnet Playground Project: changing aggressive behaviour through structured intervention.' *Educational Psychology in Practice*, 11(2): 37–44.

British Psychological Society (2006) *Code of Ethics and Conduct.* Leicester: BPS.

Bronfenbrenner, U. (1979) *The Ecology of Human Development.* Cambridge, MA: Harvard University Press.

Bronfenbrenner, U. (1986) 'Ecology of the family as a context for human development: research perspectives.' *Developmental Psychology*, 22: 723–42.

Bronfenbrenner, U. (1992) 'Ecological systems theory.' In R. Vasta, (ed.), *Six Theories of Child Development: Revised Formulations and Current Issues.* London: Jessica Kingsley. pp. 187–249.

Bruce, T. (2004) *Developing Learning in Early Childhood.* London: Paul Chapman.

Bryman, A. (2001) *Social Research Methods.* Oxford: Oxford University Press.

Buchanan, D.R. (1994) 'Reflections on the relationship between theory and practice.' *Health Education Research: Theory and Practice*, 9(3): 273–83.

Bugental, J. (1964) 'The third force in psychology'. *Journal of Humanistic Psychology*, 4(1): 19–25.

Carlson, N.R., Martin, G.N. and Buskist, W. (2004) *Psychology*, 2nd edn. Harlow: Pearson.

CEMACH (2005) *Stillbirth, Neonatal and Post Neonatal Mortality 2000–2003.* London: Royal College of Obstetricions and Gynaecologists.

Charmaz, K. (1995) 'Grounded theory'. In J. Smith, R. Harré and L. van Langenhove (eds), *Rethinking Methods in Psychology.* London: Sage. pp. 27–49.

Child, D. (1997) *Psychology and the Teacher*, 6th edn. London: Cassell Education.

Clark, A. and Moss, P. (2001) *Listening to Young Children: The Mosaic Approach.* London: National Children's Bureau and Joseph Roundtree Foundation.

Cohen, J. (1988) *Statistical Power Analysis for the Behavioural Sciences*, 2nd edn. New York: Academic Press.

Cohen, L., Manion, L. and Morrison, K. (eds) (2000) *Research Methods in Education*, 5th edn. London: Routledge.

Coolican, H. (2004) *Research Methods and Statistics in Psychology*, 4th edn. London: Hodder-Arnold.

Crabtree, B. and Miller, W. (1999) *Doing Qualitative Research*, 2nd edn. London: Sage.

Cresswell, J. (1998) *Qualitative Inquiry and Research Design: Choosing among Five Traditions*. London: Sage.

Crittenden, P. (1992) 'Quality of attachment in the preschool years.' *Development and Psychopathology*, 4: 209–241.

Dashiff, C. (2001) 'Methodological issues in nursing research: data collection with adolescents.' *Journal of Advanced Nursing*, 33(3): 343–9.

Davey, G. (ed.) (2004) *Complete Psychology*. London: Hodder Arnold.

Denham, S.A. and Auerbach, S. (1995) 'Mother-child dialogue about emotions and preschoolers' emotional competence.' *Genetic Social and General Psychology Monographs*, 121(3): 311–37.

Department for Education and Skills (2001) *Learning to Listen: Core Principles for the Involvement of Children and Young People*. London: DfES Children and Young People's Unit.

Department for Education and Skills (2003) *Every Child Matters*. London: The Stationery Office.

Department of Health (1990) *The Care of Children: Principles and Practice in Regulations and Guidance*. London: HMSO.

Department of Health (1993) *Report of the Taskforce on the Strategy for Research in Nursing, Midwifery and Health Visiting*. London: Department of Health. Available at www.dh.gov.uk.

Department of Health (2005) *Research Governance Framework for Health and Social Care*, 2nd edn. London: Department of Health.

Dimond, B. (2005) *Legal Aspects of Nursing*, 4th edn. Harlow: Pearson.

Donaldson, M. (1978) *Children's Minds*. London: Fontana.

Douglas, J.W.B. (1975) 'Early hospital admission and later disturbances of behaviour and learning.' *Developmental Medicine and Child Neurology*, 17: 456–80.

Dunn, J. (1995) 'Children as psychologists: the later correlates of individual differences in understanding of emotions and others' minds.' *Cognition and Emotion*, 9(2/3): 187–201.

Dunn, J. (1996) 'The Emanuel Miller Memorial Lecture 1995. Children's relationships: bridging the divide between cognitive and social development.' *Journal of Child Psychology and Psychiatry*, 37(5): 507–18.

Dunn, J. (2004) 'Annotation: Children's relationships with their non-resident fathers.' *Journal of Child Psychology and Psychiatry*, 45(4): 659–671.

Dunn, J. and Deater-Deckard, K. (2001) *Children's Views of their Changing Families*. York: Joseph Roundtree Foundation.

Eppel, E.M. and Eppel, M. (1966) *Adolescents and Morality: A Study of Some Moral Values and Dilemmas of Working With Adolescents in the Context of a Changing Climate of Opinion*. London: Routledge and Kegan Paul.

Erikson, E.H. (1950/1963) *Childhood and Society*, 2nd edn. New York: Norton.

Ersser, S. (1996) 'Ethnography in clinical situations: an ethical appraisal.' In L. De Raeve (ed.), *Nursing Research: An Ethical and Legal Appraisal*. London: Ballière Tindall.

Eysenck, H.J. (1952) 'The effects of psychotherapy: an evaluation.' *Journal of Consulting Psychology*, 16: 319–24.

Eysenck, H.J. (1964) *Crime and Personality*. London: Paladin.

Flavell, J.H. (1978) 'The development of knowledge about visual perception.' In C.B. Keasey (ed.), *Nebraska Symposium on Motivation*, Vol. 25. Lincoln, NB: University of Nebraska Press.

Flavell, J.H. (1985) *Cognitive Development*, 2nd edn. Englewood Cliffs, NJ: Prentice Hall.

Flavell, J.H. (1988) 'The development of children's knowledge about the mind: from cognitive connections to mental representations.' In J.W. Astington, P.L. Harris and D.R. Olson (eds), *Developing Theory of Mind*. New York: Cambridge University Press. pp. 244–67.

Fonagy, P., Redfern, S. and Charman, T. (1997) 'The relationship between belief-desire reasoning and a projective measure of attachment security (SAT).'

British Journal of Developmental Psychology, 15: 51–1.

Fook, J. (2002) *Social Work Critical Theory and Practice*. London: Sage.

Fox, D. and Prilleltensky, I. (1997) *Critical Psychology: An Introduction*. London: Sage.

France, A. (2004) 'Young people'. In S. Fraser, V. Lewis, S. Ding, M. Kellet and C. Robinson (eds) *Doing Research with Children and Young People*. London: Sage.

Fraser, A. (1984) *The Weaker Vessel: Woman's Lot in Seventeenth-Century England*. London: Methuen.

Freebody, P. (2003) *Qualitative Research in Education: Interaction and Practice*. London: Sage.

Freud, S. (1901/1976) *The Psychopathology of Everyday Life*. Pelican Freud Library (4). Harmondsworth: Penguin.

Freud, S. (1905/1977) *Three Essays on the Theory of Sexuality*. Pelican Freud Library (7). Harmondsworth: Penguin.

Freud, S. (1909/1977) *Analysis of a Phobia in a Five Year Old Boy*. Pelican Freud Library (8). Harmondsworth: Penguin.

Freud, S. (1923/1984) *The Ego and the Id*. Pelican Freud Library (11). Harmondsworth: Penguin.

Gazzaniga, M., Ivry, R. and Mangun, G. (2002) *Cognitive Neuroscience: The Biology of the Mind*, 2nd edn. New York: Norton.

Glaser, B.G. and Strauss, A.L. (1967) *The Discovery of Grounded Theory*. New York: Aldine.

Goldsmith, D.F. and Rogoff, B. (1995) 'Sensitivity and teaching by dysphoric and nondysphoric women in structured versus unstructured situations.' *Developmental Psychology*, 31: 388–94.

Goodenough, F.L. and Harris, D.B. (1963) *Goodenough-Harris Drawing Test*. San Antonio, TX: PsychCorp/Harcourt Assessment.

Graue, M.E. and Walsh, D.J. (1996) 'Children in context: interpreting the here and now of children's lives.' In J.A. Hatch (ed.), *Qualitative Research in Early Childhood Settings*. Westport, CT and London: Praeger.

Gray, D. (2004) *Doing Research in the Real World*. London: Sage.

Greene, S. and Hill, M. (2005) 'Researching children's experience: methods and methodological issues.' In S. Greene and D. Hogan (eds), *Researching Children's Experiences: Approaches and Methods.* London: Sage.

Greig, A. (2001) 'The educational psychologist as practitioner-researcher: reality or dream?' *Educational and Child Psychology*, 18(4): 75–88.

Greig, A. (2004) 'Childhood depression—Part 1: Does it need to be dealt with only by health professionals?' *Educational and Child Psychology*, 21(4): 43–54.

Greig, A. (2005a) 'Personal, social and emotional development'. In J. Taylor, and M. Woods (eds), *Early Childhood Studies: An Holistic Introduction*, 2nd edn. London: Arnold. pp. 57–77.

Greig, A. (2005b) 'Play, language and learning.' In J. Taylor, and M. Woods (eds), *Early Childhood Studies: An Holistic Introduction*, 2nd edn. London: Arnold. pp. 99–116.

Greig, A. and Howe, D. (2001) 'Social understanding, attachment security of preschool children and maternal mental health.' *British Journal of Developmental Psychology*, 19(3): 381–93.

Greig, A. and MacKay, T. (2005) 'Asperger's syndrome and cognitive behaviour therapy: new applications for educational psychologists.' *Educational and Child Psychology*, 22(4): 4–15.

Guidubaldi, J., Cleminshaw, H.K., Perry, J.D., Nastasi, B.K. and Lightel, J. (1986) 'The role of selected family environment factors in children's post divorce adjustment.' *Family Relations*, 35: 141–51.

Haste, H., Hogan, A. and Zachariou, Y. (2001) 'Back (again) to the future.' *The Psychologist*, 14(1): 30–3.

Hatch, J.A. (ed.) (1995) *Qualitative Research in Early Childhood Settings.* Westport, CT and London: Praeger.

Hawthorn, P. (1974) *Nurse, I Want My Mummy!* London: Royal College of Nursing.

Health and Safety Executive (1991) Local Research Ethics Committees: NHS Executive Guidelines. HSG(91)5. London: Department of Health.

Hendriks, T., de Hoog, M., Lequin, M.H., Devos, A.S. and Merkus, P.J.F.M. (2005) 'DNase and atelectasis in non-cystic fibrosis pediatric patients.' *Critical Care*, 9: 351–6. Available online http:ccforom.com/content/9/4/R351

Henwood, K. and Pidgeon, N. (1995) 'Grounded theory and psychological research.' *The Psychologist*, March: 115–18.

Hetherington, E.M. and Stanley–Hagan, M. (1999) 'The adjustment of children with divorced parents: a risk and resiliency perspective.' *Journal of Child Psychology and Psychiatry*, 40(1): 129–140.

Hetherington, E.M., Cox, M. and Cox, R. (1979) 'Play and social interaction in children following divorce.' *Journal of Social Issues*, 35: 26–49.

Hetherington, E.M., Cox, M. and Cox, R. (1985) 'Long–term effects of divorce and remarriage on the adjustment of the children.' *Journal of the American Academy of Child Psychiatry*, 24: 518–30.

Hill, M. (2005) 'Ethical considerations in researching children's experiences.' In S. Greene and D. Hogan (eds), *Researching Children's Experiences: Approaches and Methods*. London: Sage.

Hill, M., Laybourn, A. and Borland, M. (1996) 'Engaging with primary–aged children about their emotions and well–being: methodological considerations.' *Children and Society*, 10: 129–44.

Hinde, R. (1997) *Relationships: A Dialectical Perspective*. Hove, UK: Psychology Press.

Holloway, I. (1997) *Basic Concepts for Qualitative Research*. Oxford: Blackwell.

Hood, S., Kelley, P. and Mayall, B. (1996) 'Children as research subjects: a risky enterprise.' *Children and Society*, 10: 117–28.

House of Lords (1994) *Report of the Select Committee on Medical Ethics: Volume 1*. London: HMSO.

Husson, R.N., Comeau, A. and Hoff, R. (1990) 'Diagnosis of human immunodeficiency virus in infants and children.' *Pediatrics*, 86(1): 1–9.

International Committee of the Red Cross (1949) *The Geneva Conventions of 12 August 1949*. Geneva: International Committee of the Red Cross.

James, W. (1899) *Talks to teachers on psychology; and to students on some of life's ideals*. London: Longman's, Green and Co.

Jung, C. (1921) *Psychological Types, or the Psychology of Individuation*. New York: Harcourt and Brace.

Katz, J. (1992) 'Abuse of human beings for the sake of science.' In A.L. Caplan (ed.), *When Medicine Went Mad: Bioethics and the Holocaust*. Totowa, NJ:

Humana Press.

Kellett, M. (2005) *How to develop children as researchers: a step by step guide to teaching the research process.* London: Paul Chapman.

Kirby, P. (1999) *Listening to Young Children: The Mosaic Approach.* London: Save the Children.

Kor, E.M. (1992) 'Nazi experiments as viewed by a survivor of Mengele's experiments.' In A.L. Caplan (ed.), *When Medicine Went Mad: Bioethics and the Holocaust.* Totowa, NJ: Humana Press.

Koshy, V. (2005) *Action Research for Improving Practice.* London: Sage.

Kulka, R.A. and Weingarten, H. (1979) 'The long-term effects of parental divorce on adult adjustment.' *Journal of Social Issues*, 35: 50–78.

Leavitt, R.L. (1996) 'The emotional culture of infant-toddler day care.' In J.A. Hatch (ed.), *Qualitative Research in Early Childhood Settings.* Westport, CT and London: Praeger.

Lewis, O. (1961) The Children of Sánchez. New York: Vintage.

Lewis, A. and Lindsay, G. (2000) *Researching Children's Perspectives: A Psychological Dimension.* Buckingham: Open University Press.

Lewis, V. and Kellett, M. (2005) Disability. In Fraser S., Lewis V., Ding S., Kellett M. and Robinson C. (eds), *Doing Research with Children and Young People.* London: Sage.

MacKay, T. (1987) 'Planning research in child guidance.' *SALGEP Quarterly*, 6(1): 3–11.

MacKay, T. (1999) 'Can endemic reading failure in socially disadvantaged children be successfully tackled?' *Educational and Child Psychology*, 16(1): 22–9.

MacKay, T. (2006) *The West Dunbartonshire Literacy Initiative. The Design, Implementation and Evaluation of an Intervention Strategy to Raise Achievement and Eradicate Illiteracy.* Dumbarton: West Dunbartonshire Council (ISBN 0-906938-12-0).

MacKay, T. and Watson, K. (1999) 'Literacy, social disadvantage and early intervention: enhancing reading achievement in primary school.' *Educational and Child Psychology*, 16(1): 30–6.

Malinowski, B. (1922) *Argonauts of the Western Pacific: An Account of Native Enterprise and Adventure in the Melanesian New Guinea.* New York: Dutton.

Martin, D., Sweeney, J. and Cooke, J. (2005) 'Views of teenage parents on their support housing needs'. *Community Practitioner*, 78(11): 392–6

Maslow, A. (1954) *Motivation and Personality*. New York: Harper and Row.

Mayo, E. (1933) *The Human Problems of an Industrial Civilisation*. New York: Macmillan.

McCall, R.B. (1994) 'Commentary.' *Human Development*, 37: 293–8.

Mead, M. (1928) *Coming of Age in Samoa*. New York: Morrow.

Mead, M. and Wolfenstein, J. (1955) *Childhood in Contemporary Cultures*. Chicago: University of Chicago Press.

Meins, E. and Russell, J. (1997) 'Security and symbolic play: the relation between security of attachment and executive capacity.' *British Journal of Developmental Psychology*, 15: 63–76.

Meins, E., Fernyhough, C. and Russell, L. (1998) 'Security of attachment as a predictor of mentalising abilities: a longitudinal study'. *Social Development*, 7: 1–24.

Merriam, S. (ed.) (2002) *Qualitative Research in Practice: Examples for Discussion and Analysis*. San Francisco, CA: Jossey-Bass.

Miller, M.F., Humphrey, J.H., Iliff, P.J., Malaba, L.C., Mbuya, N.V., the ZVITAMSO Study Group and Stoltzfus, R.J. (2006) 'Neonatal erythropoiesis and subsequent anemia in HIV-positive and HIV-negative Zimbabwean babies during the first year of life: a longitudinal study'. *BMC Infectious Diseases*, 6(1) retrieved from www.biomedcentral.com/1471-2334/6/1 (last accessed 30 August 2006).

Minnis, H., Millward, R., Sinclair, C., Kennedy, E., Greig, A., Towlson, K., Read, W., Hill, J. (2006) 'The Computerised McArthur Story Stem Battery-a pilot study of a novel medium for assessing children's representations of relationships.' *International Journal of Methods in Psychiatric Research*, 15(4).

Morrow, V. (2001) 'Using qualitative methods to elicit young people's perspectives on their environments: some ideas for community health initiatives.' *Health Education Research: Theory and Practice*, 16, 3, 255–268.

Morse, J. (ed.) (1991) *Qualitative Nursing Research: A Contemporary Dialogue*. Newbury Park, CA: Sage.

Morse, M. (1965) *The Unattached*. Harmondsworth: Penguin.

Muller-Hill, B. (1992) 'Eugenics: the science and religion of the Nazis.' In A.L. Caplan (ed.), *When Medicine Went Mad: Bioethics and the Holocaust.* Totowa, NJ: Humana Press.

National Children's Bureau (2003) *Guidelines for Research.* London: NCB.

National Statistics Online 2003 Census (2001) www.statistics.gov.uk/CCI.bet

Newson, J. and Newson, E. (1963) *Patterns of Infant Care in an Urban Community.* Harmondsworth: Penguin.

Nisbet, J. and Entwhistle, N. (1970) *Educational Research Methods.* London: London University Press.

Ó Dochartaigh, N. (2002) *The Internet Research Handbook.* London: Sage.

O'Kane, C. (2000) 'The development of participatory techniques: facilitating children's views about decisions which affect them.' In P. Christensen and A. James (eds), *Research with Children: Perspectives and Practices.* London: Falmer. pp. 134–59.

Panton, J.H. (1945) *Modern Teaching Practice and Technique.* London: Longmans, Green and Co.

Pavlov, I.P (1927) *Conditioned Reflexes.* Oxford: Oxford University Press.

Petersen, C. and Seligman, M. (2004) *Character Strengths and Virtues: A Handbook and Classification.* Oxford: Oxford University Press.

Piaget, J. (1929/1952) *The Child's Conception of the World.* New York: International University Press.

Piaget, J. (1937/1954) *The Construction of Reality in the Child.* New York: Basic Books.

Piaget, J. (1945/1962) *Play, Dreams and Imitation in Childhood.* New York: W.W. Norton.

Plomin, R., DeFries, J., Craig, I. and McGuffin, P. (eds) (2002) *Behavioural Genetics in the Postgenomic Era.* Washington, DC: APA Books.

Prilleltensky, I. and Nelson, G. (1997) 'Community psychology: reclaiming social justice.' In D. Fox and I. Prilleltensky (eds), *Critical Psychology: An Introduction.* London: Sage. pp. 166–84.

Prose, N. (1990) 'HIV infection in children.' *Journal of the American Academy of Dermatology*, 22: 1223–31.

Prout, A. (2001) 'Representing children: reflections on the 5–16 programme.'

Children and Society, 15: 193–201.

Prout, A. (2002) 'Researching children as social actors: an introduction to the children 5–16 programme.' *Children in Society*, 16: 67–76.

Punch, S. (2002a) 'Interviewing strategies with young people: the "Secret Box", stimulus and task–based activities.' *Children in Society*, 16: 45–56.

Punch, S. (2002b) 'Research with children: the same or different from research with adults?' *Childhood*, 9(3): 321–41.

Raban, B., Ure, C. and Waniganayake, M. (2003) 'Multiple perspectives: acknowledging the virtue of complexity in measuring quality.' *Early Years*, 23(1): 67–77.

Raven, J., Raven, J.C. and Court, J. (1998) *Coloured Progressive Matrices.* (Manual for Raven's Progressive Matrices and Vocabulary Scales, Section 2.) Oxford: Oxford Psychologists Press.

Raven, J., Raven, J.C. and Court, J. (2000) *Standard Progressive Matrices.* (Manual for Raven's Progressive Matrices and Vocabulary Scales, Section 3.) Oxford: Oxford Psychologists Press.

Reason, P. (ed.) (1994) *Participation in Human Enquiry.* London: Sage.

Reder, P and Lucey, C. (1995) *Assessment of Parenting.* London: Routledge.

Richardson, J. (ed.) (1996) *Handbook of Qualitative Research Methods for Psychology and the Social Sciences.* Leicester: BPS Books.

Robertson, J. and Robertson, J. (1989) *Separation and the Very Young.* London: Free Association Books.

Robson, C. (2002) *Real World Research: A Resource for Social Scientists and Practitioner–Researchers*, 2nd edn. Oxford: Blackwell.

Rodenberg, P. (1993) *The Need for Words: Voice and the Text.* London: Methuen.

Roethlisberger, F. and Dickson, W. (1939) *Management and the Worker.* Cambridge, MA: Harvard University Press.

Rogers, C. (1951) *Client–Centred Therapy: Its Current Practices, Implications and Theory.* Boston, MA: Houghton–Mifflin.

Rutter, M. (1989) 'Isle of Wight revisited: Twenty–five years of child psychiatric epidemiology.' *Journal of the American Academy of Child and Adolescent Psychiatry*, 28: 633–53.

Rutter, M., Graham, P. and Yule, W. (1970) *A neuropsychiatric study in childhood.* London: Spastics International Medical Publication in association with Williams Heinmann Medical Books.

Rutter, M., Graham, P, Chadwick, O. and Yule, W. (1976) 'Adolescent turmoil: fact or fiction?' *Journal of Child Psychology and Psychiatry*, 17: 35–6.

Rutter, M., Maughan, B., Mortimore, P. and Ousten, J. (1979) *Fifteen Thousand Hours: Secondary Schools and their Effects on Children.* London: Open Books.

Rutter, M., Roy, P. and the English and Romanian Adoptees (ERA) Study Team (2004) 'Are there biological programming effects for psychological development? Findings from a study of Romanian adoptees.' *Developmental Psychology*, 40: 81–94.

Samuel, J. and Bryant, P. (1984) 'Asking only one question in the conversation experiment.' *Journal of Child Psychology and Psychiatry*, 25(2): 315–18.

Schaffer, H.R. (1998) *Making Decisions about Children: Psychological Questions and Answers*, 2nd edn. Oxford: Blackwell.

Segal, N.L. (1992) 'Twin research at Auschwitz–Birkenau.' In A.L. Caplan (ed.), *When Medicine Went Mad: Bioethics and the Holocaust.* Totowa, NJ: Humana Press.

Seidman, I. (1998) Interviewing as Qualitative Research: a Guide for Researchers in *Education and the Social Services.* New York: Teachers College Press.

Seligman, M. (2002) *Authentic Happiness: Using the New Positive Psychology to Realise your Potential for Lasting Fulfilment.* New York: The Free Press.

Seligman, M. and Csikszentmihalyi, M. (2000) 'Positive psychology: an introduction.' *American Psychologist*, 55(1): 5–14.

Sherman, R. and Webb, R. (1988) *Qualitative Research in Education: Focus and Methods.* London: Routledge Falmer.

Skilbeck, M. (1988) 'Laurence Stenhouse; research methodology', *British Educational Research Journal*, 9(1): 11–20.

Skinner, B.F. (1938) *The Behavior of Organisms.* New York: Appleton–Century–Croft.

Spence, S. (1995) *Social Skills Training: Enhancing Social Competence with Children and Adolescents.* Windsor: NFER.

Stern, D. (1977) *The First Relationship: Infant and Mother*. London: Fontana/Open Books.

Stine, G.J. (1997) *AIDS Update 1997: An Annual Overview of Acquired Immune Deficiency Syndrome*. Upper Saddle River, NJ: Prentice Hall.

Storr, A. (1964) *Sexual Deviation*. Harmondsworth: Penguin.

Sylva, K., Roy, C. and Painter, M. (1980) *Childwatching at Playgroup and Nursery School: Oxford Pre-School Project Grant*. London: McIntyre.

Taylor, J. (2003) *Study Skills in Health Care*. London: Nelson Thornes.

Taylor, J. (2005) 'Perspectives on early childhood research.' In J. Taylor and M. Woods (eds), *Early Childhood Studies: An Holistic Introduction*, 2nd edn. London: Edward Arnold.

Taylor, J. and Müller, D. (1995) *Nursing Adolescents: Research and Psychological Perspectives*. Oxford: Blackwell Science.

Taylor, J. and Thurtle, V. (2005) 'Child health.' In Taylor J. and Woods M. (eds), *Early Childhood Studies: An Holistic Introduction*, 2nd edn. London: Edward Arnold.

Taylor, J. and Woods, M. (eds) (2005) *Early Childhood Studies: An Holistic Introduction*, 2nd edn. London: Hodder Arnold.

Thorndike, E.L. (1905) *The Elements of Psychology*. New York: Seiler.

UNICEF (1959) 'Universal Declaration of the Rights of the Child'. New York: UNICEF.

UNICEF (1989) 'The Convention on the Rights of the child.' www.unicef.org/crc/convention.htm.

UNICEF (2002) Children Participating in Research, Monitoring and Evaluation (M & E)-Ethics and Your Responsibility as a Manager. Geneva: UNICEF.

Vigorito, S.S. (1992) 'A profile of Nazi medicine.' In A.L. Caplan (ed.), *When Medicine Went Mad: Bioethics and the Holocaust*. Totowa, NJ: Humana Press.

Vygotsky, L.S. (1978) *Mind in Society: The Development of Higher Mental Processes*. Cambridge, MA: Harvard University Press.

Watson, J.B. (1913) 'Psychology as the behaviourist views it', *Psychological Review*, 20: 158-177.

Watson, J.B. (1930) *Behaviourism*. New York: W.W. Norton.

Wechsler, D. (2004) *The Wechsler Intelligence Scale for Children, Fourth Revision (WISC IV).* San Antonio, TX: The Psychological Corporation.

Wertsch, J.V. and Hickman, M. (1987) 'Problem solving in social interaction: a microgenetic analysis.' In M. Hickman (ed.), *Social and Functional Approaches to Language and Thought.* New York: Academic Press. pp. 251–66.

West, P., Sweeting, H., Der, G., Barton, J., and Lucas, C. (2003) 'Voice–DISC identified DSM–IV disorders among 15 year olds in the West of Scotland', *Journal of the American Academy of Child and Adolescent Psychiatry*, 42(8): 115–128.

Whiting, B. (1963) *Six Cultures: Studies of Child Rearing.* New York: Wiley.

Whiting, B. and Edwards, C. (1988) *Children of Different Worlds.* Cambridge, MA: Harvard University Press.

Whiting, B. and Whiting, J. (1975) *Children of six Cultures.* Cambridge, MA: Harvard University Press.

Willig, C. (2001) *Introducing Qualitative Research in Psychology: Adventures in Theory and Method.* Buckingham: Open University Press.

Wink, J. (2004) *Critical Pedagogy: Notes from the Real World.* Harlow: Allyn and Bacon.

Woods, M. (2005) 'Early childhood studies: first principles'. In J. Taylor and M. Woods (eds), *Early Childhood Studies: An Holistic Introduction*, 2nd edn. London: Edward Arnold.

World Health Organisation (1951) Expert Committee on Mental Health, Report on the Second Session 1951. *Technical Report Series No. 31.* Geneva: WHO.

World Health Organisation (2004) *World Medical Association 2004 Declaration of Helsinki.*

Yin, R.K. (2003) *Case Study: Design and Methods*, 3rd edn. London: Sage.

찾아보기

〈ㄱ〉

가(假)무선표집형 … 118
가설(hypothese) … 77, 134, 137
가설 검증 … 160
가설의 형태(설명을 구함) … 137
가설적 … 180
가정과 보육기관의 상대적인 기여 … 28
가정에 대한 질문 … 145
가치 판단적이 아닌 방식(value-free way) … 123
간격 수준 … 171
간격 자료 … 163
간격척도 … 123, 163
간호사님, 나는 우리 엄마를 원해요(Nurse, I want my Mummy) … 115
감각운동기 … 47
강력한(robust) … 181
강압적 … 57
강압적이고 위협적인 방식 … 57
개인 면담 … 251, 253
개인 면담 맥락 … 255
개인적 세팅 … 215
개입의 성과 … 132
객관적 검사 … 134
거시체계 … 63
건강 … 45, 69
건강한 공동 연구 … 291
검사 점수의 이해 … 183
검사 점수의 해석 … 205
검색원 … 108
결과물 평가 연구 … 168
결과물 평가를 통한 양적 연구 … 168
결정과정을 기록 … 98

결정론적 … 36
결정 요인 … 137
경험적 수준 … 91
경험적 수준(귀납법) … 86
고전적 조건형성(classical conditioning) … 18, 40
공동연구 … 15
과학적인 접근 … 74
과학주의 … 76
관계 부처 간 공동 작업하기 … 290
관계의 삶 … 45
관찰 … 131, 188, 205, 221, 223, 228
관찰 기술 … 189
관찰 빈도 … 182
관찰 일정 … 121
관찰/면접/질문지 … 161
관찰자 … 189
관찰자 간 신뢰도 … 141
관찰지 … 207
관찰지 설계하기 … 208
관찰학습(observational learning) … 41
교실 관찰 … 202
교육 조사 질문지의 목표 … 203
구성개념 … 77
구성주의(constructivism) … 80
구성주의 연구자 … 80
구순 단계 … 38
구술 기술 … 152
구술 역사 … 224
구조 수준 … 194
구조적 … 37
구조화 … 194
구조화 면접 … 194, 202
구조화된 면접 … 194
구체적 조작기 … 48
국립건강서비스(National Health Service) … 23
국제적인 비판사회학지(Journal of Critical Sociology) … 68
군집표집(cluster sample) … 165
귀 기울기를 배우기: 아동·청소년을 포함시키는 주요 원칙(Learning to Listen: Core Principles for the Involvement of Children and Young People) … 245
귀납법(induction) … 83
귀납적 모델 … 143
그래프 … 123
그림 그리기 … 131
극단값(outlier) … 171
근거 이론(grounded theory) … 220, 221, 228
근거 이론의 발견(The Discovery of Grounded Theory) … 213
근거 이론 접근(grounded theory approach) … 123
근거 중심의 현장 발전 … 16
근거/귀납적 이론의 구성주의 관점 … 92
근접발달영역(zone of proximal development, ZPD) … 51
긍정심리학(positive psychology) … 44
긍정적 힘 … 43
기계론적 … 42

기관에서 사용하는 한계 기준(agency threshold) … 143
기대 빈도 … 182
기록 … 238
기록의 내용을 분석하기와 해석하기 … 237
기본적인 아동 연구 설계 유형 … 139
기쁜 삶 … 45
기술(記述) … 137
기술적인 조언 … 161
기술 통계 … 124
기회 … 68
기회표집(opportunity sample) … 165

〈ㄴ〉

나무 … 152
낙인찍기(labelling) … 91
난수표 … 165
남근 단계 … 38
낮은 검사 점수의 해석 … 185
내담자중심치료(client-centered therapy) … 46
내면화 … 37, 50
내용 … 66
내용변인 … 65
내용 분석 … 123
내적 일치도 … 141
내적 질 보증체계 … 122
내적타당도 … 142, 179, 262
뇌 기능 … 34
눈덩이표집(snowball sampling) … 166
뉘른베르크법 … 266
뉘른베르크 재판 … 264

〈ㄷ〉

다변량 통계분석 … 161
다원적인 관점 … 14
다중 중복 … 96
다학제적 훈련(multi-disciplinary) … 290
단위 표집 또는 원-제로 표집(unit sampling or one-zero sampling) … 190
단위 표집 … 190, 191
단일 사례 설계 … 169
단일 사례 설계에서의 양적 측정 … 170
대상영속성 … 47, 48
대상자 집단 … 25
대안적 접근방법 … 80
대응표본 *t* 검증(t test for related data) … 180
대인 간 역동의 복잡성 … 65
대화치료 … 37
도구 … 248
독립변인 … 135, 169
독립표본 *t* 검증(t test for unrelated data) … 180
돌연사 … 24
동기화 … 42
동물 행동학적 전제 … 56
동의서 … 70
동일 변량 가정(assuming equal variances)용 검증 … 180

동일시 … 38
동화(assimilation) … 47
두 가지 연구의 틀 … 100
두드러진 활동 표집(predominant activity sampling) … 190, 191
둘러대어 빠져나가는 책략 … 204
딥스: 자아를 되찾은 아이(Dibs: In Search of Self) … 13

〈ㄹ〉

리비도 … 37
리틀 q(little q) … 214

〈ㅁ〉

마르크스주의자 이론의 관점 … 223
마음 이론(theory of mind) … 50, 53
마음 이론 과제 … 54, 55
마음 이론 탐구하기 … 70
말에 대한 연구자의 해석 … 148
매개 … 92
매개변인 … 150
매듭을 짓는 것(closing the loop) … 124
맥락 … 66
맥락변인(context variable) … 65, 66, 229, 217
맥락 속에서의 아동 … 53
맥락 속의 아동 … 62
맥락적 평가 … 246
맥락화(contextualization) … 291, 292
맥콜이 제시한 연구의 두 가지 개념적 수준에 관한 질적 모형 … 91
면담 … 157, 223
면담 일정 … 121
면역 접종 … 23
면접 … 124, 193, 205, 221
면접(면담) … 188, 193
면접 설계 및 수행방법 … 195
면접의 구조 수준 … 194
명목 … 181
명목 수준 … 163, 172, 183
명목척도 … 163
모델링(modelling) … 41
모래 … 131
모수치 검증 … 123
모자이크식 접근법 … 246, 254, 259
모집단 … 117, 138
모집단(population)에 대한 예측 … 77
모집단에의 일반화 … 124
모집단 점수의 분포 … 185
목적감 … 45
몰입하는 삶 … 45
무기폐(atelectasis) … 113
무선적으로 선정 … 123
무선통제된 … 166
무선표집(random sampling) … 165
무작위 선별 … 167
무작위 선별방식 … 167
무조건반응(unconditioned response) … 40
무조건자극(unconditioned stimulus) … 40
무주택(homelessness) … 113
문서 … 228

문지기에게 접근 … 275
문헌 개관 … 114
문헌 검색 … 107
문헌 탐색과정 … 108
문헌에 대한 접근 … 107
문헌의 강점과 약점 … 116
문화적 관습 … 52
미시체계 … 63
민족지학(民族誌學, ethnography) … 220, 222, 228
민족지학적 방법 … 224

〈ㅂ〉

바닥 효과 … 181
반구조화 … 194
반구조화 면접 … 194, 195
반복연구 … 13
반응 세트 … 200
발달 변화과정 … 132
발판화(scaffolding) … 51
밝히지 않는 관찰(undisclosed observation) … 189
방어기제 … 38
방어적 … 57
방어적/강압적 혹은 혼란된 유형 … 57
백분위 … 123, 162, 174, 175
백분위/백분위 순위(percentile rank) … 174
버나도즈 … 269
범주의 정의 … 123
범주화하기(categorising) … 221
변량분석 … 176
변인 … 166
변인의 조작 … 166
보고서 … 228
보살핌과 동정 … 69
보존(conservation) … 48
복지주택 지원의 필요성(support housing needs) … 113
부모와 교사의 상대적인 기여 … 28
부모와의 관계 … 21
부모의 동의 … 273
부적 상관관계 … 177
부피의 보존 … 48
분리 … 22
분리 및 상실 … 28
분산치 … 181
분석 자료 … 222
분석적 발음 어학교수법(analytic phonics) … 65
불안정 유형 … 56
불안정애착(insecure attachment) … 22
비구조화 … 194
비구조화 면접 … 194
비구조화 방식 … 194
비동일 변량 가정(assuming unequal variances)용 검증 … 180
비모수적 분석 … 124
비모수치 검증 … 176
비밀 보장 … 121, 278
비비율적(disproportionate) 방법 … 165
비실험적 연구 … 97
비실험적 접근 … 96

비언어 지능 검사 … 186
비율 자료 … 164
비율적(proportionate) 방법 … 165
비율척도 … 163
비자연적인 환경 … 215
비전(vision) … 67, 217
비참여 관찰 … 189
비치료적 연구 … 274
비판교육 … 68
비판사회복지 … 68
비판사회학 … 68
비판심리학 … 68
비판적 분석과정 … 108
비판적 연구의 등장 … 68
비판적 운동의 등장 … 68
비판적 평가 능력 … 106
비평적 평가 … 127
비평적 평가과정 … 107
빅 Q(Big Q) … 214
빈도 … 183
빨기 반사 … 47

〈ㅅ〉

사고(thinking) … 46
사람 … 152
사람/나무/집 그리기 … 153
사례 연구 … 13, 14, 220, 227, 228
사례 연구 삼각측량법 … 143
사례 연구 설계 … 138
사례 연구법 … 226
사망과 질병 … 23
사전 동의 … 189, 267, 270, 278
사전 동의의 중요성 … 261
사전 사후 검사 … 180
사전 사후 점수의 변화 … 169
사전 승낙 … 273
사전 승인과 동의 … 270
사회 문제 … 25
사회 속의 마음(Mind in Society) … 50
사회 정의 … 68, 69
사회과학 패러다임의 전환 … 76
사회생태학(social ecology) 모델 … 53, 62
사회인지 이론 … 42
사회적 관계 … 52
사회적 맥락 … 50
사회적 바람직성 … 157, 199
사회적·관계적 존재 … 80
사회체계 … 62
사회학습 … 41
사회학습 이론(social learning theory) … 41
사회학습 이론(theory of social learning) … 18
삼각측량 … 201
삼각측량법(triangulation) … 143
삼각측량의 원리 … 220
상관계수(r coefficient) … 177
상관관계 … 169, 176, 177
상관관계의 부재 … 177
상관관계/합의도 … 141
상관 연구 … 169
상관적 설계 … 138
상징적 상호작용자 틀(symbolic interactionist framework) … 223

상향식 절차(bottom-up procedure) … 90
상호작용의 질 … 51
샐리/앤 검사 … 54
생리심리학의 원리(Principles of Physiological Psychology) … 34
생리심리학적 접근 … 32
생리적 지표(physiological parameters) … 122
생리학적 접근 … 33
생물학적 원리 … 35
생식 단계 … 38
생애 초기의 양육관계 … 21
생태적 타당도 … 142
생화학 … 34
생화학적 연구 … 34
서류 자료 … 205
서비스의 전달 … 248
서열 수준 … 171
서열 자료 … 163
서열척도 … 163
선언(declaration) … 67, 217
선행 … 264, 270, 282
선형관계 … 177
설명 … 135
설명 단계 … 71
성인에게 질문하기 … 147
성인이나 부모를 대상으로 한 설문지나 면담 … 147
세 개의 산 과제 … 49
세계보건기구(WHO)의 전문가위원회 … 21
세계아동인권선언 … 267
세계인권선언 … 267
소규모 연구의 가치 … 12
소아과의(pediatric) … 113
소집단 세팅 … 215
수의 보존 … 48, 49
수혈 … 24
순간 표집(instantaneous sampling) … 190, 191
순차적 … 37
스키마(schemas) … 47
신경전달물질(neurotransmitter) … 34
신뢰도 … 117, 122, 140, 143
신체 성장과 발달에 대한 이론 … 285
실무윤적 … 89
실용적/윤리적 문제 … 167
실증적이고 연역적인 접근 … 14
실증주의(positivism) … 76
실증주의적 접근 … 77
실험 설계 유형 … 166
실험 … 86, 134
실험 집단 … 65, 166, 180
실험방법 … 160
실험연구 … 14
실험적 설계 … 138
실험적 연구 … 97
실험적 접근 … 96
실현(actualisation) … 43
실현경향성 … 43
심리적 건강 … 43
심리적 에너지 … 37
심리적 외상에 대한 회복성 … 28
심층 면담 … 228

〈ㅇ〉

아동 건강 … 24
아동 관련 질문 … 132
아동 관찰 … 206
아동 반응의 해석 … 150
아동 발달 관련 이슈 … 146
아동 보호 … 5
아동 양육과 사랑의 성장(Child Care and the Growth of Love) … 56
아동 연구 윤리의 근거 … 263
아동 연구에 관한 양적 틀과 질적 틀 비교 … 99
아동 연구의 윤리 … 261
아동 응답의 정확도 … 148
아동 참가자 … 5
아동과 보육자 간의 애착 … 28
아동과 연구하기(Doing Research with Children) … 243
아동권리협약 … 268
아동권리협정 … 7
아동기의 영향 … 21
아동들의 자기보고 … 151
아동법 2004(The Children Act 2004) … 76
아동법 2004 … 154
아동법 시행령 … 31
아동보육 … 28
아동에 관한 새로운 법률 제정 … 76
아동에 관한 실제 윤리 … 277, 282
아동에게 귀 기울이기 … 245
아동에게 질문을 할 때의 좋은 모델 … 150
아동에게 질문하기 … 147
아동에의 접근 … 270
아동을 포함하는 연구 … 5
아동의 건강과 질병 … 23
아동의 관계 … 21
아동의 관점과 어린 연구자(아동 연구자)의 참여 … 154
아동의 관점을 특별하게 다루는 질적 연구방법 … 94
아동의 그림 … 152
아동의 말의 타당성 … 148
아동의 목소리 … 290
아동의 승낙 … 273
아동의 신뢰(Children's Trusts) … 16
아동의 의지와 기분 … 154
아동의 인지 능력 … 148
아동의 지능 검사 점수 해석하기 … 186
아동의 태도 연구 … 197
아동의 회복력에 초점 … 11
아동이 참여하는 연구 … 290
안면타당도 … 142
안전지대 … 57
안정/불안정 애착의 기준 … 61
안정애착(secure attachment) … 22
안정애착 아동 … 57
안정 유형 … 56
애착 … 35, 55
애착 이론 … 53, 56
애착 이야기 완성 과제 검사(Attachment Story Completion Task) … 57
애착 이야기 완성 과제 … 60

애착을 형성하지 못한 사람(The Unattached) … 21
애착의 안정성 정도 … 58
애착의 질을 평가 … 57
애착행동 유형 … 56
약식 부호 … 190
양가적 유형 … 56
양육행동 패턴 … 35
양적(실증주의) … 99
양적(quantitative) 방법 … 65, 77
양적 연구 … 46, 122, 160, 174, 175, 188
양적 연구방법 … 161
양적 연구 설계 … 159
양적 연구의 틀 … 85, 107
양적 연구 프로젝트 설계하기 … 205
양적 패러다임 … 95
어린 아동들의 태도 검사: 잼 병 테크닉 … 200
어휘 검사 … 186
언어 역할 … 50
언어 이해력 … 186
언어의 영향 … 50
엄격하고 위계적인 관점 … 14
엑셀 … 176, 180, 183
엘렉트라 콤플렉스 … 38
역동적 … 37
연구 가설 … 116
연구 가설과 연구 질문의 차이점 … 135
연구 가정(working assumptions) … 88
연구 가정의 틀 … 91
연구 결과에 대한 적절한 전파 … 273
연구 기술 … 11, 121
연구 능력 증진하기(research capacity building) … 113
연구 대상 … 116
연구 맥락 … 50
연구 목적 … 116
연구 목적의 특성 … 100
연구 문제 … 116, 279
연구 문제의 전개 … 135
연구 및 현장에서의 협력 … 17
연구 설계: 기본적인 질문 … 136
연구 설계를 위한 질문 … 131
연구 설계 유형 … 162, 166
연구 아이디어 … 157
연구 안내의 틀 … 100
연구 인식 … 11
연구 자료에 대한 소유권의 문제 … 280
연구 전략 … 106
연구 전통 … 14
연구 제안서 검토 … 161
연구 지침서 … 131
연구 질문 … 131, 134, 137
연구 질문의 존재의 이유(raison d'étre) … 134
연구 참가자 관점의 해석 … 137
연구 참가자 점검(member checking) … 122
연구 참가자의 관점 … 223
연구 평가 … 109, 126
연구 평가과정 … 125
연구 표집 … 138

연구 활동의 규제 … 266
연구 훈련 … 5, 11
연구 훈련과정 … 5
연구대상자 … 138
연구도구 … 196
연구를 위한 훈련 … 10
연구에의 아동 참여에 대한 지침 … 244
연구윤리위원회(Research Ethics Committees, REC) … 275
연구의 목적 … 135, 137, 138
연구의 우선순위 … 68
연구의 윤리성 … 120
연구의 제목 … 112
연구의 제한점 … 124, 125
연구자 임의대로 하는(carte blanche, 백지수표) 접근방법 … 109
연구자들의 의무 … 112
연구자의 실제 경험 … 131
연령 및 성별과 같은 요인 … 28
연역법(deduction) … 83
연역적 모델 … 143
영국 중앙연구윤리위원회(Central Office for Research Ethics Committees, COREC) … 275
영국과 웨일스의 아동법 1989 … 154
영국과 웨일즈 지역아동보호위원회 … 15
영국능력척도(British Ability Scales) … 185
영유아기 양육의 유형 … 22
영유아와 어머니의 관계 … 22
예감 … 131
예측 … 135, 137, 138
예측 단계 … 71
오염 … 178
오염변인 … 142
오이디푸스 콤플렉스 … 38
오차 … 89
와이트 섬 … 115
완전심리학(Complete Psychology) … 32
외부의 데이터베이스에 연결된 온라인 입출력 장치 … 108
외적타당도 … 13
외체계 … 63
욕구위계(hierarchy of needs) … 43
원초아 … 37
웰빙 … 45
위해를 피하는 일 … 11
위험 요인 … 65
유기체의 행동(The Behaviour of Organisms) … 40
유네스코 … 267
유니세프 … 267
유의도 … 162, 174
유전 … 34
유전 연구 … 34
윤리 원칙 … 262
윤리 절차 … 120
윤리법의 적용 … 282
윤리적 딜레마 … 262
윤리적 승인 … 120
윤리적 시사점 … 120
윤리적 원칙의 지침 … 268
윤리적인 문제 … 278

응답의 프라이버시 … 150
의도적 표집 전략(purposive sampling strategy) … 120
의도적 … 118
의미 있는 삶(meaningful life) … 45
의미감 … 45
이론과 자료에 관한 상향식 관점 … 90
이론과 자료에 관한 하향식 관점 … 85
이론을 연구와 실제에 적용하기 … 70
이론의 본질 … 30
이론의 역할 … 29
이론의 특성 … 29
이론이 필요한 이유 … 30
이론적 수준(연역법) … 86
이론적 수준 … 91
이론화 과정 … 30
이상적인 자아 … 43
이성애 … 38
이야기 … 131, 228
이야기 분석(narrative analysis) … 220, 223, 228
이종 오류(Type II error) … 162
이해 … 135
이혼이 아동에게 미치는 영향 … 22
익명 … 278
익명과 비밀 보장 … 273
인간 복지 영역 … 68
인간면역결핍바이러스(HIV) … 24
인간의 다양성 … 69
인본주의적 접근 … 32, 43
인생 … 223
인생사 … 226
인생사 연구 … 223
인생 이야기/인생사 연구 … 225
인지(cognition) … 46
인지적 접근 … 32, 46
인출 … 42
인터넷 … 108
인형 … 131
일대일 면담 … 152
일반 연구 기준과 아동 관련 연구 기준을 위한 좋은 실행 지침 요약 … 271
일반 지능 검사 … 186
일반적인 훈련 … 10
일반화 … 122, 138
일종 오류(Type I error) … 162
읽고 쓰는 기술 … 152
임상적 유의도 … 187
임상적으로 유의미한 … 187
입양된 아동과 친어머니의 관계가 지속되는 것 … 28

〈ㅈ〉

자기결정과 참여 … 69
자기보고(self-report)식 … 56
자녀를 갖는 이유 … 7
자료 … 175
자료 보호법 … 280
자료 분석 … 117, 161, 176
자료 분석 및 이후의 절차 … 280
자료 수집 … 121
자료 수집도구 … 279
자료 수집을 위한 도구 … 121
자료를 수집하는 방법 … 121

자료에 근거를 둔 방법론 … 90
자발적 동의 … 266
자서전 … 223
자아 … 37
자아실현 … 44
자아중심성(egocentrism) … 48, 49
자연 표집(natural sampling) … 190, 191
자연적 환경 … 215
자연주의적 연구 … 225
자율성 … 264, 270, 282
자폐아 … 55
잘못된 실증주의적 접근 … 97
잠복 단계 … 38
잡기 반사 … 47
재현 … 42
적절한 질문과 접근방식 … 131
전국병원환아복지협회 … 22
전기 … 223
전문 영역의 건강성 … 25
전문 영역의 발전 … 16
전시의 민간인 보호에 관한 협약 … 266
전인적 아동 … 46
전조작기 … 48
전체로서의 개인 … 43
전체성 … 62
절차 … 248
절충적이거나 경험적 접근(heuristic approach) … 75
접근 얻기 … 274, 275
접근방법의 선택 … 95
접근의 권한을 얻는 과정 … 261
정보를 찾는 법 … 126
정상분포 … 162, 175
정상분포 곡선 … 175
정서 이해 … 55
정서와 인지에 대한 이론 … 285
정신 측정방법(Psychometric Methods) … 204
정신물리학의 원리(Principles of Psychophysics) … 34
정신분석 … 36
정신역동적 접근 … 32, 36
정의 … 264, 270, 282
정적 강화(positive reinforcement) … 41
정적 상관관계 … 177
정책 발전 … 248
정책 수립과정의 회의록 … 16
제2차적 마음 이론 과제 … 55
제3의 세력 … 43
제네바 협약 … 266
조건반응(conditioned response) … 40
조건자극(conditioned stimulus) … 40
조건형성 … 40
조망수용(perspective taking) … 48
조망수용 능력 … 50
조사 … 94, 203
조사 설계와 질적 자료의 수집 … 235
조사 연구 … 202
조사방법 … 188, 213
조사법 … 202
조언 … 161
조작적 조건형성(operant conditioning) … 18, 40

조절(accommodation) … 47
조형(shaping) … 41
종 모양(bell- shape) … 175
종단적 설계 … 139
종단적(교차 지연) 상관관계 … 179
종속변인 … 135, 169
좋은 삶(good life) … 45
주요 연구 주제 … 16
주의 … 42
주인의식(ownership) … 67, 217, 229
주제와 관점 … 283
준실험 설계(quasi-experimental design) … 167
준자연적(quasi- naturalistic) 환경 … 142
중간체계 … 63
중심경향 측정치 … 162, 170, 171
중심화(centration) … 48
중앙치(median) … 171, 175
즐거운 삶(pleasant life) … 45
지각 추론 … 186
지각된 자아 … 43
직무 타이틀 … 112
진단 분할점(cut-off) … 187
질문 … 248
질문 고안 … 208
질문과 응답 해석의 타당도 높이기 … 155
질문의 중요성 … 129, 132
질문의 형태(이해를 구함) … 137
질문지 … 121, 157, 188, 195, 202, 205, 209, 228
질문지 제대로 만들기 … 196
질서 … 62
질적 또는 양적으로 가기를 결정하기 … 101
질적 면담 … 223
질적 목표 … 92
질적 방법 … 65, 251
질적 연구 설계의 이점과 제한점 … 215
질적 연구 … 46, 122, 123, 188, 213, 218, 220
질적 연구 접근 … 223
질적 연구의 어려움 … 218
질적 연구의 틀 … 89, 107
질적 자료 … 220
질적 접근 … 219
질적 조사의 특성 … 213
질적 패러다임 … 95
질적(구성주의) … 99
질적(qualitative)이라고 표현되는 접근방법 … 81
질적·귀납적·참여적인 방법 … 258
질적이고 귀납적인 접근 … 14
질적인 차이 … 47, 52
집 그리기 … 152
집단 면담 … 250, 252, 255
집단 효과 … 257

〈ㅊ〉

차이의 부정적 효과 … 11
참가자 관찰 … 222
참여 관찰 … 189
참여적 도구 … 246

참여적 면담 기술 … 255
참여적 연구 … 217
참여적 조사 접근법 … 259
참여적 현장 연구 … 212, 229
책임(commitment) … 67, 217
처리 속도 … 186
처벌(punishment) … 41
천장 효과 … 181
청소년 비행과 도덕성 … 20
청소년의 도덕적 가치와 딜레마에 관한 연구 … 21
체계적 표집(systematic sampling) … 165
초록(abstract) … 113
초자아 … 37
촉진 … 193
총체론적 접근 … 14
최빈치(mode) … 171, 175
추론적 통계 … 123, 124
축어록 자료 … 124
측정 수준 … 162, 163
측정도구 … 140
층화표집(stratified sampling) … 165
치료 연구 … 274
치료와 예방 … 24

〈ㅋ〉

카이스퀘어(chi-square) … 176, 183
카이스퀘어 검증(chi-square test, χ^2) … 181, 182
컴퓨터 데이터베이스 … 108
코딩(coding) … 123, 221
크기의 보존 … 48

〈ㅌ〉

타당도 … 117, 122, 140, 142, 143, 148
타인의 정서 상태를 이해하는 능력 … 55
탄력성 … 65
통계 검증 … 171
통계적 관계 … 137
통고 … 68
통제 집단 … 65, 166, 168, 180
통합적 발음 어학교수법(synthetic phonics) … 65
특별한 기술 … 286
특별한 존재 … 6, 9
특별한 지위 … 8
특별히 차별화된 연구 … 229
틀린 믿음 … 54, 55

〈ㅍ〉

파지 … 42
판단적 … 118
패러다임 전환의 필요성 … 76
퍼즐 과제 … 51
퍼즐의 난이도 … 52
편의표집 … 117, 124
평가 … 228
평가 점수를 이해하고 해석 … 161
평가 척도 … 121, 202
평가도구 … 140
평균 … 176

평균치(M) … 171, 175
폐확장부전 … 114
포커스 집단 … 251
포커스 집단 토의 … 251
포커스 집단방법 … 255
포화(saturation) … 222
표적 집단(focus group) … 124
표준 통계 절차 … 175
표준편차(standard deviation, SD) … 162, 172, 173, 175, 176, 185
표준편차의 제곱 … 181
표준화된 질문지 … 201
표준화된 평가 … 168, 228
표집방법 … 162, 164, 190
표집의 특성 … 118
표집의 … 165
표집 전략 … 117
표집 추출 … 117
풀뿌리(grass roots) 수준 … 15
프로파일(profile) … 67, 217

〈ㅎ〉

하향식 절차(top-down procedure) … 85
학문적 논쟁의 초기 단계 … 107
학습 … 18, 39
학습 공유 … 17
학습 및 성격에 대한 이론 … 285
학제 간 교육 … 16
한부모 가족 및 재혼 가족의 영향 … 22
한스(Little Hans)의 공포증 … 226
합의방법(method of agreement) … 179
항문 단계 … 38
항생물질 … 23
해석과정을 공개 … 98
해석적 과제 … 96
해석주의 … 90
해석주의 과학자 … 90
해석주의적 사회학 … 90
핵심 개념 … 162
핵심 단어(keywords) … 108
핵심적인 통계 개념 … 162, 169
행동 모델 … 41
행동수정(behaviour modification) … 41
행동주의(Behaviourism) … 40
행동주의자가 보는 심리학(Psychology as the behaviourist views it) … 40
행동주의적 접근 … 32, 39
행복 … 45
헬싱키 선언 … 267
현대 사회의 이슈 … 23
현장 기록 … 222, 223
현장 업무 종사자 … 12
현장 연구(action research) … 212
현장 활동가 연구 … 94
현장에 연구를 적용 … 11
협력, 존중, 신뢰의 정신 … 291
형식적 조작기 … 48
호손 효과(Hawthorne effect) … 66
혼란스러운 유형 … 57
혼합된 접근 … 97
확률 … 162, 174
확률 및 유의도 … 162

확률 평가 … 160
확률적 … 89
확률표집 … 117
환경의 역할 … 39
환경적 조건 … 52
환산 점수 … 185
환아에 대한 법 … 22
환원주의적 … 36
활동 이론(Activity Theory) … 93
회피 유형 … 56
회피/분리 방식 … 57
횡단적 설계 … 139
효과 크기(effect size, EF) … 162, 168, 174, 175
효과의 법칙(Law of Effect) … 18
후천성면역결핍증(AIDS) … 24
훈련 공유 … 17

〈기타〉

10대 미혼 부모(teenage parents) … 113
1907년 네 번째 헤이그 협약 … 266
2×2 카이스퀘어 검증 … 182
95%의 신뢰도 … 162

〈A〉

Abraham … 43
Adler … 36
Ainsworth … 22, 56
Alderson … 269
Auerbach … 55, 56
Axline … 13

〈B〉

Bailley … 194
Bal의 비치사이드종합학교 연구 … 228
Bandura … 18, 41
Bartsch … 53, 55
Beauchamp … 263, 264
Berg … 220
Blenkin … 202
Bowlby … 21, 35
Briggs … 220
Bronfenbrenner … 62
Buchanan … 79
Bugental … 43

〈C〉

CD-ROM(읽기 전용 콤팩트디스크) … 108
Childress … 263, 264
CHITEST … 183
Clark … 254
Cohen … 175
Cohen's kappa … 122
Computerised McArthur Story Stem Battery(CMSSB) … 58
Coolican … 173
Crabtree … 220
Cresswell … 220

〈D〉

Deater-Deckard … 23
Denham … 55, 56
DNase … 113
Donaldson … 151
Douglas … 22
Dunn … 23
Edinbarnet 놀이터 프로젝트 … 229, 230
Edinbarnet 읽기 프로젝트 … 235
Edinbarnet 초기 읽기 프로젝트 … 235
Erikson … 36
Ersser … 276
ESRC 프로젝트 … 245

〈F〉

Fifteen Thousand Hours … 202
Fine … 214
Flavell … 50
Freud … 36, 226
Freud의 심리성적 이론 5단계 … 38
Froebel … 19

〈G〉

Gillick의 유능함에 대한 기준 … 274
Glaser … 213, 221
Goodenough-Harris 그림검사 … 152
Graham … 115
Graue … 93
Greig … 65
Guidubaldi … 23
Guilford … 204
Gustav Fechner … 34

〈H〉

Harding … 98
Hart의 8점 참여 척도 … 268
Hatch … 93
Hawthorn … 22, 115
Hendriks … 111, 113, 116, 117, 118, 120, 122, 124, 125
Henwood … 92, 98
Hetherington … 22
Hill … 145, 249
Hinde … 65
Hood … 276

〈J〉

James … 75
Johnson … 244
Jung … 36

〈K〉

Katz … 265
Kidder … 214
Kirby … 156
Kor … 265, 268
Koshy … 217
Kulka … 23

〈L〉

Leavitt … 222, 223
Lewis의 Snchez 가족에 대한 연구 … 228

〈M〉

MacKay … 65, 67, 167, 184, 199, 217, 218, 219, 220
Malinowski … 213
Martin … 111, 112, 113, 114, 116, 117, 119, 120, 122, 124, 125
Maslow의 욕구위계 … 44
McCall … 86
McCall 모델 도식 … 86
Mead … 213
Mengele … 265
Merriam … 220
Miller … 220
Minnis … 58
Moss … 254
Müller-Hill … 264

〈N〉

Nelson … 69
Newson … 22
NHS(국민 보건 서비스) … 275

〈P〉

p<0.001, 혹은 0.1% 유의도 … 162
p<0.01 혹은 1% 유의도 … 162
Painter … 190
Pavlov … 18, 39
Petersen … 45
Piaget … 46, 47
Pidgeon … 92, 98
Prilleltensky … 69
Prout … 245

〈R〉

Raven's Coloured Progressive Matrices (CPM) … 186
Raven's Coloured Progressive Matrices … 184
Richardson … 214, 219, 220
Robertson … 22
Robson … 75, 190
Rodenberg … 244
Rogers … 43
Roy … 190
Rutter … 65, 115, 202

〈S〉

Schaffer … 20, 146
Seligman … 44, 45
Sheridan의 아동 발달 규준(4.5세) … 191
Skinner …, 40
Spence … 201
SPSS … 176
Standard Progressive Matrices … 186

Stenhouse … 273
Stern … 22
Strauss … 213, 221
Sylvia … 190

〈T〉

t 검증 … 176, 180
T 점수 … 185
t test—paired two sample … 180
t test two sample … 180
Tavistock Model 관찰 … 225
The Wechsler Intelligence Scale for Children, Fourth Revision(WISC-IV) … 186

〈V〉

Vygotsky … 46, 50, 51

〈W〉

Walsh … 93
Watson … 199, 218, 219
Watson … 40
Weingarten … 23
Wellman … 53, 55
West Dunbartonshire Literacy Initiative … 235
Wilcoxon 대응표본 부호순위검정(Wilcoxon matched pairs signed rank sum test) … 124
Wilhelm Wundt … 34

〈Y〉

Yue … 202
Yule … 115

〈Z〉

z 점수 … 185

역자 소개

양돈규

중앙대학교 심리학과 학사
중앙대학교 대학원 심리학과 발달심리학 석사·박사
한국심리학회, 한국상담심리학회 상담심리전문가(상담심리사1급)
한국상담심리학회 중독상담심리전문가(1급)
세명대학교 상담교수 역임
한국양성평등교육진흥원 교수 역임
현, 메종프로그레스 발달상담심리센터 연구위원

♣ 주요 저·역서

인간행동과 심리학(3판, 공저, 2010, 학지사)
ADHD 아동의 재능(공역, 2007, 시그마프레스)
심리학소사전(2003, 학지사)

변명숙

중앙대학교 심리학과 학사
중앙대학교 대학원 심리학과 발달심리학 석사·박사
Fordham University 심리학과 대학원 과정 수학
한국심리학회, 한국발달심리학회 발달심리전문가
게슈탈트심리치료전문가
중앙대, 단국대, 대구가톨릭대, 인하대 강사 역임
현, 메종프로그레스 발달상담심리센터 수석 연구원

♣ 주요 저·역서

ADHD 아동의 문제를 강점으로 바꾸는 101가지 방법(2011, 시그마프레스)
ADHD 아동의 재능(공역, 2007, 시그마프레스)
성인발달과 노화(공역, 2001, 시그마프레스)

아동 연구의 이해와 방법, 제2판

발 행 일 2012년 3월 20일 초판 1쇄 발행
저 자 Anne Greig · Jayne Taylor · Tommy MacKay
역 자 양돈규 · 변명숙
발 행 인 구본하
발 행 처 도서출판 박학사
주 소 서울시 마포구 서교동 460-26 동아빌딩 2층
전 화 (02)3142-3764~5
팩 스 (02)3142-3766
웹사이트 www.pakhaksa.co.kr
등록번호 제10-2230호

가격 17,000원

ISBN 978-89-91633-93-3